韩国基金会
为此出版项目提供了资助

文化遗产纪行
寻找韩国之美

〔韩国〕赵永子　著

李永男　杨梦黎　译

中国出版集团
研究出版社

图书在版编目 (CIP) 数据

寻找韩国之美 / (韩) 赵永子著；李永男译 . -- 北京：研究出版社，2020.5

ISBN 978-7-5199-0893-5

Ⅰ . ①寻… Ⅱ . ①赵… ②李… Ⅲ . ①韩国 – 概况 Ⅳ . ① K931.26

中国版本图书馆 CIP 数据核字 (2020) 第 067985 号

北京市版权局著作权合同登记号　图字：01-2020-2353
原版书名《寻找韩国之美》
Copyright©2017 by 赵永子 / Kookhak Seoul
Simplified Chinese Copyright©2020 by Research Press
All Rights Reserved.

出 品 人：赵卜慧
图书策划：张　琨
责任编辑：张立明

寻找韩国之美
XUNZHAO HANGUO ZHIMEI

〔韩〕赵永子　著　李永男　杨梦黎　译

研究出版社 出版发行
（100011　北京市朝阳区安华里 504 号 A 座）

河北赛文印刷有限公司　新华书店经销

2020 年 5 月第 1 版　2020 年 5 月北京第 1 次印刷
开本：710 毫米 × 1000 毫米　1/16　印张：27.875
字数：380 千字

ISBN 978 – 7 – 5199 – 0893 – 5　定价：88.00 元

邮购地址 100011　北京市朝阳区安华里 504 号 A 座
电话（010）64217619　64217612（发行中心）

欧亚大陆的东边有一个国家，名叫檀君朝鲜，至今已有五千年历史。朝鲜，意为"国在东方，先受朝日之光鲜"，象征着开始和希望。印度的诗圣泰戈尔（R.Tagore）曾将韩国国民的气节比作"东方的灯火"；诗人崔南善也曾这样描述：朝鲜半岛像一只猛虎，抬起腿，奔跑着冲向东亚大陆，气势十足。虽然这是在描述朝鲜半岛的地理位置，但它同时也展现了朝鲜民族在世界潮流中勇于挑战、发展的活力和气节以及不懈进取的精神。

从三国时代①高句丽首都吉林省集安的高句丽王陵古墓壁画上，可以看出高句丽人民豪爽、开阔的胸怀和进取的活力。百济曾定都汉江流域的河南市慰礼城，后迁都公州、扶余，受到中国南朝文化的熏陶，诞生了细腻、华丽的文化。地处朝鲜半岛东南方的新罗在徐罗伐（庆州）受到高句丽和百济文化的影响，创造了朴素与生动相结合的美。三国时代，儒教、佛教和道教的传入也对朝鲜半岛的艺术文化产生了全面的影响，而这一先进的朝鲜半岛文化为日本的古代文化发展做出了很大贡献。

韩国国土的 70% 以上都是山地。朝鲜半岛的山或以巍峨的气势显露出锋利的骨骼，或像母亲的乳峰勾勒出柔软优雅的曲线。凉爽的鸭绿江和图们江江水环绕着朝鲜半岛的神山——白头山，起于白头山的白头大干，经金刚山、雪岳山、太白山、俗离山，与智异山相接。

---

① 朝鲜三国朝代，指公元前 57 年到公元 668 年间占据辽东和朝鲜半岛的三个国家高句丽、百济、新罗。

韩国地势东高西低，东海岸的太白山脉无数高山峻岭绵延，形成朝鲜半岛的脊梁，延伸至西南部的小白山脉。起源于太白山脉的汉江、锦江、荣山江、蟾津江、洛东江等河流滋润着平原，环绕无数山川溪谷的清流倒映着山影和云朵。

西南海岸有很多被指定为天然纪念物的珍贵岛屿。有人岛和无人岛加起来约3350个。朝鲜半岛西南端究竟有多少个神秘的岛屿，以至于吸引了寻求长生不老药的秦始皇（公元前三世纪）派兵至汉拿山一带？祖先们一直以来歌颂朝鲜半岛，称其是"三千里锦绣江山"。因瀛州十景备受赞誉的济州岛汉拿山景区则是由联合国教科文组织认证的世界自然遗产三冠王。

在地政学上，朝鲜半岛毗邻国土面积世界第一的俄罗斯和世界第三的中国，东部与日本列岛等海洋国家隔海相望。今天，又成为在世界范围内政治、经济势力日益增强的中国与试图掌管太平洋地区的美国之间竞争的空间。

在这紧要关头，韩国国民有必要反复斟酌丹斋申采浩先生的那句名言——"遗忘历史的民族没有未来"。韩国国民一直在世界最强国的夹缝中走钢丝，每到艰难时刻，总能用自己的力量在复杂微妙的国际形势中巧妙地化解危机。但是，随着第二次世界大战的结束，朝鲜民族产生了分裂。然而，这与国民的意志无关。同民族间持不同理念的国家体制已经持续了70年，至今仍是世界上最重要的武装地带，南北局势依旧紧张。

日本帝国主义高压时期和"6·25动乱（韩国战争）"之后的一个世纪里，文化财产被搁置在废墟里。1960年开始，我国持续对护国文化遗址进行复原和清理，扩建遗物展示馆以及与传统文化相关的文化设施，对先贤遗址进行大规模的修缮和清理。我曾实地考察过的地方也被修整得很漂亮，成为值得与家人一同参观的具有教育意义的历史遗址。自汉江奇迹开始跻身21世纪先进国的韩国，其文化景观也是让人惊叹不已。

　　这次笔者所编写的国内纪行并非考察、研究现场的专门书籍，而是暮年时，与朋友一起追随着季节的步伐，以散步的心情游览国内遗址、名胜，解读这个地方背后的历史，剖析古时候的文人墨客曾吟诵过的诗文。

　　第 1~3 章主要是江原道、包括首尔在内的京畿道、庆尚南北道及东南海岸的游记。江原道有以金刚山、雪岳山、江陵等为背景的关东八景，每座名山都建有历史悠久的古刹。京畿首尔一带包括汉阳都城为中心构筑的山城和朝鲜的古宫、幸州山城、汉阳和开京的城门，以及曾受外侵和接受西洋文物之地——江华岛。庆尚道则由统一三国的新罗的千年都城——庆州、韩国精神文化之都——安东、壬辰倭乱时晋州城大捷和闲山大捷遗址，以及闲丽海上国立公园等组成。

　　第 4~6 章主要是曾属三国时代百济领土的忠清道和全罗道、西南海岸的多岛海地区及古耽罗王国——济州岛等景点的游记。忠清南道的公州和扶余是百济的文化艺术发源地。值得一提的是，2010 年在扶余建成了百济文化主题公园。在忠清道，有很多像独立纪念馆这样与壬辰倭乱相关的遗址。全罗道则是韩国歌辞文学的摇篮，包含了园林与亭子文化齐放的潭阳、南道画风的起源地——珍岛、李舜臣将军的鸣梁大捷遗址、联合国教科文组织认证的世界自然遗产——三多岛等著名景点。

　　在齿轮般不停转动的日子里，哪怕逃离一天，心中那份疲倦也能得到洗涤。用心倾听吧！日夜奔流不息的江河到底在歌唱着些什么？突显雄伟奇石、昼夜注视天空祈祷的山峰在向造物主祷告着些什么？野花不停飘摇的平原到底如何讲述故乡的传说？有时候，用流浪者的心去感受某个地方的季节变化，沉浸在孤独里，也不失为一个健康良方。实际上，大自然是帮助我们成长的母亲。

　　不可否认，在编写国内游记的过程中，我内心的某个角落是悲痛的。平壤和南浦作为高句丽后期都城有 240 余年历史，开城作为高丽首都有 500 余年历史，而这些地方现在成为了朝鲜民主主义人民共和国的领土。作为一个在朝鲜半岛出生的国民，我已年近八十，却从未游览过朝鲜民主主义人民共和国的历史遗址和名胜。现在，朝鲜半岛仍一分为二，且不说实地考察名胜景点，就连离散家族的相聚之路也历经坎坷。编写这部纪行的同时，我也在心中祈祷我们的子孙后代能早日自由徜徉在这"三千里锦绣江山"里。

2015 年光复节，即光复与南北分裂七十周年之际，在江原道铁源郡的白马高地站举行了恢复京元线的开工仪式，全国掀起了参与"统一分享基金"捐赠的浪潮。这些正在推进的举措，在我们同胞的心里点燃起一股统一的希望之火。真心祈祷！

本书在出版之前得到了很多人的帮助，他们提供了十分宝贵的照片资料，在此致以深深的谢意。这次将这些年游览国内名胜及历史遗址的感想编撰成书，书中的图片部分，市政厅、郡政厅的文化艺术与旅游宣传处等部门给予了极大的帮助。但若在每张图片下面都一一记录其出处，会显得复杂且不美观，因此统一记录在图书的后记中，望读者见谅。

在出版面临困难之际，国学资料院郑赞容院长及郑珍以代表欣然将这本国内游记付之彩印，在此向他们表达深切的谢意。此外，本书的图片资料非常多，编辑起来十分麻烦，在此也一并向为此倾注心血的金真率编辑表示感谢。

2016 年初春
赵永子于汝矣岛清心斋

目录

第一章　拥抱太白山脉的江原道

（1）金刚山　002

高城统一展望台　003

领取"金刚山旅游证"　004

金刚山酒店的歌舞表演　005

从温井阁休息站出发　005

金刚山木兰馆　006

金刚山玉流洞　007

玉流潭和飞凤瀑布　009

木兰馆的平壤冷面和"茼芹水泡菜"　009

金刚山文化会馆"平壤牡丹峰杂技团"　010

温井阁自助餐·现代峨山经营　011

海金刚和三日浦　011

新罗花郎的游玩之地——三日浦　012

石山蓬莱台　013

（2）雪岳山恐龙山脊上的枫叶　015

束草市芦鹤洞的尺山温泉场　015

雪岳山神兴寺　017

佛塔与浮屠　018

神兴寺普济楼　020

（3）观音圣地洛山寺　021

观音圣地红莲庵　023

中央法堂圆通宝殿　025

海观音佛像　026

"途中问道"雕刻文句　027

束草大浦港　028

（4）江陵镜浦台乌竹轩　029

江陵镜浦台　029

江陵乌竹轩　034

"养兵十万论"　036

申师任堂的诗书画　　037　　　梦幻的水杉林荫路　　052

草堂豆腐的起源　　038　　　恋歌之家的摄影画廊　　054

（5）春川烽火山九曲瀑布　　038　　　（9）长篇小说《土地》的故乡——雉岳

文培村　　040　　　山山麓　　056

（6）春川玉山家　　041　　　同朴景利女士的会面　　056

玉洞体验场　　043　　　收到青瓦台晚餐邀请　　058

（7）祝灵山山麓的"晨静树木园"　　044　　　叹息日本产品的畅销　　059

晨静历史馆　　045　　　收到礼物——一整箱《土地》全集　　060

盆栽庭院　　046　　　最近的学生都不会提问题　　061

（8）春川南怡岛　　049　　　日本人拒绝阐明真实的历史及文化　　062

来往于南怡岛的渡轮　　049　　　小说的舞台背景——平沙里崔参判宅　　063

南怡将军陵园　　051

第二章　朝鲜半岛的中心地：首尔·京畿道

（1）汉阳都城与古宫　　066　　　朴正熙总统写给李承晚博士的追悼词　　078

初期百济慰礼城　　066　　　（3）岛山安昌浩先生纪念馆　　079

朝鲜时期五大古宫　　067　　　在洛杉矶创建共立协会　　080

景福宫（朝鲜的正宫）　　068　　　安昌浩先生的民族改造论　　081

昌德宫和秘苑　　070　　　（4）临时政府大楼京桥庄　　083

昌庆宫·庆熙宫·德寿宫　　071　　　上海临时政府的成立与独立斗争论　　083

南山塔·八角亭　　072　　　国立孝昌独立公园"白凡金九

仁寺洞·文化街　　073　　　纪念馆"　　085

（2）建国历史的故乡——梨花庄　　073　　　（5）西大门独立公园　　087

藏在中国船内的太平间偷渡到上海　　075　　　民族自决原则与"三一独立万岁

李承晚博士与弗兰西斯卡女士的见面　　075　　　运动"　　089

大韩民国的建国总统　　077　　　西大门刑务所历史馆　　090

（6）抗日独立斗士尹东柱诗碑　090

20 世纪 80 年代学生民主化运动的

"根据地"　092

（7）龙山国立中央博物馆　094

慧超的《往五天竺国传》特别企划展　095

《往五天竺国传》世界的四大旅行记　095

敬天寺址——十层大理石石塔　097

（8）龙山战争纪念馆　098

令人心疼的兄弟像　099

（9）三八线板门店"自由之家"　101

（10）京畿道水原华城　103

水原华城卓越的军事设施　105

（11）首尔南汉山城　106

修复南汉山城行宫　107

统一新罗的前哨基地南汉山城　109

（12）屈辱的三田渡碑　110

回顾丙子胡乱　110

回乡女与不肖子孙　112

（13）护国遗址——江华岛　113

高丽宫址　114

高丽的《初雕大藏经》　115

哲宗登基前的居住地——龙兴宫　116

圣公会江华圣堂　117

江华制赤峰和平展望台　118

支石墓公园与江华历史博物馆　120

（14）幸州山城与幸州大捷　122

幸州山城的大捷门　123

回顾壬辰倭乱　125

僧兵和义兵　127

（15）阿哥拉政治·邮票博物馆　128

邮票展示馆　132

野花压花展示室　132

观赏前院小山的山间主人　133

（16）世界民俗乐器博物馆　133

（17）抱川山井湖水　137

踏进白云溪谷的清流之中　138

（18）龙仁韩国民俗村　139

水碓·脚踏碓·石碾　140

民俗工艺品和各种展示板　142

（19）杨花津外国传教士墓园　142

（20）切头山天主教殉教者圣地　147

涌进朝鲜的新学问和新思潮　150

韩国殉教圣人谥圣纪念教育馆　150

（21）上岩洞的紫芒田（蓝天公园）　151

（22）汝矣岛的汉江公园　153

第二故乡汝矣岛　154

第三章　庆尚道千年新罗遗址和闲丽海上国立公园

（1）新罗的千年古都庆州　159

感恩寺址三层石塔　160

吐含山佛国寺　160

吐含山石窟庵·石佛寺　164

皇南洞大陵苑墓地　165

月城地区（或半月城地区）　166

瞻星台（国宝第31号）　167

雁鸭池（史迹第18号）　168

庆州国立博物馆·儿童博物馆　169

信仰的净土——南山地区　169

鲍石亭（史迹第1号）　169

庆州皇龙寺址·芬皇寺　171

元晓大师·瑶石公主·薛聪　173

（2）韩国精神文化之都——安东　174

安东月映桥　175

一双麻鞋与一封信　177

儒教思想和朝鲜时代的女性生活　178

河回村——联合国教科文组织世界

文化遗产　179

屏山书院　180

陶山书院　181

（3）青松郡周王山注山池　182

青松冰谷内的人工冰山壁与冰瀑布　184

盈德风力发电园区　185

盈德竹蟹料理店　186

（4）蔚珍越松亭　187

蔚珍圣留窟　190

野生海带与米酒　192

蔚珍佛影溪谷　193

奉化多德泉　194

（5）荣州浮石寺　194

浮石寺创建传说和善妙娘子　197

丰基人参和人造绢丝　197

（6）南江矗石楼晋州城　199

晋州大捷（第一次晋州城战斗）　201

第二次晋州城战斗　201

义妓论介和义岩　202

晋州南江·流灯祝祭　204

（7）南海闲丽海上国立公园　206

闲山大捷　208

统营李忠武公的忠烈祠　208

文物展馆　209

板屋船和龟船　209

郑周永会长的《龟船与英国银行贷款

轶事》　211

李舜臣的奏折和《爱国之心》　212

（8）釜山海云台　213

（9）伽倻山海印寺　215

海印寺天王门　217

高丽八万大藏经和藏经版殿　218

第四章　忠清道的百济史与文化的芬芳

（1）天安独立纪念馆　223
独立纪念馆太极广场上太极旗飘扬　223
北关大捷碑（国宝第 193 号）　225
太平洋战争与日本战败　226
柳宽顺烈士遗址　227
纪念柳宽顺烈士的追慕阁　228
（2）石庄里旧石器时代遗址　231
公州锦江畔的石庄里博物馆　232
（3）公州市（熊津，熊码头）
公山城　233
公山城锦西楼　234
武宁王陵址门旁的熊津包饭　235
（4）扶余泗沘城　236
百花亭·落花岩　237
皋兰寺·山泉水　238
白马江黄帆船　239
（5）百济历史文化园　240
现存艺术水平最高的乡歌《薯童谣》　241
扶余百济文化园里的 5 层木塔　241
朝鲜半岛传入日本的文化艺术　242
（6）丹阳八景　243
"忠州号"游船　243
（7）舒川山茶花·马梁里八爪鱼祭　247
脑筋急转弯　248
马梁里海边章鱼餐厅　249

存活了 500 年的马梁里山茶花林　249
象王山开心寺　250
（8）大屯山摩天台　251
养鹿场与高丽人参　252
杜鹃花盛开的大屯山山麓　252
大屯山缆车及其最高峰的摩天台　254
东学党农民起义最后的战场　254
江景海鲜酱菜市　256
（9）泰安半岛万里浦正西津　256
万里浦正西津　258
（10）泰安"千里浦植物园·　260
闵丙蔼博士的秘密花园　260
万里浦海岸和自愿服务带　262
（11）保宁暮山诗人手迹公园　265
黄松文诗的特点　267
刻着诗、书、画、歌的诗碑　269
（12）诗人郑芝溶故居　270
郑芝溶诗碑《乡愁》　271
（13）俗离山报恩法住寺　274
湖西第一伽蓝法住寺　274
东亚最大的弥勒大佛铜像　276
弥勒佛与弥撒亚　276
（14）诗人吴章焕的故居　277
全新的吴章焕文学馆　279

第五章　全罗道多岛海·海上国立公园

（1）光城——光州广域市　283

光州市的象征——无等山　284

（2）潭阳的亭子和园林　285

潇洒园　286

韩国歌辞文学馆　288

玉杯和酒杯的故事　289

环壁堂　291

松江亭　293

从竹绿亭到松江亭　294

（3）群山市仙游岛　296

古群山群岛·仙游岛　298

新万金防潮堤（33.9 千米）　302

（4）智异山青鹤仙苑三圣宫　303

（5）顺天乐安民俗村　306

松风溪谷的仙岩旅馆　308

（6）太古丛林"曹溪山仙岩寺"　309

佛教净化谕示　311

（7）僧宝宗刹"曹溪丛林松广寺"　313

松广寺国师殿（国师殿，国宝

第 56 号）　314

（8）小鹿岛　316

（9）南原广寒楼苑　319

广寒楼（广寒楼，湖南第一楼）　320

广寒楼和平壤浮碧楼　322

春香馆　322

东学农民运动纪念碑和盘索里名唱

纪念碑　323

春香村主题公园　324

日本萨摩陶瓷的发源地南原　325

（10）南原城战斗和万人义冢（史迹第

272 号）　326

（11）务安会山白莲池　328

行淡岛休息站的早餐

——喜面和咖啡　329

（12）咸平自然生态公园　333

（13）灵光佛甲寺·百济佛教的

迁徙地　335

佛甲寺修多罗圣宝博物馆　337

白岫海岸道　338

（14）法圣浦摩罗难陀寺　339

佛堂芙蓉楼与四面大佛　340

健驮逻佛教艺术　342

亚历山大大帝的侵略与希腊文化的

影响　343

（15）红岛　344

在木浦搭乘快船（时速 60~70 千米）　344

得天独厚的绝景——红岛　345

以红岛 33 景中最美的景色为背景的

合照　346

七兄妹岩（悲伤女）　347

红岛鹅卵石海岸 348

风兰展馆 350

（16）黑山岛 351

黑山岛上罗山城·半月城 353

勉庵崔益铉先生谪庐遗墟 355

兹山鱼谱的摇篮——沙村书堂

（复性斋） 357

（17）珍岛 359

珍岛的木槿花行道树 360

珍岛阁服务区 360

郁陶项和珍岛大桥下的海流发电站 361

望金山（海拔 115 米）八角亭 361

云林山房 362

紫薇（百日红）花开花谢 363

神秘的海路 364

丁酉再乱 366

珍岛"郁陶项"鸣梁大捷

（1597.10.25） 367

露梁海战（1598.11.19） 368

明朝将守的《禁讨牌文》 369

李舜臣将军人物评价 370

（18）莞岛 371

莞岛塔观景台 372

（19）青山岛·慢城市 374

青山岛草坟和炕板石农田 376

KBS 电视剧《春日华尔兹》以及电影

《西便制》拍摄地 377

青山岛的海松林与潺潺波涛 378

（20）罗州荣山江黄袍帆船 380

荣山江乘船处 380

荣山江年轻船夫的诉说 381

第六章　三多岛·世界自然遗产

（01）古耽罗王国 386

世界文化遗产·瀛州十景 387

（02）遮归岛船钓 389

（03）秋史流配址 390

秋史体和岁寒图 392

流配地上遭遇夫人去世噩耗 394

新建的秋史纪念馆 395

（04）济州岛万丈窟 396

"山君不离"喷火口 397

（05）成山日出峰 398

（06）表善面城邑民俗村 399

济州岛的厕所和屎猪（黑猪） 400

（07）西归浦市 401

西归浦中文洞的柱状节理带 402

（08）山房山龙头海岸 403

（09）济州市 405

（10）北村石头爷爷公园　　　　　　407

石头爷爷的别称　　　　　　　　　407

在日本沈寿官烧窑窑址邂逅石头爷爷　409

（11）咸德犀牛峰海水浴场　　　　　410

全球变暖和海蜇　　　　　　　　411

（12）遮归岛船钓　　　　　　　　412

（13）西归浦市（西广观光乘马场）414

天然纪念物（第 347 号）济州矮种马　415

热情的西广观光乘马场办公室职员　416

（14）小人国主题公园　　　　　　417

小人国迷你世界　　　　　　　　419

济州的形象　　　　　　　　　　421

（15）西归浦的船上鱼钓　　　　　421

时隔 60 年的五合大吉日　　　　　421

寻找济州之美　　　　　　　　　425

后　记　　　　　　　　　　　　427

第一章

拥抱太白山脉的江原道

江原道怀抱着从长白山延伸出来的白头大干与太白山脉，山地面积占总面积的 80% 以上。朝鲜半岛最美的金刚山和雪岳山、五台山、太白山、咸白山、雉岳山等皆盘旋于此。韩国两大江之一的汉江以及洛东江也发源于江原道的太白市和三陟市。发源于江原道平昌郡的汉滩江和发源于咸镜南道马息岭的临津江合流，通过汉江下流流入黄海。

以太白山脉为界，太白山脉以西被称为岭西地区，以东为岭东地区。岭东地区有大关岭、弥矢岭、陈富岭、寒溪岭等诸多山岭和溪谷，形成了许多佳景。松江郑澈的《关东别曲》中出现的风景名胜正分散位于此地。江原道横跨北纬 37~38 度，休战线与 DMZ 非军事地带皆横跨于此。在行政区上，金刚山则横跨了朝鲜民主主义人民共和国的江原道金刚郡、高城郡及通川郡。

（1）金刚山

金刚山是朝鲜民族的灵山。朝鲜半岛有五岳——长白山（北岳）、妙香山（西岳）、金刚山（东岳）、三角山（中岳）、智异山（南岳）。其中，金刚山以朝鲜半岛最佳的风景而著称。在孩子们的安排下，

2006 年 6 月 6 日显忠日那天的上午 9 点 20 分，我和丈夫在首尔光化门坐上了现代峨山株式会社的旅游大巴。3 天 2 夜的金刚山之行算是孩子们给我们两口子的一个礼物。游客大部分都是上了年纪的人，其中还有儿女搀扶着头发花白的老父母全家集体出游的。

一想到马上就要踏上 70 年来一直心心念念的金刚山之行，兴奋和期待使我的内心难以平静。自古以来许多诗文和山水画皆以金刚山为素材。我念高中的时候，语文书上郑飞石的《山情无限》便是金刚山的游记。郑飞石曾说，待祖国统一，他定要先陪着老母亲来看一看金刚山。

1924 年 8 月，朝鲜半岛最初的电气铁路"金刚山线（铁原站～内金刚站）"正式开通，金刚山旅游线路也随之形成。据统计，20 世纪 30 年代后半期，金刚山游客数年均达到了 15 余万人。在我小的时候经常听到一首流行歌《朝鲜八景歌》，里面有这样一句歌词："啊——金刚山一万二千峰，峰峰是奇岩，汉拿山高哟高哟，远离尘世间。"金刚山作为风景名胜，在东亚很著名。"金刚山线"铁路在解放前后便被废弃。

现代集团会长——峨山郑周永通过自己的执着与努力，在 2003 年 9 月开通了金刚山陆路旅游线。被封锁了整整半个世纪之久的金刚山旅游线再次开通，如今它超越了单纯的旅游路线这一层面，成为南北朝鲜之间文化交流的窗口。经过江原道的某个地方时，我看到茂盛的树林和层叠的山荫倒映在江面，白云缕缕"漂浮"在江上，观赏着车窗外一闪而过的六月风景，仿佛人已逃离俗世。

高城统一展望台

我们到达了海拔 70 米高的江原道高城郡统一展望台。1983 年，陆军前进部队建造了这个统一展望台，包括安保教育场在内，是个392.7平方米的白色2层建筑。统一展望台的院子里展示着直升飞机和战车模型，还立着刻有"民族的雄飞"的石碑和"空军351高地战斗支援作战纪念碑"，亭子里悬挂着祈祷统一的佛钟。

高城统一展望台一楼展示的是朝鲜居民的生活用品，登上二楼的展望台，就能看到东海边渐渐升起的海金刚和金刚山的一部分。瞬间，我想起了歌曲《思念金刚山》。展望台对面的东山上，有四个用草坪铺成的大字——"统一山巅"。这里不仅有巨大的统一弥勒佛立像、圣母玛利亚像、高城地区战斗忠魂塔等，还有韩国战争体验展示馆、统一祈愿祈祷会以及教育场所。此外，还有纪念品专卖店和餐馆。导游在规定时间内让我们在他指定的餐馆里随意用餐。我们夫妻点了一份明太鱼汤套餐。

领取"金刚山旅游证"

下午2点30分，我们在高城的"金刚山南北出入境事务所"集合并领取了旅游证。长18厘米、宽11厘米的塑料袋里装着沉甸甸的文件袋，里面粘贴着我们向出入境提交的护照照片。我们把文件袋挂在脖子上。导游说，如果弄丢这些文件或者撕坏起皱导致文件无法辨读，我们可能会被罚款100万元（韩币），因此大家都要好好保管这份文件。可能导游还是不太放心，就帮我们保管了其中一份最重要的文件，说等回来的时候再归还给我们。

除此之外，导游还帮我们保管了朝鲜禁止携带入境的手机、电池、充电器、报纸、书籍、收音机、指南针等物品，照相机和摄像机也要经过导游的一一确认。经过南北出入境事务所，到达我们的住处金刚山酒店时，已经晚上5点半了。

金刚山酒店的歌舞表演

在金刚山酒店定好房间，晚饭后 9 点 30 分，我们观看了金刚山酒店的歌舞表演。北方歌谣和民谣，以及传达"见到你很高兴"之意的歌声和旋律瞬间唤起了同族间的亲切感，让人心头不禁一酸。女子五人组电子乐团出类拔萃的演奏和伽倻琴、手风琴等器乐的独奏堪称一绝。白色、粉红色、紫色灯光下，身着优雅韩服的女子个个身段玲珑，美得如同一幅画。但是她们北方特有的唱法和说话时甜润的假声，听起来有点不自然。

夜深人静，气温急剧下降，天下起了雾雨，酒店周围的山峰刹那间消失在雾里。我有点担心明天的天气，便询问了一下朝鲜人，才得知这里的天气变化多端得无法预测。直到入睡，我还在担心外面的雾。兴奋让人难以入眠，脑海里都是先人们歌颂金刚山的诗句。英国地理学家、旅行家伊莎贝拉主教在 1890 年末游览了金刚山，留下了赞美之词："这里，横跨 11 英里的金刚山，它的姿态超越了世界任何一座美丽的名山。大峡谷如此辉煌，几乎能麻痹人的感觉器官。"直到深夜，我仍旧翻来覆去地想象着画册里看到的金刚山山谷。

从温井阁休息站出发

次日凌晨，我望着窗外，浓浓雾气盘绕在山腰间。灵峰的神出鬼没正是来自于雾气的恶作剧。太阳若能唤起在后山熟睡的一缕风，等待已久的千峰万壑会不会敞开胸怀接待我们呢？但愿淘气的雾能网开一面。上午 8 点 40 分，我们从温井阁休息站出发。这里是所有旅游大巴的出发点。大部分年轻人都选择 2 号路线——到达万物相去看外金刚的奇珍异石。导游推荐上了年纪的旅游团选择 1 号路线——先去看玉流洞山谷和飞凤瀑布，然后下山，说是这样会更方便。我们夫妻俩都选择了 1 号路线。

走了几分钟，我们看到赤松林里的金刚山神溪寺。导游介绍说，这寺庙在"6·25 战争"时被烧毁，自 2006 年起，韩国的大韩佛教曹溪宗陕川海印寺与朝鲜朝佛联共同促进了该寺庙的复原工作。在位于金刚山赤松林内的寺庙，我突然想起了数年前离世的公公。

我的公公无门郑根谟先生一生从事教育工作，日本帝国主义高压时期在全南灵光与教育界的知己一同创办学校做启蒙运动，即夜间教村里人识字。公公是一名虔诚的佛教信徒，在他的遗世之作《教育者乃爱之奉献者》一书中，记录了他 20 岁时与 22 岁的郑聪（号温柏林，东国大学哲学系名誉教授）一起，陪同居住于金刚山长安寺地藏庵的白性郁博士入山修道六十天一事。放假时，公公还自费购买所需物品，为光州圆觉寺高等部学生解说佛法。长安寺与神溪寺、榆岾寺、表训寺一起被誉为金刚山四大寺庙。

我年轻时曾潜心研读过佛教典籍，遇到难解的部分就等公公从地方过来之后，一起探讨到深夜。公公深入浅出地解释道，从众生之三毒——贪、嗔、痴之三火中挣脱出来，就是涅槃，就是解脱。现在看到金刚山上历史悠久的寺庙，我仿佛听到了不知从哪儿传来的公公的咳嗽声。

金刚山木兰馆

我们一行人在通往九龙瀑布的必经之路木兰馆入口处下了车。木兰馆是一家朝鲜饭店，在这里可以享用冷面等传统饮食。它是一座圆形的白色建筑，在溪谷用四方形砖砌成柱子，在上面建成宛如楼阁般的单层建筑。绿水飞流直下，有力地击打在整片整片的白色石群上。木兰馆与四面青翠的松树交相呼应，周围的景致秀丽无比。导游介绍说金刚山的所有景区都禁止吸烟，只有木兰馆这里已备好烟灰缸，允许吸烟。我认为这规定真不错。我们决定下山时在这里解决午餐，随后动身前往玉流洞溪谷。

金刚山玉流洞

在通往玉流洞的路上，先后要走过羊脂桥（音译）、锦绣桥，等到了万景桥，金刚山那独一无二的大气之美便展现了出来。但在大石头或者景致优美的地方却矗立着好几块刻着以"伟大领袖金日成同志……"开头的赞美词和红色字迹的功德碑。

刻在玉流洞岩石上的功德碑文

雄伟和庄严的巍巍之貌可以说是名山大川的首要条件。万物相溪谷的花岗岩的垂直纹理在经年的风化和水浪的侵蚀下形成了千姿百态的风貌，而玉流洞溪谷的岩石纹理却是横向裂开，带有缝隙的板状纹理。那些石头简直白得耀眼。

金刚门是两块高度差不多的巍峨大石顶部相倚形成的三角形天然石门，每次仅能容一人通过。这门可以说是一线天，很容易让人想起《圣经》"山上垂训"中出现过的"窄门"。或许是心灵感应吧，丈夫在看到这秘境中自然形成的"窄门"后，也说它是"天国之门"，我们也因此会心地笑了起来。金刚门后面有一块舞台石（磐石），传说曾有仙女下凡到此，翩翩起舞，尽情嬉戏。白得耀眼的石块横铺开来，四周的树木郁郁葱葱，郑飞石先生曾这样赞叹过这些树——"怀抱青云之志，向着天空茁壮成长的树！无忧无虑地生长的树！"金刚山溪谷中最壮美的玉流洞溪谷，真可谓一处秘境！曾几何时，朝鲜时代的实景山水画画家谦斋郑善就曾在这块舞台石上，一次又一次地将金刚山描绘进了自己的画中，文人墨客也都竞相写诗作文以赞颂金刚山的美景。

春园李光洙在《玉流洞》中写道："岩石如白玉，流水如碧玉。碧玉流入白玉，此处便称玉流！"六堂崔南善则在《金刚礼赞》中说道，如果说有一种完美的结合状态，能同时满足我们能够想到的一切审美因素、审美条件以及审美要求，并能够成功地物化为风景，那就是玉流洞！碧水在白色的大块石群上流淌，为这里的美丽增添了一份

金刚山玉流洞溪谷的金刚门

神秘的色彩。

太阳薄情地隐藏起自己的身影，山顶上的雾气迅速地朝着溪谷蔓延开来。从这里开始，山路变得崎岖难行，我们都要戴上手套，扶着铁栅栏和石头才能上去；也有一些拄着拐杖爬上来的老人，打算放弃攀登，选择返程。

玉流潭和飞凤瀑布

"舞台岩后有玉流潭"，潭水呈黄绿色；（飞凤）瀑布高 50 米，玉流潭水深 5 到 6 米，据说以前潭中间有一个高 3 到 4 米的柱子岩，现已被洪水吞没。这里树木繁茂，风景格外壮观美丽。在玉流瀑布上面，有一座横贯溪谷的桥，形形色色的游客在排着队。但由于雾气萦绕，在这里无法看到九龙瀑布和九龙台，之前爬上去的游客已经走了下来，并奉劝正在努力往上爬的我们往回走。我们已经来到了这里，竟然看不到飞凤瀑布！巨大的挫败感使我们双腿无力，又实在不想返回，于是一屁股瘫坐在岩石上。

丈夫说，明天的日程也紧，再加上我又有关节炎，劝我不要贪心，还是下山为好。我满心不舍，没有马上转身，抬起头来无奈地看了好一会儿被浓雾笼罩着的溪谷。想起导游说过有关飞凤瀑布的话，我只能通过想象岩壁上的水飞落到岩石上溅起水花、凤凰摇晃着尾巴飞舞的情景。不能登上九龙瀑布一边俯瞰八滩全景一边想象"仙女和樵夫"的传说就算了，连飞凤瀑布竟然都无缘观赏！浓浓的雾气像帷幕一般瞬间把溪谷笼罩起来，我们不得不转身往回走。

木兰馆的平壤冷面和"茼芹水泡菜"

木兰馆主体建筑中的旅游饭店为圆形，其墙体由玻璃组成，以便游客可以尽情地观赏周围的景色。透过玻璃墙，可以看到矮松树在金刚山和雪白的岩石山层岩绝壁中艰难求生。岩石山呈灰白色，颇有玉骨仙风、凛然独立的韵味。在这里，游客们可以饱览金刚山美景，同时品尝平壤冷面和拌饭。这里有朝鲜特有的"茴芹水泡菜"、绿豆饼、山野菜等。"茴芹水泡菜"非常美味，我们又点了三次。接待我们的是朝鲜的年轻姑娘，她们看起来羞怯，却又带着平易亲和的笑容，穿着朝鲜服装，美得如同六月的木兰花。

金刚山文化会馆"平壤牡丹峰杂技团"

尽管没能登上飞凤瀑布，但不知是否天气作祟的原因，我们的双腿依旧沉重乏力。我们在泉水翻涌的金刚山温井里温泉中浸泡了 2 个小时，缓解了身体的疲劳。温井里温泉发现于新罗时代，富含氡、硅酸、钙离子等元素和矿物质，是朝鲜的第 226 号天然纪念物。

下午 4 点半到 6 点，我们在金刚山文化会馆观看了"牡丹峰杂技团"的表演。"牡丹峰"一词取自朝鲜平壤市市中心的一座小山丘的名字，高 95 米。牡丹峰杂技团由朝鲜最优秀的演员组成，他们曾在摩纳哥国际庆典中获得过多次大奖和金奖，闻名海外，每年都有许多海外演出。在观看演出的过程中，我却觉得心酸，心里很不是滋味。这一次朝鲜牡丹峰杂技团表演了曾在国际杂技庆典中获奖的空中四人雪花造型、空中二回转、秋千大跳板、抖竿、吊竿等精品节目。在表演过程中，观众席内却有人发出了"快停下"的呼声。导游说，朝鲜的演员们可以得到长官或次官级的待遇，可观众每次看到他们表演惊险动作时，心都会不自觉跟着紧张起来，也正因为那些有可能发生的危险，看着他们会有一些心酸的感觉。但他们的技艺相当高超。

温井阁自助餐·现代峨山经营

温井阁自助餐的无公害绿色蔬菜美味可口，让游客尽享其中。附近有现代峨山经营的温室大棚，那里曾为朝鲜居民提供无公害绿色蔬菜。虽然每人手中的餐票价值只相当于一万韩币，但这里的食物琳琅满目、美味可口，受到了大众的喜爱。

晚上 7 点，"世界女子拳击锦标赛"在温井阁广场的舞台举行。那晚下起了蒙蒙细雨，气温稍微转凉，给观看带来了不便。参赛的有来自韩国、朝鲜以及中国的选手，这些选手的发型、衣着、肢体动作和姿态让人难以分辨她们的性别。我讨厌激烈运动，劝了一会儿丈夫，便自己先回酒店了。后来听说，在那晚的拳击比赛中，获胜的大部分都是朝鲜选手。

海金刚和三日浦

2006 年 6 月 8 日，今天的天气也是一片阴沉。虽说让准备雨衣，我们夫妇二人觉得这是在夏天，不需烦琐，便决定"轻装上阵"。金刚山海金刚是江原道高城郡三日浦附近的海域，被分为丛石亭区、三日浦区和海金刚区。在去往海金刚的路上，我们经过了现代峨山蔬菜栽培温室大棚、温井里小学和温井里初中，而无论是学校运动场还是路上，都不见学生的踪影。听说这里的初中是六年制，只有 5% 的成绩优秀的学生可以升入大学，剩下的学生则要去服兵役，一去就是 7 年。

田野和路上几乎没什么人走动，但是那些头戴大帽子、身穿像冬季军服一样的长袖衫的军人却在这个夏日里手持红色的旗帜，纹丝不动地立在一旁。我向导游询问为什么要放哨，导游回答说是为了检查旅游观光车移动的时间。导游还叮嘱我们千万不要在车里拍照。路边有十来间农民住房，因为在路边，他们的生活被一览无余，所以朝鲜就让他们搬到再远一点的地方，而我们现在所看到的农民住房都是空房。民统线内，平原和坡地满覆绿草，却不曾见一棵树。远处的小溪边上有几棵阔叶杨，还有几间小房子。

如海金刚导游图所示，往北是丛石亭、海万物相（香炉峰）瞭望台，往南是立石、丽郁（音译）、松岛（音译）等景点，都在沿东海岸 10 余千米的区间内。"关东八景"中，丛石亭被选为第一景。丛石亭坐落于江原道通川海岸一千米区间的柱状节理岩石之上，被树丛包围，但是很可惜，这里并不对外开放。

由于海金刚位于民统线内的缘故，在得到朝鲜军队的许可后，我们在海金刚前下车，然后在海边及限定区内活动。海金刚的山坡后面驻扎着朝鲜军队，游客能观赏的区域也不过是大海的一角。无论是细长耸立的花岗岩上松树茂盛的秘境，还是那无数个小石岛和灰色的天空，仿佛都承载着沉沉的忧愁。或近或远的石岛边波涛拍岸，激荡出层层的白色浪花，而后消失得无影无踪。虽然海金刚想向满怀思念而来的游客诉说无数个故事，但是人类无法解读大自然的语言，他们的感觉是何其迟钝，也就只是默默地看着。

新罗花郎的游玩之地——三日浦

我们一行人乘坐巴士从海金刚向三日浦出发。三日浦位于江原道高城郡，以湖水闻名，是"关东八景"中的一景。在过去，三日浦只不过是个湾，后因沙子堆积在入口，形成了潟湖。从树木葱郁的山顶往下走不久，位于三日浦湖水一角的二层楼枫叶馆便呈现在眼前，那是一座卖纪念品和食品的白色建筑。在迎接游客的商店前院，不仅有人卖烤网上的烤鱼片，也有人卖鱼干。爬上二楼，三日浦的景色尽收眼底。三日浦西边是层峦叠嶂的山峰，东边是大海。

新罗时期，四名国仙花郎——永郎、述郎、南石郎、安详郎均被这里的景色所吸引，游玩了三天，因此这里得名三日浦，并且湖边还有四仙亭。1580 年，松江郑澈（45 岁）在前往就任江原道观察使的途中遇见了此处绝壁上的刻文——"述郎徒南石行"，于是他有感而发："且置高城，寻向三日浦，所刻之字依然清晰，神仙去了何方？在此停留三日后，又去了何方？"

石山蓬莱台

从枫叶馆出来后，在湖边走上几分钟便可到达瞭望台石山蓬莱台。蓬莱台曾是朝鲜初期的文臣、书法家蓬莱杨士彦看书写字的湖边洞穴。杨士彦与石峰韩濩、秋史金正喜并称为朝鲜时期三大名笔。我想起了杨士彦的诗《泰山歌》："泰山虽高是亦山，登登不已有何难。世人不肯劳身力，只道山高不可攀。"这大概体现了杨士彦修身养性、锤炼艺术的决心吧。

上蓬莱台的路陡峭而险峻，这里的台阶是用被削过的石头做成，或以如巨物般盘根错节的突出的树根为底。因为缠绕在途中的树根和陡峭的石台阶，我会戴着手套抓着路边的树枝，或拣个铁栅栏当成拐杖继续前行。有的松树因登山客的抚摸而变得潮湿光滑，有的松树用树枝搂抱着似是从绝壁上掉下的石头，松树和石头彼此维持着共生的关系。我想起了古希腊哲学家亚里士多德的一句话："人类是天生社会性动物。"人类吐露着一生的不满，有时甚至会互相折磨、互相伤害、互相蹂躏。看着无论是共生还是寄生，都相互环拥的大自然，我为人类的模样而羞愧不已。

从蓬莱台最高处向下望去，三日浦的全景映入眼帘。湖水中有卧牛岛，因形状像一只横卧的牛而得名，此外还有三个小岛，这些岛上的树木葱郁茂盛。蓬莱台顶端的绝壁末端环绕着铁栅栏，可以放心地观赏三日浦。花郎徒们曾游玩过的湖水与这些小岛如一幅美画。日后我的子孙们也会揽胜金刚山，登上这楼台并沉浸于三日浦抒情之中，想到这里，我意识到生命的每一个瞬间都如此可贵。这个地方也竖立了一块刻着红色字迹的功德碑。

从蓬莱台的下山途中，有几块像金刚门一样巨大的石头，相互倾斜，上方几乎是"额头"碰"额头"，下方相互拥挤，只能单独一人走过去。为了防止失足落空，我们小心翼翼地走过晃动的桥，去往将军台。上到将军台后，坡道下方有成排的观光车等着我们。我昨天踏访了金刚山玉流洞，今天揽胜了海金刚与三日浦，再别无他求。

天空突然阴云密布，仿佛即刻就要大雨倾盆。对于没准备雨具的我们，此刻是多么幸运，一丝闲适划过心头。游览名山大川、享尽清福，讲究的也是天时地利人和。

我们一行人回到了温井阁，点了蘑菇火锅和苘芹野菜作为午饭。为庆祝大家在金刚山的最后一次午饭和旅游，我们一起高举碰杯。旁边的游客也被我们的温馨画面感染，开始庆祝起来。在室外长椅上喝着咖啡，将金刚山铭记在记忆深处，浓雾却瞬间将远山与近山完全覆盖。一直穿梭于松树林的风终于召唤来了倾盆而下的暴雨。

有两三天的时间，让我忘记电话声音、门铃声音，游玩在金刚山。脱离快节奏生活的齿轮，回归大自然的怀抱，是否能够净化人的情感？可一想到30分钟后能够回到首尔，我的脑海便浮现了孙子孙女的脸庞。一瞬间，又想念起首尔来。人的感情真的轻如鸿毛！想到捷克斯洛伐克作家米兰·昆德拉的小说题目《不能承受的生命之轻》，我的内心漾起微笑。

啊，令人魂牵梦绕的金刚山！尽管天气一直不好，却让游客毫无遗憾之情，美好的揽胜此景。金刚山的秘境是朝鲜半岛的骄傲，是传给子孙至高无上的自然遗产。我期盼着南北统一，期盼着它能成为耸立在七千万同胞心中的灵山。

（2）雪岳山恐龙山脊上的枫叶

雪岳山海拔 1708 米，地跨江原道束草市与襄阳郡、麟蹄郡、高城郡的山脉，与东海相距约 15 千米。雪岳山隶属太白山脉，海拔在韩国仅次于汉拿山（1950 米）、智异山（1915 米）。岩石的雄伟与绝妙，可与金刚山的美丽媲美。假设算辈分的话，雪岳山同金刚山大概是表兄弟关系吧。特别是以雪岳山大青峰为首的 700 多个山峰延绵而成的恐龙山脊漫山红叶时，景致首屈一指。当白色的蔚山岩下橘黄色的枫叶掀起阵阵红波时，更是风景甲天下。

我曾和同乡的朋友们于 2009 年 10 月，在雪岳山进行了一场两天一夜的赏枫之旅。雪岳山的枫叶一般在每年的 10 月 15 日到 10 月 22 日最具观赏性，今年要比去年晚了三到四天。我们一行人清晨 7 点在首尔站附近乘上了旅游大巴。上午 11 点左右经过统一安保公园，在经过民统线时，军警亲自登上我们乘坐的大巴，检查车内情况。关于高城统一瞭望台的介绍在前文《金刚山纪行》中已有提及，此处不再赘述。

束草市芦鹤洞的尺山温泉场

我们一行人顺路去了束草市芦鹤洞的尺山温泉场。尺山温泉场位于弥矢岭溪谷入口，20 世纪 60 年代国立地质调查团发现了这片在地下 250 米处、源泉温度为 43 摄氏度的天然碱性温泉。此处与雪岳山相隔仅为十分钟车程，且与大浦港口也很近，在 1976 年被指定为特别观光景区。尺山温泉场于 1980 年起对外开放，去年建筑改造使外观光鲜亮丽。听说这里的温泉水含有大量的氟（F）和放射性物质镭（Ra），同我们普遍知晓的硫磺温泉有所不同，水光较为青绿，触感略微黏滑。乘坐了一整天的大巴后，泡泡温泉，疲劳一扫而光。

入住了旅行社安排的宾馆，导游短信通知明天清晨 7 点出发去雪岳山，在这之前为自由时间。虽然饭菜和宾馆都略显一般，但是大家好像也都算满意。像是朝鲜时代的儒学学者花潭徐静德所作的诗一般"心何以不老，吾老焉能不老？追之恐他人笑，大以此致老也"，我现在就是这种心境。从某种层面上来说，旅行仿佛是人类释放感情的兴奋剂。踏上旅途，这份因兴奋而雀跃的心跳，与年龄无关。

根据登山爱好者所述，相对于金刚山，很多人更乐于赞颂雪岳山。从前人们就评价：金刚山秀丽却不宏伟，智异山雄伟却不秀丽，而雪岳山则两者兼有之。六堂崔南善曾经这样赞颂过雪岳山：雪岳山的美就好比藏在深邃山谷里的美人……对于挚爱山水风景的人来说，相比于金刚山，雪岳山方能满足他的追求。雪岳山的超凡脱俗体现在白雪覆盖的崇高景象里，还是在身披华彩的漫山红叶展开双臂拥抱旅客的秋天里？

第二天早晨，考虑到现在是雪岳山国立公园枫叶季，交通定然堵塞，我们清晨 7 点就出发去往雪岳山。经过束草市雪岳洞的神兴寺里用丹青装饰的一柱门，抵达小公园入口，此时旅客和车辆已经车水马龙。虽然已经尽快赶到，却还是晚了。即便是十月中旬，枫叶却还未变色。我们一行人最想去的便是权金城（1128 米），虽然已经购买了缆车的票，但排队的队伍却如万里长城一般。有两台往返的缆车，乘坐上限为 50 人。就算已买好票，也还需要在站台等两个小时才能坐

雪岳山秋天的枫叶和青铜统一祈愿大佛坐像

上缆车。票是按照当天到达的顺序购买，我们一行人不得不选择放弃，收起了在权金城瞭望台看外雪岳美景和东海的美梦。我们打算在神兴寺景区内自由游览，商定好下山的时间后，便是自由时间了。同乡的朋友中有一位在佛教美术和整体文化艺术方面有着很深的造诣，他的翔实讲解，使我受益匪浅。

雪岳山神兴寺

神兴寺内青铜统一祈愿大佛坐像巍峨雄伟。青铜像高 14.6 米，重 108 吨，底座高 4.3 米，莲花台直径 13 米。据说从 1987 年到 1997 年，前后历经 10 年才得以完工，总计花费 37 亿韩元。佛像头后镶有圆光，脸上带着慈悲的笑容，身体保持降魔触地印的姿势。据说这是表现释迦牟尼成道境界的姿势。在佛教中，一般通过佛像所取的姿势、手持的物件或者手印来区分佛像的真正身份，手印则是用十指表现顿悟的手势。

佛像后的圆光是寓意用光来传达想法，即"光明说法"的象征性雕塑。青铜坐佛莲花座下刻有 16 个罗汉浮雕，使整个佛像看起来威严肃穆。佛像眉间白色柔软的毛发被称为白毫，之所以在此处镶嵌宝石，寓意在于照亮光明。大佛身后是通往地下法堂的入口，法堂里则供奉着天眼千手观世音菩萨。在这里，可以眺望到纯白美好的蔚山岩，它以优美的姿态如屏风般矗立在我们的眼前。

佛塔与浮屠

在通往神兴寺的路上，历代高僧的浮屠和碑石星罗棋布。供奉释迦牟尼舍利的塔叫作佛塔，坐落在寺庙的中心、法堂的前面。佛塔内有用石头筑造的砖塔和以木头筑造的木塔。在韩国石塔较多，中国砖塔多一些，日本则是木塔占多数。浮屠是埋藏高僧尸体并供奉舍利的一种石制建筑，形态多种多样，有的是在宽阔的石台上的钟状模样的物体，有的则是放置在正四边形柱子上的缸状器物，有的则状似小塔。

我们一行人拽着在西风中不停飞扬的衣领朝着神兴寺、蔚山岩方向的林间小路走去。虽然已经无缘登上权金城一望无际的恐龙山脊和东海，但一路走来，迎着空气中满溢的松香，却也让我的诗兴大发。于是，我开始朗诵朝鲜中期文人成浑的诗《沉默的青山》："沉默的青山啊，如同那无形的水；无价的清风啊，如同那无主的月亮；让我这无病人生啊，如同这山水风月般自然老去。"紧接着，我又兀自朗诵起中国宋朝诗人苏东坡《赤壁赋》中的诗句："唯江上之清风，与山间之明月，耳得之而为声，目遇之而成色，取之无禁，用之不竭。"
朗诵过后，我看了一眼丈夫。丈夫却说："我们能不能安安静静地思
考着向前走呢！"于是我反而提高了嗓门，开始吟诵起懒翁僧人的诗：

> 青山告诉我要沉默，苍穹告诉我要天真，
> 丢掉贪念也丢掉愤怒，流水清风般走过这世间。
> 就像那不为声音所惊的狮子，就像那不为网所束缚的清风，
> 就像那出淤泥而不染的莲花，就像那犀牛角一样只身向前。

丈夫说，这诗真是经久不衰的好诗啊。至此，我才不再继续。

雪岳山神兴寺浮屠地

走过石桥，左侧用圆润的天然石拼成的神兴寺石墙韵致清雅。走进神兴寺四天王门，映入眼帘的是四个守护佛法的神像，他们好似把我们当作了恶鬼，冲我们怒目圆睁。伽蓝（寺庙）后面就是绵延环绕的雪岳山，在这里也看得到权金城。据历史记载，真德女王六年（652年）新罗高僧慈藏律师创建了神兴寺，一开始命名为香城寺。在漫漫的历史长河中，这里遭遇多次火灾并重建，寺名也更名为现在的神兴寺，今日所见的建筑则建于英祖四十六年（1770年）。

神兴寺普济楼

神兴寺普济楼是江原道第104号物质文化遗产，主体建筑搭建在2阶由长台石垒成的侧台上，正面有7间、侧面有2间房，属于单

雪岳山神兴寺普济楼

缘屋檐人字形屋顶结构。一楼由高大的柱子支撑，空间宽敞，屋后有通往极乐宝殿的通道。普济楼 2 楼不仅保存着四物（梵钟、法鼓、木鱼、云盘），还收藏有佛经经版。

穿过普济楼，登上极乐殿，重檐八角的屋顶和饰有精美花纹的窗棂美不胜收，殿内供奉着阿弥陀佛，殿前立有石灯，除此之外，寺院内还有祈求极乐往生的冥府殿、供奉土俗神的三圣阁，以及作为禅房的寂默堂，还有供寺内僧人休息的寮舍斋等。

我们一行人参观了神兴寺后，在事先约好的集合地——统一大佛所在的小公园路口偶遇"江原女子诗画展"。树与树间拉起了线，线上用夹子夹着诗画作品。诗的主题多样，多是相对简短的行联结构。有人说秋天是诗人的季节，在雪岳山的松涛中写下的那些灵动飞扬的诗篇啊，它们的墨香氤氲萦绕在溪谷中。我们在雪岳山神兴寺下车，吃了午饭——海鲜豆腐汤后，就马上朝附近的襄阳洛山寺出发。

（3）观音圣地洛山寺

洛山寺（史迹第 295 号）位于江原道襄阳郡降岘面前津里，由义湘大师建于新罗文武王十一年（671 年），是韩国的第一观音圣地。在长久的历史中，洛山寺经历多次大火和战乱，曾多次重建。洛山寺的"洛山"是梵语"普陀洛迦"的简称，意为"观世音菩萨尊在"。洛山寺的附近是雪岳山国家公园，公园东朝东海，位于一座陡坡之上。韩国的名山都坐落着名刹，但没有哪一座名刹的风景如洛山寺般壮观美丽。

沿着洛山寺境内的上坡路往上走，就会看到一个茶来轩，前面有两条路，一条通往宝陀殿和海水观音像，右边那条则通往义湘台和红莲庵。我们选择先去义湘台。义湘台是岩石绝壁之上的一座亭阁，远

洛山寺义湘台

远看去，两三棵松树站在两侧，像是在守卫着义湘台。从此处往下看去，悬崖尽头便是东海。这是义湘一边看日出一边参禅的地方，在这里俯瞰东海，自是令人欣喜不已。青瓦屋顶的红莲庵坐落在低处的绝壁之上，距离义湘台稍远，远远看去如同一幅画卷。关于红莲庵的古老传说又给它添了几分神秘感。先祖十三年（1580年），松江郑澈在赴任江原道观察使的途中游览了关东八景之后，如此描述"义湘台"：

梨花已谢杜鹃悲鸣，洛山东侧上坐义湘。

夜半起程欲看日出，似彩云盛开，似数龙飞天。

日出海面天地摇晃，升入高空分毫毕现。

洛山寺自建立以来，经历过几次重建、重创及复原工作。据说，义湘台于 1925 年卍海韩龙云僧人寄宿在洛山寺时建造，并在 1975 年进行了改建。韩龙云是日本帝国主义强占时期的诗人、僧人，也是 1919 年"3·1 万岁运动"的 33 人代表中之一，被逮捕后，整整三年都在西大门的刑务所服役。韩国高中的国文教科书中就有韩龙云的《你的沉默》和《服从》。2005 年植树节那天，路边的山火顺着强风将洛山寺大雄殿一带的亭阁和 10 万棵松树与橡树全部烧为灰烬。洛山寺于 2006 年至 2010 年间按照画家金弘道的"洛山寺图"进行了复原。据说在那期间，共种植了松树 6100 多棵和栓皮栎、山茶树、山茱萸等共 93000 多棵。看到洛山寺焕然一新的样子，我们都感到格外喜悦和欣慰。复建工作是通过国家财政支援、寺庙的筹措、其他宗教团体的捐款才得以完成的，所以为了感恩，寺庙没有收取游客的门票，寺庙内的咖啡自动贩卖机免费提供咖啡，午饭时还会在供奉间为游客供应面条。

观音圣地红莲庵

红莲庵是义湘大师在新罗文武王十六年（676 年）建造的，现今的建筑是高宗六年（1869 年）改建的。观音圣地红莲庵起源于祈祷度量，据说非常灵验。它坐落于东海边的绝壁之上，围壁堆砌起来的地基上建有前面、侧面共三间屋子，青瓦的歇山式屋顶，一圈低矮的石柱围绕着外围。在石板上还刻着有关红莲庵观音洞的传说。

关于红莲庵的传说、荣州浮石寺和庆尚北道蔚珍佛影寺的创建传说似乎将义湘大师神化了。当时义湘大师和元晓大师是道友，两人一起前往中国学习的过程中经历的两件事广为人知。第一件便是他们在辽东附近的高句丽边境警戒线上被误认为是间谍，被捕了以后最终逃了出来回到新罗。第二件是在 661 年，元晓和义湘通过海路去大唐，中途在山里的土洞里过了一晚。元晓半夜感觉口渴，就拿起了盛着水的水瓢将里面的水一饮而尽，水甘甜且清凉。早晨起来发现，晚上睡觉的地方并不是土洞而是公共墓地，而元晓喝的水竟是骷髅里面的雨水。因此元晓悟出了"一切唯心造（一切事物都由思想来创造）"的道理。除了"心"以外，一切都是虚无，那还要去哪里追求些什么？元晓一边如此自言自语一边拿起骷髅跳起舞来，然后他便回到了新罗。

比元晓小 8 岁的义湘为了悟得真理，独自一人乘船去往中国大唐。他到大唐以后，在一位信徒家中寄宿了几天，期间有个名为善妙的美貌女子对他倾诉了自己的爱意，但他拒绝了，将那名女子收为学

洛山寺红莲庵

习大乘（佛教）的弟子。后来，义湘大师在智俨的门下修习了整整 8 年的华严宗（佛教宗派），回到新罗成了海东华严宗的始祖。

元晓以信士的身份用歌舞的形式在大街上教化大众，他专注于布教民众，行为自由不羁。这时，他遇到瑶石公主，儿子薛聪也因此诞生。元晓为了给大众种下佛心，成为行走于数万村落间的无碍道人。而义湘却以端正的修行者的姿态不遗余力地教育弟子。他建立洛山寺、浮石寺、华严寺等大型寺庙，并通过教团组织在新罗大力传播华严宗。作为道友的义湘与元晓，其出发点一致，只是选择了不同的道路。

中央法堂圆通宝殿

前往圆通宝殿时，能看到烧焦的松树墩，有些松树的树枝偏向一边生长。我以为这是园艺师精心修剪出来的，没想到这些都是在火灾中被烧毁了一部分的树木。据说寺内曾种植了五千多棵松树苗。希望随着岁月的变迁，它们都能长成美丽而枝繁叶茂的大树。

上宝陀殿的路左边有莲花池和阁楼，高高的台阶上，歇山式屋顶的宝陀殿威严耸立。宝陀殿内供奉着乾漆观音菩萨坐像和千手千眼观音菩萨坐像。千手千眼观音菩萨坐像有一千只眼睛（象征着慈悲）和一千只手（象征着智慧），这象征着解救婆娑世界中众生痛苦和苦难的慈悲之力。

抬头仰望重新装饰的圆通宝殿丹青，永不褪色的五方色丹青，它们的搭配华丽而和谐。青、白、赤、黑、黄象征着阴阳五行的木、火、土、金、水和四季与五个方向，而且也象征着辟邪与福寿康宁，所以多用于民画和韩服中。围着圆通宝殿的繁缕墙（江原道第 34 号物质文化遗产）外形独特。矗立在圆通宝殿前方的七层宝塔是朝鲜世宗时期所建立的。塔角边有轻微损伤，但看起来依旧坚固。

海观音佛像

巨大纯白的洛山寺海观音佛像（高 16 米，1970 年建立）坐落在距离中央法堂稍远一点的海边。海观音佛像远看孤傲且孤独，近观仰望时却是一副慈悲的模样。它站在莲花宝座上，右手向上，下面的左手托着甘露水瓶。观音菩萨是救赎众生苦难的菩萨，能够让众生摆脱现世的贪欲、执着、愤怒、无知、疾病、痛苦、死亡、贫穷、对地狱的恐惧，获得自由。佛教的信仰有祈愿转世于西方极乐世界的阿弥陀信仰，兜率天的弥勒为解救末世而降生的弥勒信仰，和从今世的痛苦和恐惧中挣脱的观音信仰。

海观音佛像

"途中问道" 雕刻文句

沿着圆通宝殿的道路行走，你会发现台阶上有用行书体雕刻的文句——"途中问道"。阶梯周围稀稀拉拉地种着几棵松树，刻着"途中问道"字样的地方有两棵松树，松树的根聚在一起，树干却各自向上分叉延伸，就像人生的分岔路一样……这是谁的设计呢？竟如此精妙。

道！释迦牟尼是在道中诞生的，他29岁出家，在苦行的道路上寻找真理，直到35岁才彻底参悟。45年间，他周游各地，教化百姓、为百姓说法，直到80岁圆寂离开这个世界。元晓大师亦是在途中悟得真理。

俗人的生存之道也是瞬间选择的延续。有时面临着进退两难的境地，有时走了很久却发现前路不通，需要重新回到原点。人生有不同的方向，但我们选择的路只有一条。我们会选择的往往是当时来说最理想、最可行的那条路。因为无法同时在两条路上前行，所以通常我们会放弃那条位于第二选择的道路。所以每个人走的都是只属于自己的路，独自前行的孤独的道路，时而让人感到彷徨的道路。

作者的拙著《轻飘墨香的风景》（文以堂，1997）里，有一段内容是前来迎接"回婚"的公婆以"塞翁失马"的故事为礼送给子女们。"事不如意难免急躁，但眼光放长远点，到了以后会觉得也不过如此，我们得明白，当时可能会认为这是一条不幸的道路，但最后，说不定一切都会柳暗花明。"

我很好奇默默走在旁边的丈夫踩着台阶看着这雕刻的文字时会想到什么，便望着他问道："你觉得应该向谁问道?"。他冷不丁听到我这个问题，微微一笑，引用了前英国首相丘吉尔说过的一句话——"所有的路都在书里。"他还说道，不懈的努力和勇气才是激发潜能的关键——而不是力量与技能。听完他说的，我大概明白了。人生中会遇到各种曲折困境，为了能找到正确的道路，我们要用勇气和努力来面对起落沉浮。

束草大浦港

我们去临近的水市场逛了一下，下午2点左右在束草大浦港渔业市场停车场下了车。束草港防波堤上，低矮的灯塔穿着红色的外衣，觅食的海鸥低低地飞行在水面上。大浦港海岸边并排摆放着木质桌和长椅，渔业市场狭隘的小路围成半圆环抱着海岸边的礁石。卸载了满满一车海鲜的汽车和卡车；装着扑腾跳动的鱼和鱼缸的大筐；在摊子上垂死挣扎的活鱼；摊子后边的店铺里扎堆吃着生鱼片的人们，这一切构成了一幅充满生活气息的画面。

我们挑了一个装着比目鱼、石斑鱼、鱿鱼的篮子。在做生鱼片的时间里，服务员给我们上了一盘装着生菜、苏子叶、青辣椒、生大蒜的蔬菜盘，还有辣椒酱。我们围坐在生鱼片餐馆后面的遮阳伞下。生鱼片店里的阿姨收拾活鱼的熟练手法令人惊叹。我和朋友们一边高喊着"干杯"一边举起纸杯碰杯。

我们所在位置的遮阳伞上面，有海燕在空中展翅盘旋，旁边有无数艘停泊着的小渔船在浪中摇荡。海燕张开它长长的翅膀，却没有去高空翱翔，而是注视着沿海海鲜店周围，低飞觅食。瞬间让我想起1980年初，美国作家理查德·巴赫的《海鸥的梦》里的名为《哪里都如此遥远！》的短篇小说。年轻人啊，这个作品就是在提醒你们要为了梦想展翅飞翔。自然就是这样，能给予我们无穷的新鲜感，也能唤醒我们沉睡的灵魂。

下午三点，我们出发前往首尔。车窗外深蓝色的夜雾渐渐弥漫开来，我微微闭上眼睛，感受到东海海面上月色斑驳，雪岳山大青峰上有无数颗星星在闪烁，我想象着，统一祈愿大佛温柔地守护着雪岳洞的溪谷，让它安宁地进入梦乡。

（4）江陵镜浦台乌竹轩

1997 年 5 月，我们一家曾去江原道江陵市旅游，待了两天一夜。我们在束草飞机场租了一辆汽车，我丈夫开车，儿子和女儿两个人看着旅游地指南地图，朝着镜浦台出发。新罗的高僧元晓大师曾说江陵四处山川环绕，是人杰地灵的好地方。一说起江陵，我们就能想起镜浦台和乌竹轩，同时还有申师任堂和栗谷李珥老师。

朝鲜初期的学者、僧人、风流诗人梅月堂金时习也出身江陵，朝鲜时代的理学家草堂许晔也是江陵人。许晔的三儿子许筠的《洪吉童传》是韩国第一部韩文小说。作品批判了贵族阶层社会，反抗当时的不正之风、贪官污吏和地方豪强的腐败、身份制度和嫡庶差别等现象。许晔的女儿许兰雪轩是闺房文学的杰出诗人。许兰雪轩也是许筠的姐姐，她的《闺怨歌》在文人世界里几乎无人不知。许晔的长子许筬（曾任李朝判书）和次子许葑（曾任昌原副使）皆有"朝鲜许氏五大文学家"的称号。

江陵镜浦台

天气非常晴朗，我们最先去的地方就是镜浦台（江原道物质文化遗产第 6 号，名胜第 108 号）。镜浦台是在高丽忠肃王 13 年（公元 1326 年）建立，英祖时期（公元 1745 年）搬至现在的地方，并进行了数次保修。高高的楼台，茂密的松树林围绕在周围，正面和侧面各有五间房，楼阁的屋顶为单层重檐歇山顶。站在镜浦台上，五月清

江陵镜浦台

风轻轻拂动衣角，镜浦湖和东海的风光尽收眼底，镜浦湖水面清澈如同明镜，远处的大观岭就像一幅水彩画展现在人眼前。镜铺湖是名副其实的石湖，沙子堆积使它的面积不断缩小。镜铺湖一带春天樱花盛开，秋天芦苇丛丛，冬天候鸟栖息歌唱。有很多文人墨客游玩镜浦湖后都留下了优美的诗文，其中有栗谷10岁时作的《镜浦台赋》和世宗大王时期被封为领议政的黄喜所作的《镜浦台》，还有朝鲜时期19代肃宗的御制诗《汀兰岸芝绕西东》：

汀兰岸芝绕西东，
十里烟霞映水中。
朝晖夕阴千万像，
临风把酒兴无穷。

下面是朝鲜名相黄喜的《镜浦台》：

澄澄镜浦含新月，
落落寒松鑠碧烟。
云锦满地台满竹，
尘世人间亦海仙。

松江郑澈创作的《关东别曲》中，有一段就是在他 45 岁时任职江原道观察使期间路过镜浦台之际所写的，镜浦台被他誉为松江关东八景中的第一名胜。

松林中的湖水清澈平静
水波清净，可见沙石
乘船越湖来到亭台
江门桥岸是东海
从容啊，这镜浦的气象！阔远啊！这东海的境界……

我们一家人在申师任堂（1504 年 ~1551 年）的铜像前行礼致敬。我以崇敬之心，吟诵起平时经常朗诵的申师任堂的诗句。丈夫说："孩子，你母亲又开始了，真是拦也拦不住。"说完往后退了一步。儿子们："怎么了父亲，不觉得有模有样的吗？"说完两个儿子抓住了我丈夫的手臂不让他后退。女儿想和她父亲开玩笑，便故意说："妈，大声点啊！"听完我便更大声地吟诵起来。申师任堂结婚后，在江陵娘家生活了一段时间，回婆家时，在前往首尔途中的大观岭遥望着娘家的方向，写下了《踰大观岭望亲庭》，而《思亲》这首名作则表达了对母亲的想念。

慈爱鹤发在临赢
身向长安独去情
回首北村时一望
白云飞下暮山青

——申师任堂《踰大观岭望亲庭》

千里家山万里峰
归心长在梦魂中
寒松亭畔孤伦月
镜浦台前一阵风
沙上白鸥恒聚散
海门鱼艇任西东
何时重沓临瀛路
更着斑衣膝下缝

——申师任堂《思亲》

据说，新罗的花郎巡礼国土修炼身心时，常在寒松亭喝茶赏景。

鲁山李殷相留下了很多以东海为素材的诗歌，例如《东海的朝阳》《蓝色民族》《东海颂》等。月夜楼台诗文客，薄酒举杯问月几？我脑海中不禁浮现了诗人们兴致勃勃地数月的场景，夜空中、镜浦海中、镜浦湖中、酒杯中，还有君眼中，那月亮少说也有五六个吧。历代画家也把这里的风景装进了画卷中。

　　不知道那些来到这里的落魄艺术家究竟是怎么"无钱取食"的？在那船桥庄的厢房里哪里还有落脚之处呢？虽然生活潦倒艰辛，但透过先人的作品却能够看出当时他们内心的从容和浪漫。现如今高度发达的物质文明下，我们的情感却在渐渐枯竭。虽然在名胜古迹里停留的时间很短暂，但我还是能够感受到先人的情怀。

　　大清早就从首尔出发来到了这里，我们便打算先吃中饭再继续观光，于是朝着海边的生鱼片餐馆走去。能够吃到新鲜的生鱼片，算是东海旅游的又一大诱惑吧！吃着凉拌生鱼片和炖汤，看着海边卷起的波浪和宽阔的沙滩，海风阵阵吹来，浑身上下都沾染上了海草的气息。吃过饭后，我们在白沙滩上散步，拾捡起海边的贝壳和漂亮石头，一块儿合唱着学生时代学过的《想起故乡》《思友》等歌曲。

乌竹轩申师任堂铜像

东海观光酒店矗立于东海边的峭壁之上，沿着酒店后面的路一直往下走就是大海。如果站在酒店的阳台上，就能看到一望无际的东海，镜浦湖也同样映入眼帘。酒店的前院里尽是郁郁葱葱的竹林和松树林，像是在欢迎着我们的到来。一直到深夜，我们都在月光斑驳的竹林里散步，在酒店后院的海边尽情用眼睛触摸那些天空中如宝石一般的星星。

江陵乌竹轩

第二天，我们在酒店吃过早餐后，出发前往申师任堂和栗谷的出生地及故乡——位于江陵市竹轩洞的乌竹轩。自警门前面宽敞的广场周围长满了生机勃勃的花树，令人赏心悦目。我们走进了栗谷先生的祠堂——文成祠。"文成"是 1624 年仁祖王赐给栗谷先生的谥号。文成祠内栗谷的画像是以堂金殷镐画家所画，牌匾上的字则是已故朴正熙大总统的亲笔题字。乌竹轩位于祠堂的左边。这里有文成祠、厢房、御制阁，还有栗谷纪念馆等。1976 年，朴正熙政府对世代相传的乌竹轩（宝物第 165 号）开展了清理工作，这才让乌竹轩有了今天的模样。院子里还有寿龄超过 600 年的满堂红（百日红）和梅花树。饱经沧桑的满堂红似乎在轻轻诉说着乌竹轩的悠长历史。

后院竹子的树干全是赤红色的，粗细也只有成年男子的大拇指那般粗。细细耸立着的乌竹在风中发出唰啦唰啦的声响。虽然竹竿很细，但是饱含着光泽。"乌竹轩"曾是申师任堂外公的家，后来申师任堂的父亲也居住在此。作为申师任堂和栗谷的出生地，乌竹轩也是韩国住宅建筑中历史最悠久的建筑之一。古时人品高洁的先儒们似乎很爱在后院养竹。尹善道的《五友歌》中便有赞颂竹子的内容。我常画文人画，四君子中尤爱画竹、菊，除此之外，还爱画葡萄。画完竹子之后，常会在旁题上中国宋代诗人、文人画家、政治家苏东坡的诗句。下面抄录一段苏东坡赞颂竹子的诗《绿竹轩》的一部分：

可使食无肉，不可居无竹
（宁可饭桌上没有肉，家中也不能没有竹）

无肉令人瘦，无竹令人俗
（若没有肉，人会变得瘦弱，但倘若没有竹，人会变得俗气）

人瘦尚可肥，士俗不可医
（人瘦了还会长肉，但是人俗则无药可医）

对竹情有独钟的苏东坡某天用红色的颜料画竹子，朋友串门时看到这幅画疑惑地问道："这个世上哪有红色的竹子啊？"苏东坡反问道："那么世上哪来的黑色（用墨水画的）的竹子呢？"。突然想起了这个有趣的故事，所以在这里做一个补充。我还听说崇尚学问、亲近学者的正祖曾下令将栗谷的著作《击蒙要诀》及用过的砚台好好保存在御制阁，所以很想到这里来看看。当时正祖看到栗谷从小使用的砚台磨得都快见底了，对此感叹不已，便在1788年亲笔在砚台底面写下了这首赞扬栗谷先生的诗：

涵婺池，象孔石，普厥施；
龙归洞，云泼墨，文在兹。
〔受到婺源朱子的恩泽，继承孔子的思想，并泽及四方。
龙（栗谷）虽归洞天，云（名声）却留在笔墨中，随其学问

流芳后世。〕

——正祖对栗谷的赞扬诗

正祖还下令好好保管栗谷先生42岁时为修学的初学者撰写的《击蒙要诀》，并为此建了御制阁。

栗谷先生自小便向母亲修习学问，13岁通过进士初试，28岁取得状元及第。之后依次担任过黄海道观察使、大司宪、吏曹、刑曹、兵曹判书等官职。他一生都为引导世人而努力，是一位以救济百姓为己任的经世济民的政治家。在朝鲜儒学界，他与退溪李滉齐名，同为大学问家，在书法和绘画上都有很深的造诣。

栗谷在宣祖10年（1577年）42岁时创作了与李滉《陶山十二曲》齐名的《高山九曲歌》，不仅歌颂了自然，更倡导学习朱子学要有严谨的治学态度。他创作的组诗如下："高山九曲人不知 / 诛茅卜居友人至 / 啊，想象武夷学朱子。"

"养兵十万论"

栗谷先生在担任兵曹判书时，为了加强国防，曾呈给宣祖一篇名为《时务六条启》的文章，提出了六件亟需落实的事情：任用忠厚有能之人；重军事育百姓；充裕国库；坚固山城防御；时刻准备开战；加强教化。然而宣祖和朝廷大臣们都斥责他竟在太平盛世提出这样的建议。两个月后，栗谷诚恳地用"养兵十万论"来说服他们，他陈言，要培养十万士兵，两万驻守在都城，其他每个都分别驻守一万，以此来守卫国家。这番言论仿佛是预测到了后来将会爆发的"壬辰倭乱"。然而就因为这个"养兵十万论"，他被扣上了冒犯君王的罪名，遭到了司宪府、私谏院、弘文馆等三司的弹劾。而栗谷先生离世还未满八年，"壬辰倭乱"就爆发了。

申师任堂的诗书画

申师任堂在生下栗谷之前，梦见黑龙从大海飞来盘踞卧房，于是这间卧房被称为"梦龙室"。"乌竹轩"和"梦龙室"这两块牌匾并排悬挂在一起，据说这都是秋史金正喜的真迹。

申师任堂曾教育自己的孩子，绘画不能只靠手法，首先要整理心绪，其次要仔细观察被描画的对象。栗谷的七位兄弟姐妹中，栗谷是老三，弟弟是玉山，姐姐是精通诗书画的梅窗。栗谷 16 岁的时候，母亲去世，但他继承了母亲的全部才华，写下了《先妣行状》。

栗谷纪念馆里除了申师任堂的遗物之外，还有画着花、草、虫子的草虫图，梅花图，画着花与蝴蝶、水边的草与野鸭、大雁与芦苇的芦雁图等，这些绘画手法细腻，将景物描绘得栩栩如生，绘画准确，绘画功底高超，就连草丛中的虫子都栩栩如生。申师任堂在 7 岁时就开始临摹画家安坚（朝鲜初期山水画家）的作品，山水画非常出色，常让周围人惊叹。申师任堂的书法中，一笔一画间将她波澜不惊的内心准确折射出来。她的楷书如她的人品一般端庄文雅。朝鲜时代的女性没有学习的机会，但是申师任堂的父亲却教自己的女儿们学习儒教四书、书法、绘画、千字文、童蒙先习、明心宝鉴、六经和朱子。在几个女儿之中，申师任堂记忆力超群，精通儒教经传和写作、书法、绘画、缝纫、针线活等。韩国政府在 2007 年将申师任堂的画像印在了 5 万元（韩币）的纸币上。

我年轻的时候总是醉心于申师任堂的诗、毛笔字和绘画作品，尤其是申师任堂的葡萄画。那时我常常背诵她的诗歌，常画葡萄。在国画展的时候我提交了自己的绘画处女作墨葡萄图，但是落选了。后来经过几年的磨炼，我的墨菊花图连续入选国画展。中国的陶渊明尤其喜欢菊花，于是那时的我常专注于背诵他的诗，朗诵他的文学作品。

草堂豆腐的起源

参观完乌竹轩之后，我们去了以"草堂豆腐料理"闻名的小村庄。"草堂豆腐"中"草堂"取自许筠的父亲许晔的号"草堂"。许晔觉得草堂（江陵的地名）的泉水味道极好，就用来制作豆腐，这就是"草堂豆腐"的起源。走进草堂洞的松树林，到处都是"草堂豆腐餐饮店"。"镜浦8景"中的一景"草堂炊烟"说的就是傍晚草堂村庄里炊烟袅袅的场景。

用泉水将产自江原道的大豆洗净，放在水中浸泡，接着再用干净的东海海水过滤其杂质，最后才拿洗干净的大豆来做豆腐。草堂豆腐是当地的风味小吃，因为草堂豆腐，这个地方和镜浦台在很久以前就成了旅游胜地。江陵的风味小吃还有豆腐火锅、热豆腐、豆腐渣、豆腐蔬菜沙拉等，我们点了一些招牌菜，传统的小菜葱泡菜、酱菜、发酵泡菜等和豆腐料理搭配着吃十分美味，味道清淡是这儿的特色。

一家人一起去江陵的那场旅行（1997.5）尽管是很久以前的事情，但我一直未曾忘记那个美好的地方。这次我有幸将国内旅行的经历写成游记，回顾了一下过去近20年的岁月，我发现，记忆的对岸总是散发出浓郁的香气，而我的记忆依旧停留在东海边，不时地飘荡。

（5）春川烽火山九曲瀑布

位于江原道春川市的烽火山九曲瀑布和"春川玉山家"是我一直很想去游览的地方。1995年9月，我和几个好朋友一起在清凉里站搭乘了早晨8点30分开往春川的列车。在春川，古时候燃烽火的烽火山共有三处，我们去了位于南山面江村里的烽火山九曲瀑布。越过烽火山，在文培村吃了中饭后，我们决定前往春川玉山家。

江原道春川是拥有韩国最美风景的湖滨城市。北汉江与邵阳江在春川汇合，流向西南方，又在加平郡与洪川江汇合在一起。因此湖滨城市春川市内有春川湖的春川大坝、衣岩湖的衣岩大坝和邵阳湖的邵阳大坝三个大坝。每年，在春川举行的"春川马拉松大赛"路程横跨北汉江，将位于春川大坝和衣岩大坝之间的漫山红枫、迷人溪谷和湖滨城市的风光展现在了来自世界各地的观众眼前。人们可以乘坐游览船欣赏山水风光、在湖边骑自行车旅游、学习姜太公在湖边钓鱼、摄影拍照，还能行走在如诗如画的湖边长廊上，绝对是旅游爱好者们一年四季都能够观赏自然风光的名胜。

1995 年 9 月份，还处在阴历 8 月份，田野里到处都是金黄色的稻浪，稻粒饱满，压弯了稻子的腰；菜田里满是成熟的红辣椒还有绿油油的秋日蔬菜，这番景象将田野装点得绚丽多姿。大坝周围以及山脚边的围墙上爬满了长春藤，红色的叶子十分惹眼。车窗外一闪而过的山坡上大波斯菊、紫芒和紫色野菊花成群结队，如同恋爱中的人们一般在西风中甜蜜地摇曳着身躯。经过清平和加平的时候，北汉江与邵阳江汇合之后江面上波光粼粼，让整条水流如同追迷藏一般在人面前若隐若现。小船漂浮在江面上，山倒映在水中，而洁白的云朵踩着山影缓缓漂过。

10 点 20 分到达江村站，我们一行人打了两辆出租车，十分钟后抵达烽火山九曲瀑布停车场售票处。门票是 1000 韩元。铺满遍地的花儿小草和高声鸣唱的知了仿佛都在欢迎我们的到来。溪谷随处可见的石塔分外引人注目。忽然，绝壁上的瀑布宛若滑梯一般乘着岩石弯曲流下，飞舞的浪花吻湿了我的衣领。听说这里的冬天会吸引很多登山爱好者前来攀冰。

望着烽火山九曲瀑布，我想起了曾重点背诵过的中国唐代诗人李白的《望庐山瀑布》，并给朋友们吟诵了这首诗的翻译版。庐山位于中国江西省，此山的瀑布在李白笔下足足三千尺，让人不禁疑惑难道这是从天而降的银河水？诗人在诗中运用了疑问和夸张的修辞技巧。

朝鲜中期的诗人名妓黄真伊在《朴渊瀑布》中这样吟诵：

一派长川喷壑砻，龙湫百仞水溁溁。

飞泉倒泻凝银汉，怒瀑横垂宛白虹。

雹乱霆驰弥洞府，珠舂玉碎彻晴空。

游人莫到庐山胜，须识天磨冠海东。

朴渊瀑布位于开城市天摩山山麓，其因"松都三绝"——花潭徐敬德、妓女黄真伊、天摩山朴渊瀑布而扬名天下。

在我吟诵诗歌之际，一位在同窗时期擅长跳舞的好友翩翩起舞。我们互相击掌，欢笑不断。

文培村

绕着烽火山山腰，沿着松树茂盛的山路爬了40分钟后到达山顶，文培村便映入眼帘。山脚几间趴着的扁平草屋就是村子的全部。村子路旁是一条静静流淌的小溪，两根圆木搭成的小桥横跨其上。听说这个村子即使是在朝鲜战争时期也一直维持着安静祥和，真是一个安闲幽静的地方。

我们进了一个小房间，后墙上有一扇破洞的纸窗户。蓦地，童年的记忆仿佛正在大喊大叫地向我狂奔而来。摊开筋疲力尽的双腿坐下，我看到了马厩和水井，再远一点的大波斯菊摇曳的花径上，几只土鸡在悠闲地觅食。我们点了山菜套餐作为午餐。蒸土鸡、腌得恰到好处的过冬泡菜、新鲜蔬菜加苏籽油配凉拌橡子凉粉以及撒了葛藤粉和微辣青椒的煎饼，都是人间美味。后来又上了野菜拌饭配大酱汤，所以每人的最终消费是一万韩元。我们踏着溪水上方横架着的两根圆木，离开了一派祥和的文培村，朝着后面的春川玉山家出发。

（6）春川玉山家

春川市东面月谷里的玉山家与春川文培村相距约 20 分钟的车程。春川玉山家大一矿业（株）于 1968 年发现玉石矿脉，并在 1974 年 2 月成立公司。春川玉的硬度为 6~6.5 度，是世界上质量最高的软玉（白玉）。春川玉开采于地下约 420 米，已被指定为春川市特产（99-01 号）。大一矿业持有 198 个注册商标，拥有净水器、玉寝具类、玉瓷类、内衣类等国内外技术专利 51 个。（出处：春川玉山家）

在玉山家厂长的引导下，我们得以观摩工厂内部。下至地下 420 米，是乳白色和淡绿色的光萦绕的软玉矿脉，听说是用炸药爆炸而开采。俯瞰矿坑 45 度的陡坡地洞的瞬间，我感到了一阵晕眩。厂长告诉我，矿坑的一天从早上的祷告开始，他的这句话一直让我牢记在心。

从机器在工厂入口切割大玉石，到越往里越细节化的加工，我仔细观察了整个过程。磨炼玉石的工厂内部到处都散发着石头的浓烈气息。观摩玉石被炼成戒指、项链、镯子、念珠等的过程，让我感到津津有味。制作项链或念珠时，大小相同的小圆珠在水中溜溜转动，棱角棱边被磨掉的这一过程本身就是一道神奇的风景。可以想象，那一件件作品在石匠的手上经历了多少次打磨。所谓的"磨炼"，正意味着这样刻苦而努力的漫长过程。

借用玉匠匠人院子严益命（音译）先生（首尔非物质文化遗产继承人）的话：

"软玉由角闪石（疑原文有误）、透闪石、阳起石等同一系列的矿物构成，硬玉是一种辉石族矿物，由钠和铝的硅酸盐矿物组成。一般来说，软玉和硬玉不按一定的规则结合，其合成是不规则的，致使玉石无法用锥子雕刻，只能以打磨的方式制成器物。因而玉的打造，不叫雕刻的'刻'，而叫雕琢的'琢'。"

春川玉通过 O 型圈测试证明其有神秘之气。在观摩的过程中，我们也尝试了 O 型圈测试——一只手拿玉，另一只手的大拇指和食指围成一个圆，一分钟后，全身力量增加。也就是说此时产生了一种气，使大拇指和食指围成的圈比平常难以分开。关于 O 型圈测试，日本的大村喜前博士曾在 1978 年发表过相关论文。进行 O 型圈测试时，身体的姿势和方向、测试的方法、测试时的注意事项、身上所带的物品（项链、手表、戒指等）、周围环境等各个方面都有可能发生作用，所以如果不是专家，很难鉴定检查结果的差异。但是 O 型圈测试让我倍感新奇，如果这能运用在身体的新陈代谢或生理机能方面，那么从医学的角度上看，相关的研究将非常有必要。

进行 O 型圈测试时，我的脑海闪现一件事，是去年（1994.8）在台湾旅游时听说的一件事。台湾人深信，当佩戴的玉石或珍珠变色时，身边定是发生了不祥之事，例如生病、受伤、财产或名誉受损。在我的记忆中，玉、珍珠、珊瑚等可以提前预知凶兆，并且能阻止凶兆的发生，被称为"活宝石"。韩国也同样如此，自古以来，玉便象征着能够驱赶恶鬼的辟邪之力和君子之德，更有"君子必佩玉"一说。

玉洞体验场

我们一行人曾于 1995 年 9 月探访过"春川玉山家",当时并不像现在这样,所有的设施都很完善。20 多年后的今天,不仅可以在 150 米的体验场通道两旁观赏玉石的埋藏状态,而且洞穴观赏（100 米）尽头还设有游客休息处;这里不仅有陈列各地特色瓷器的陶瓷博物馆,还允许游客在玉矿山内饮用岩石中流出的地下水玉静水。"春川玉山家"同时经营着以旅游胜地而出名的"气"体验室和桑拿房。

我们一行人逛了销售玉石饰品（项链、戒指、手镯等）、玉石垫、玉静水、生活用品的商店,返回时,大家都买了一只软玉戒指。我收到了一个有祛痘功效的玉皂。此外,我试饮了一杯玉静水,听说这水有益身心,是从矿坑地下 420 米的玉壁中喷涌而出,富含各种矿物

玉洞体验场

质，是天然的碱性 (ph8~8.5) 还原水。玉静水因为能增加人体内的碱性，所以有基本的抗氧化作用，可以防止老化和预防癌症。20 多年前探访"春川玉山家"时所留下的美好而神秘的回忆至今仍让我记忆犹新。

（7）祝灵山山麓的"晨静树木园"

我们决定去京畿道加平郡祝灵山（又名飞龙山，海拔 879 米）东边山脚下的"晨静树木园"和南怡岛转转。祝灵山西边的溪谷地带是一片红松茂盛的自然休养林。祝灵山至今仍流传着谜一般的传说：高丽末期，李成桂在成为朝鲜太祖之前曾来此处狩猎，但他一无所获。猎户告诉他，此山有神灵，要进行告祀。第二天，举行了山神祭后，李成桂便猎到了一头野猪。又有另一传说：这里有一处南怡将军小时候练武的南怡之石，虽然他为国家立下赫赫战功，但是却遭他人猜忌与谋害，在 27 岁这个花季年龄含冤而死。所以，为缅怀南怡将军，此处每年都举行山神祭，而祝灵山的名字也由此而来。

2006 年 7 月初，雨过天晴的一个夏日清晨，和丈夫 Y 大学的四名同事一起乘面包车出行。"晨静树木园"是由三育大学园艺系韩尚庆（音译）教授于 1994 年开始创建的树木园。春川、加平的北汉江的悠悠绿江水与山麓葱郁的树林相互协调，景色宜人。因为是周三，路上几乎没什么车辆，所以我们可以自由控速，出行的心情更加爽快一些。在路上我们顺便拐去小"鲤鱼养殖场"和"树木园自然学习场"，但两个地方的晨雾都很重，挡住了视线。

早上 10 点左右，我们抵达"晨静树木园"。树木园的名字摘引自印度诗圣泰戈尔对朝鲜的称赞——"早晨安静的国家"。红松林似是远处竖起的屏风，而这些以红松林为背景的 20 个主题庭院在山脚用地

10万平方米，最大限度地反映了韩国的传统美，是综合艺术品。我们首先进入位于树木园入口的主题公园"晨静历史馆"。

晨静历史馆

故居历史馆中有瓦房、草房、酱缸台、凤仙花、鸡冠花、南瓜花、葫芦花……虽然这里能成为孩子们崭新的体验场所，但是对于稍微年长的人来说，无疑会想起过去故乡的房子。树木园的创建人韩尚庆教授所写的《我的花儿》格外引人注目。我们一行人在这一首诗前仿佛走进了作家的内心。

你是我的花儿，并不因你比这世间任何一朵花儿美丽绚烂。
你是我的花儿，也不因你比这世间任何一朵花儿香气袭人。
你是我的花儿，是因你早已在我心中绽放。

——韩尚庆教授的诗《我的花儿》

穿过故居庭院往上方走去，薰衣草、玻璃苣、迷迭香等香草的香味迎面扑来，这是来到了"香草庭院"。爬上展望台俯瞰，与朝鲜半岛模样相似的"下景庭院"、舒适地横躺在树木园中央的绿草地、树龄无法计算的姿态奇怪的树木、花儿竞相开放的花坛、叮咚欢快流淌的清澈溪水和小桥等相映成趣，绘成了一个世外桃源。其中下景庭院仿佛就是人们想象中的乐园。

庭院的名字多种多样，且每个庭院的装饰都名副其实，有"无穷花东山"、高山岩石园、伊甸园，也有蕴含千年松柏香气的庭院。各个主题庭院都散发着韩国传统的曲线美、匀称美和韵味。同时也能够让人体会到东方特有的神秘感。曙华渊庭院设有小亭子，一侧连有石

晨静历史馆

桥，也可以通过跳岩到达。溪流边上立着石塔，大约是人们祈愿之后
一块一块累积而成的，希望这些人的愿望都能实现吧⋯⋯

盆栽庭院

在逛了几个主题庭院后，我们到了盆栽庭院。以前我读过一位相
关专家的论文，文中说东洋三国盆栽艺术的起源发生在中国的唐代
（618年~907年）。盆栽以自然为表现对象，源于山水画、山水诗及
山水园林，再注入作者的观点和情感，展现出一定的意境，这一点上
其超出了自然美，从而使作家自身的创作价值得到认可。

盆栽专家们可以在小小的花盆里注入千年老松的声声松风。有些
盆栽的价格甚至可达到数亿元。在制作盆栽时，哪怕是在松柏或圆柏

边上摆上一块奇岩怪石，也可以让观赏者感受到深山的味道。像是将老松千年的韵味缠绕一身，在歌唱布满苔藓痕迹的岁月边上，加上一个超迷你型瀑布，涓涓的细流，也会让你感觉仿若置身深山。

当盆栽的橘子树上结满了金黄色的橘子时，就会让人联想到济州岛广阔的柑橘田以及南海的声声波涛。据说如果黄澄澄的橘子看起来如黄金一般，就能体会到一种成为有钱人的感觉。恐怕任谁也无法否认，充满艺术审美情趣的人在看到陶瓷花盆里做成的超迷你伊甸乐园时，可以听到天堂的声音。因此盆栽便成了一门需要时间和隐忍的艺术。如果想让参天大树继续存活在狭小的花盆里，那就要同时兼顾水、阳光、通风、肥料、病虫害等各个方面的管理，不可疏忽一丝一毫。

如果仔细观察这些盆栽植物的姿态，就能感觉到盆栽的一种坚韧，就算被修剪成什么样，枝干被弯曲成什么样，身体被拧成什么样，它们都会顽强地适应下来。越是姿态曼妙的盆栽，它们的身上或枝丫上就越是缠满铁丝。这些在忍辱负重的岁月中拼命维持有限生命的植物使我有种揪心的感觉，只好尽量避免仔细观察它们。同时也是因为多保持点距离或许也会增加一些想象的空间和美感吧。

从早春白头山稀有野生花展会开始，到12月的雪花节，晨静园林一直会有丰富多彩的园艺展示。这既提高了韩国国民的情趣，也教会人们热爱自然。真想快到暑假，和孙子孙女徜徉在绿波荡漾的树荫里，尽情享受这花的芬芳。首尔近郊能够有这么美的韩国传统庭院，可以说是首尔的自豪。首尔有"晨静园林"，忠南泰安也有"千里浦庭院"，这两处是很值得推荐给国内外旅客的园林。

在动身来"晨静园林"前，我们先去了被称为"桃源"的传统茶馆。这个传统茶馆地处最内部的幽静地带。店内装饰更亲近自然，给

盆栽庭院

人一种故乡一样的舒适感觉。在这里可以同时享用到松针茶、山葡萄茶等多种传统茶品。透过玻璃窗，我们能一直看到溪谷深处，那里宁静而让人心驰神往。对于年轻人来说，"晨静园林"不失为一个可以沿着园林小路尽情享受山林浴的好地方。

中国唐朝陆羽在其所著的《茶经》一书中提到，独自一个人喝茶被称为"离俗"，又可以说成是"一人神"。两个喝茶时，称之为"闲适"，可谓最为理想的境界。三五人一起喝茶时，可称为"泛"，也就是气氛活跃的意思。如果更多的人一起喝茶的话，就可以称之为"杂"。中国的学者林语堂也在自己的著作《生活的艺术》一书中提出过类似的观点。朝鲜时期的僧人草衣禅师也曾说过"茶禅不分家"的话。

我们一行五人心态平和地一边喝着茶，一边观赏庭院的植物，亲密地交谈着。或许是因为时代不同吧，我认为比起一人独酌来，这种和彼此心意相通的朋友一起喝各自心仪的茶的日子，简直快活如神仙。之后，我们便从这里向南怡岛出发。

（8）春川南怡岛

我们一行人在游览了地处京畿道加平郡的"晨静园林"之后，便出发去了春川的南怡岛。2006 年 7 月初，一个雨后的清晨，深绿色的树荫隐隐泛着光泽。这南怡岛原来是一块由丘陵构成的陆地，当发洪水时暂时变成一座小岛。然而伴随着 1994 年京畿道加平郡北汉江上清平水坝的修筑，丘陵被水围住，顶部就成了一座小岛。根据记载，这座岛周身长 6 千米、面积大约为 14 万平方米。而作为一块行政区的南怡岛，虽然地理位置上属于春川市南山面芳荷里，但进入南怡岛的码头却位于京畿道加平郡达田里。

这里有能够同时搭载 200 多人的渡轮，运行时间间隔是 10 ～ 30 分钟。不过，现如今京川高铁的开通，使得人们可以从加平站直达南怡岛。这里没有大陆桥，所以车辆等无法上岛，于是我们将车停在了加平的停车场，在加平渡口乘上了开往南怡岛的渡轮。也就是五六分钟的光景，我们就已到达目的地。2011 年 5 月，南怡岛新设了空中缆车，据说乘此缆车也可直接到达岛上。

来往于南怡岛的渡轮

南怡岛原是一个不毛之地，守宰闵丙焘（1916 年 ~ 2006 年）先生于 1965 年买下了这座岛，开始种上板栗、银杏、美柳、枫树等树木，铺草地，也种了这条水杉林荫路。闵丙焘先生曾经是执掌 7 大银行的银行家，1966 年成立了京川旅游开发股份有限公司。他将南怡岛打造成了一个综合度假场所，为韩国文化艺术领域做出了突出的贡献，而岛上也立有闵先生的铜像。

据说在修建南怡岛时，闵丙焘先生从修建忠清南道泰安郡的"千里浦园林"的闵丙甲先生处得到了许多宝贵的意见。闵丙甲先生曾任联合军美军海军部军官，1946 年加入韩国国籍，是一位园艺大师。闵丙焘先生担任韩国银行总裁的时候，同当时担任美军情厅财务事务官的米勒（音译）博士关系很好。

南怡岛因是 2002 年人气韩剧《冬季恋歌》的拍摄地而名气大增。演员裴勇俊和崔智友在二人出演的电视剧中曾一同走过南怡岛水杉林荫路和银杏路，这两条路的风景美得如梦如幻。这部电视剧在东南亚多国掀起了热潮。作为文化艺术的小岛，南怡岛每年能够吸引 300 万游客，这里俨然已是韩流旅游胜地。如今的南怡岛在闵丙焘先生的创

晨静园林低地花园全景

新和努力下，已经逐渐发展成了另一个世外桃源。

南怡将军陵园

1965 年，闵丙焘先生买下这座岛之后，便在传说是南怡将军墓冢的石堆上盖上一层厚土，整修成墓，立起一块追悼碑。南怡将军的墓冢（京畿道第 13 号纪念物）位于京畿道华城市飞凤面。南怡将军 17 岁时考上了武状元，也从此备受世祖的宠爱。世祖是檀宗的叔父首阳大君，在往日谋士的帮助下谋反成功，登上朝鲜第七代王的宝座。

南怡将军 26 岁时，因平定李施爱乱（1467 年）和围剿女真族的功劳，成功登上兵曹判书之位。当世祖驾崩后，忌妒南怡将军得势的反对派们开始了种种诬陷，给他扣上了一个谋反的罪名。他们把南怡将军在当年平定李施爱乱、围剿女真族凯旋时所写的《北征歌》一诗偷梁换柱，嫁祸于他。而且睿宗对南怡将军也不是十分满意。

白头山石磨刀尽，
豆满江水饮马无。
男儿二十未平国，
后世谁称大丈夫。

——南怡将军的诗《北征歌》

上述诗中"男儿二十未平国"中"未平国"巧妙地改成不能得到（掌控）国家的"未得国"，也就是将"不能解决纷乱的国难局面"改成了"不能得到权力"，以此诬陷南怡将军企图谋反。由于这些一直妒忌和牵制他的反对派们不断的弹劾，南怡将军最终被处死。岁月流逝，真相最终显现在世人眼前。一直到朝鲜第 23 代王纯祖 18 年

（1818），右议丞南公辙上诉，才使得南怡将军终于恢复名誉，追封为忠武公，这是前无古人的最高荣誉。

梦幻的水杉林荫路

水杉作为杉树的一种，属落叶性针叶树类，据说生长在两亿年前的恐龙时期，被称为"活化石"。水杉在中生代（2.51亿年~6650万年前）达到鼎盛，学界几乎认为它们已经在地球上消失，直到1945年，中国扬子江上游的磨刀溪谷才初次出现它们的身影。我们知道可以在远古化石中找到蕨类和银杏树的身影，但现在眼前活生生的水杉竟然是恐龙时代就已存在的树木，一种神秘感油然而生。

七月初，雨过天晴后的深绿色小路充满诗情画意。这里的水杉树据说是1977年由首尔大学农业科技学院带来种苗后栽培种植的。这些树高35米，直径约2米左右，到了冬天，叶子就会变成红褐色，会随着小的枝丫一起掉落下来。水杉在1970年被我国指定为建议林荫路树木。除了南怡岛外，潭阳和昌原市也是以此树繁盛而闻名的观光地。

水杉林荫路的入口处有很多雕塑，提醒着人们这里就是《冬季恋歌》的拍摄地。铜像"恋歌像"以亲密的姿势倾诉着爱的告白。伴随着韩流热风的兴起，《冬季恋歌》在日本、中国，以及东南亚众多国家广泛放映，使得南怡岛也因此成为文化旅游胜地。水杉林荫路的树木整齐地排成一排，高大的树干参天而立，仿佛一直向着天空伸展。然而仔细看这些树会发现，与庞大的身躯相比，它们的绿叶又细又长，薄薄地铺展开，姿态十分地优雅。阳光从叶缝里洒落下来，微风吹动绿叶，树影也随之飘荡。脚踏着这七月翠绿色的水杉树荫路，仿佛所有走过这片绿光的脚步也变得迷醉起来。

水杉林荫路

恋歌之家的摄影画廊

南怡岛中央广场有很多主题店铺，恋歌之家电视剧中的咖啡屋 **Drama Cafe** 是《冬季恋歌》拍摄时使用的建筑物，现在改造成了简易食堂和纪念品店。这个地方出售怀旧型的老式盒饭、泡菜饼、马格利酒等能让人联想到乡村风景的东西，更能唤起人们怀旧的感情。我去的时候，这里还展示了很多关于韩国名山及遗址旅行信息的照片。这里有将《冬季恋歌》中的一个场面放大制成的照片"恋人之门"，在门前照纪念照的情侣们络绎不绝。

南怡岛中央的一个角落放养着很多动物，宽敞的栅栏里，鸵鸟在自己的地盘徘徊，似乎已经适应每天面对一张张陌生的面孔，隔着远远的距离，它们用眨眼来迎接旅客。我们还看见了用稻草做的鸵鸟窝棚、鸵鸟群和鹅。

对面摆放着很多如"鬼神"般凶神恶煞状的雕塑，占了不小的地方。这些雕塑有的用原木雕刻而成，有的用土捏造而成，有的用铁铸造而成，还有的用石头堆放而成，置放于角角落落，定睛细看，会惊叹其创意性。

我认为南怡岛是非常适合家庭郊游的地方，它有各种主题公园、歌曲博物馆、儿童图书馆和美术馆等，也具备体育竞技场、游泳馆、钓鱼台、摩托艇、滑水运动、游览船等设施。关于住宿，也配有山庄及中小型野营地、露营地等便利设施。

夏天，树林里蝉声此起彼伏。我们在一个安静的地方停了下来，往下望去可以看到江水和溪谷，那幽幽流淌的北汉江一览无遗。虽然七月的阳光毒辣，但也无法穿透这茂盛绿荫，只得停留在远处的江边，所以在林间的我们感到非常凉快。闵丙焘先生在去世之前周游南

《冬季恋歌》的"恋歌像"

怡岛，留下了这样的话："岛上的林中鸟再多些就好了，不要开发此地，多栽花种树。"

回去路上我也陷入了沉思。在过去的 30 年内，在闵丙泰先生的努力下，南怡岛由荒芜的沙地，焕然一新成为地上乐园。韩尚敬（音译）教授也实现了自己多年之梦，建造了"晨静树木园"。我突然感叹道，矢志不渝坚持着伟大梦想和抱负的人们即使在恍如一场春梦一般的简短人生里，也可以创造令人叹为观止的奇迹，铸成不朽的伟大金字塔。

（9）长篇小说《土地》的故乡——雉岳山山麓

我跟随着先生去往江原道原州市雉岳山山麓，访问了长篇小说《土地》作者朴景利老师的住宅。当时我先生担任 Y 大原州校区的副校长，想邀请朴女士去做有关文艺创作方面的讲座。朴景利女士担任延世大学原州校区的特聘教授，给学生讲授文学课程。我记得曾在报纸上读到，朴景利女士付出 25 年心血创作了《土地》，创作期间闭门不出。在一般情况很难见到这样的人物，我便抓住了这次绝佳机会跟着先生去了。

朴景利女士在小说家金东里先生的推荐下，于 1955 年登上文坛，发表了小说《金药局家的女儿们》《波市》《市场与战场》等。自 1969 年开始了长篇小说《土地》的连载，并于 1994 年 8 月完成。朴景利女士于 1980 年离开首尔，定居在原州市丹邱洞，完成了长篇小说的创作，据说 25 年间足足写了三万张纸。作品《土地》写的是旧韩末年（1897）到韩国解放（1945）期间发生的事情。通过对日本殖民时代的描写，反映出了韩国的历史和农民生活、日本帝国主义的酷虐行径、韩民族的恨文化，被评价为韩国现代文学史上最优秀的历史小说。

同朴景利女士的会面

1993 年 5 月上旬，原州市郊区的风景十分宜人。雉岳山是江原道原州市、横城、釜谷里的地界，1000 米以上的高峰绵延不断，形成了 14 千米的山脊线。雉岳山的枫叶景色格外秀丽，也被称为"赤岳山"。白鹭安静地弯着脖子站在绿色田野或小溪边，一切是那么平和而寂静。

到达朴景利女士住宅的时候，已是下午五点。从家大门到庭院的山坡路面上，铺满整整齐齐的圆石头。绿草坪的宽阔院子十分寂静，几棵大树像支柱一般挺立在那里。屋檐下方的玄关旁边，细竹被五月的清风吹得哗啦哗啦，旁边有被水莲覆盖的小小池塘。如果弯腰观察，会惊奇地发现有金黄的鱼群游曳在荷叶之间。

带着明快微笑迎接我们的朴景利女士，像是老朋友母亲一般慈爱，皮肤黝黑头发斑白，她热情地伸出粗糙的手掌，那手掌也如同她的作品《土地》一样，散发出土地芬芳。正好那天纳南出版社（音译）的社长带来了朴景利女士新发行的书籍，我的第一个随笔集《梦醒清晨》也是出版于纳南出版社，真是愉快的相遇。

询问朴景利女士的长寿秘诀，她微笑着回答说是可能因为吃绿色无公害蔬菜，并亲手种地做家务。搬来原州的第一年，她购入杀虫剂，戴着口罩背着器具，亲自为果树杀虫。后来又觉得自己吃不了多少，还要忍受这剧烈农药去喷洒杀虫剂，便从第二年开始不做了。头

朴景利女士的住宅

两年水果树上的害虫都处于病死状态，而后渐渐恢复了自生能力。朴景利女士给我们讲述着她的经历。

她将庭院的一边开垦成了菜园，用自己栽种的蔬菜做拌菜，将院子内自然生长的野苦菜腌成了泡菜。听到这些话时，我脑海中浮现了身土不二这个成语。如农夫般热爱土壤，顺应自然规律，20多年间执笔《土地》的朴景利女士，已在她的脑海里将生活与文学合二为一。我深深感受到了她想要完成伟大目标的信念、付出的努力，还有更难得可贵的忍受孤独的耐力。她带着明朗的表情说道，期间别人曾帮她做家务，她反而无法集中精神。自己亲自做，心情会更舒适，也可以节省时间和金钱。

在对话中，朴景利女士问我的家乡在哪里，我回答说是庆尚北道月城郡。她非常高兴地说道："难怪呢！看你有些农村人的憨厚气息，还有发愣的眼神。"初次见面的印象竟然是像农村人，我困惑着不知这是好话还是坏话。接着她又大笑着说道："我十分喜爱毫不做作的淳朴农村人，我认为被称作像农村人是最好的称赞。"

收到青瓦台晚餐邀请

为了在晚上好好招待朴女士，我们夫妇带着朴景利女士来到了市内。她虽在原州生活了十多年，却仍不知此地有何物。长时间埋头于写作，就连看电视的时间都很少，有时同一些知名人士在一起，甚至不知他们的社会地位及身份，所以也常因此产生误会。如果在市场有人问她是不是某个作家，她会回答不是，而后赶紧离开。朴景利女士在《土地》完稿十周年 TV 座谈会上这样说道："假设我一直忙于人情交往，又怎么能创作《土地》这本书呢，写《土地》的这25年岁月，我完全切断了自己的生活。"

国外领导人来韩访问时，她曾收到去青瓦台的晚餐邀请，但都没有去。特别是在拒绝了新闻记者的来访后，她内心也有过矛盾，记得她一脸恍惚的表情，说道："人不可能光靠喝水存活……我也要靠卖书维持生计啊……让别人多次吃了闭门羹，我该如何生存呢？实在不行的话，就在家门口摆个小摊子来糊口……"听着朴景利女士说这话的瞬间，我再次切实感受到这句话：名誉会绕过苦求它的人而走向避开它的人。

先生提出了请她办讲座的邀请，她回复说计划明年八月《土地》截稿，恳请在那以后再举办。她说道，执笔期间，一边观赏着延世大学梅芝校区的湖景，一边给学生授课，心情十分愉悦。她还自豪地说有几名学生日后定能写出好的作品。

叹息日本产品的畅销

对话中，朴景利女士痛心地说道，韩国国民迅速地忘记悲痛过去，如此轻易原谅曾经的敌人在世界上是罕见的。担心年轻一代用怎样的视角看待日本，看到不管是大人还是小孩都喜欢用日货，她感到有些痛心。朴景利女士说道，现在《土地》正写到四十年代的内容，我们的时代一旦过去，就没有人会告诉我们的后代日本的暴行与残酷行径，因此她必须全身心投身于此，尤其要让年轻一代阅读到这些。说到此处的老作家，通红的眼眶已然湿润。

朴景利女士还说道，要正确认识我们的历史，深入研究发现更多伟大人物，仍须重新评价世界史，她还强调还有很多事件和业绩值得名垂史册。她的话语中充满了对本民族所拥有的一切的珍惜和爱意。我也在心中暗下决心，尽管自己还是个不出名的作家，但日后写文章时也会努力去回顾并还原民族的历史，为了能够更好地将历史讲给后代听，我也得好好学习国史才行。

同朴女士的谈话妙趣横生，内容一下子能追溯到百年历史前，具体到历史的角角落落，我们欢畅地纵论古今中外，还从世界史的角度出发比较分析韩国国史。此时作家如刀锋锐利的批判力、宛如绒毛细腻的感情，以及渊博的知识像闪光灯一般闪闪发光。我们周围有很多知识渊博的人，却很难找出如此值得敬重的人。因此，同朴女士的会谈使我震惊，也唤醒了我的思想意识。不知不觉夜幕降临，以爱与尊敬为基础的对话，引发了强烈的共鸣，让彼此的内心都仿佛变得透明起来。

收到礼物 —— 一整箱《土地》全集

1995 年 4 月份，我第二次见到朴景利女士。她托人带信给我们说要把她执笔的书作为礼物送我们，让我们去一趟原州。为表感谢，我在仁寺洞买了竹节纤密的合竹扇，还准备了生长于芦苇地的两只大雁和一大串干黄花鱼。四月的天气十分清新，来自雉岳山山麓的风带着凉气。但是朴景利女士家玄关旁的竹子似乎立在凉风的盲区，庭院树仍旧静静地蜷缩在一旁。

朴景利女士送的《土地》的全集，每一本都附有签名，还有诗集《自由》、散文集《有梦之人创造一切》等，整整装满了一箱子。这是她花了 25 年的漫长岁月，在稿纸上耕耘赢得的果实，收到了这样的礼物，我内心激动万分。我们和同行的两位 Y 大教授一起，陪着朴女士来到了原州市里的一家韩餐店。席间，我们畅谈了很多话题。

朴景利女士谈论道：现今文艺创作领域中，创作的人不断减少，而文学评论家却很多。大部分的评论家不确立自己的主张或者理论，而是引用外国的理论或者话语，意图以此炫耀学识或强调自己话语的正确性。同时，曾负责教授文艺创作课程的她还提出疑问：在物质万能、科学万能的社会下，文艺创作系在大学里存留下来吗？

最近的学生都不会提问题

朴景利女士还说道：文学的出发点都是从"为什么"开始，"为什么"这个问题本身也可支撑文学持续发展，可是最近的学生都没有问题。学生不会思考现在学习的课题，也不想要深入了解，只是机械式的背诵应付考试。对于她的观点我也感同身受，产生了共鸣。朴女士还指责道：即使智力非凡，也会在创新方面落后，不能脱离背诵式学习和填鸭式教育是我们教育方法上的漏洞。

日本的国民精神、文学和文化的根基并不深厚，可为什么有人会获得诺贝尔文学奖呢？我向朴女士提出了我的疑惑。她指出日本人擅长院外活动，行动十分迅速。从某些层面来说，作品的优秀性，相比评价作品本身，更会被这个国家的外交、政治关系、院外活动等左右。

她还说道：韩国无论是在翻译还是在外国普及传播等方面都十分薄弱，并且很不完善。尽管韩国的作品质量比日本高，然而并未被外国人所知晓，理所当然不会得到肯定。因而在国家层面，要更积极地促进翻译事业。从很早以前，日本就用火葬代替了埋葬，就算去盗墓，也挖不出什么遗物来。因此他们篡夺而去的高丽青瓷和李朝白瓷，在经过擦拭清理后就被保存起来，仿佛是他们自己的国宝一样。

韩国自古以来崇尚儒生精神，相比科举考试制度，更重视精神上的理论体系，并一直重视精神、文化层面的遗产。日本精神是"武士"精神，即刀、血、死亡这类野蛮文化。日本的宗教并非纯正的宗教，而是同神社道相融合的变形宗教。因此，虽说日本佛教兴盛，却没有一个真正意义上的佛教信徒或者高僧，就连寺庙也没有。听着这席话时，我感觉像是奶奶把孙子孙女叫到身边坐下，富有感情地说起以前的故事，一字一句间透露出这样的信息：不要忘记历史，并且一定要将之传达给周围的朋友们。

日本人拒绝阐明真实的历史及文化

日本人相信如果打开了潘多拉盒子的盖子，便会黑发变白发而死亡，他们拒绝阐明真实的历史及文化。直至今日，日本仍掩盖过去他们侵略中国、韩国、菲律宾的所作所为，以及非人道主义的历史事实，只是强调被美国原子弹所迫害。壬辰倭乱时期，倭寇挟持大量韩国人，将之卖到长崎的奴隶市场，其中有些还会再被葡萄牙商人们转卖到印度孤儿国际奴隶市场。

我在美国留学时，舍友是菲律宾的医生，这是从她那听到的故事。日本侵略者抓住无辜的菲律宾人活埋，将父母埋在土下，让他们的孩子在上面踩。脑海中还能浮现出那种令人打起寒战的画面，孩子们一边听着父母肚子破裂的声音，一边继续踩着土地。在战争里，不是只有拿着刀枪打仗才能证明自己爱国，手中的笔比刀枪有力。这话说得似乎就是朴女士。下面的文章是引用我的拙作《轻飘墨香的风景》中与朴景利女士的谈话：

"即使我们的时代已经成为过去，让我们的子孙认识到正确的历史也依然十分重要。在我死之前还有一件事要做，便是如实揭露日本侵略者、日本的历史以及他们的过去。重新树立我们的历史观，铭记被淡忘的日本人的罪行，我感觉这就是我的责任。在我死前一定要做到。"朴景利女士用手帕擦拭着泪水说道。（后略）

对话中，朴女士还笑着自问自答道："人们都会问，一个人生活是不是太孤独了，如何能做到这一点呢。不过，如果在感受不到孤独的情况下坚持写作，这才是不正常的事情，难道不是吗？"她也非常关心下一代的培养问题。她还补充道：希望将现居房子的第二层整修为文人志士和学生们的聚会活动场所。虽然她已经完成了长篇小说《土地》的创作，但我们仍旧希望她能一直健康长寿，创作出新的作品。我们怀着这样的祈祷，也带着朴女士送的一大箱书，离开了雉岳山。

　　坐落在江原道原州市兴业面梅芝里回村的"土地文化馆"于1999年开馆。占地三千坪，共有两栋四层建筑物，总建筑面积为八百坪。这里设有大会议室、图书室、放映室和作家住处。这里原本是朴景利女士在原州市丹邱洞的公寓旧址，后被开发。朴女士将得到的赔偿金赠予土地开发工程，"土地文化馆"才得以建立。朴景利女士于1998年从丹邱洞搬到了"土地文化馆"。

小说的舞台背景——平沙里崔参判宅

　　长篇小说《土地》的舞台背景位于庆尚南道河东郡岳阳面平沙里，由于小说和电视剧的放映，很多游客来到此地游览。自1998年，在国库和地方财政的支援下，政府开始在平沙里建造崔参判宅。由此正房、里间、后间、厢房、耳房等依次被建立起来。每年平沙里都会开展文学奖征集活动，小说、随笔、诗的膺选作家都能获得奖金。除此之外，还会在此展开学术会议、小说《土地》讨论会、"土地"写作比赛、文学知识竞赛等多种多样的文学活动。

　　朴景利女士曾任延世大学特聘教授，取得梨花女子大学名誉文学博士学位，还获得了现代文学新人奖、韩国女性文学奖、月滩文学奖、仁村奖、湖岩艺术奖等。大韩民国政府还追授朴景利女士金冠文化勋章。

第二章
朝鲜半岛的中心地：首尔·京畿道

（1）汉阳都城与古宫

初期百济慰礼城

自三国时代开始，首尔和京畿道地区就是各方势力的角逐场。首尔位于朝鲜半岛的中西部，地形为盆地。初期，百济以汉江流域为中心，建筑慰礼城，于公元前18年建成，后因高句丽的侵略，迁都熊津（公州）。位于松坡区的蒙村土城和风纳土城曾在473年间作为汉城百济的王城，现作为遗址存留了下来。首尔市松坡区芳荑一洞的百济古坟群（史迹第270号）和松坡区石村洞的积石冢（史迹第243号）现已修整完好。积石冢为东西向49.6米，南北向43.7米，高度为4米的基坛式墓石堆。旁边还有修筑为封坟形式的坟墓。

首都首尔曾多次改名。百济时期为慰礼城，高句丽征服慰礼城，改称为南平壤。新罗掌控汉江流域时，称其为新州、汉山州。高丽时期首尔被称为南京，朝鲜太祖李成桂又改名为汉阳、汉城，日本殖民统治时期又被称为京城。解放后，首尔从京畿道内分离出来，于1946年升级为首尔特别市。

朝鲜太祖李成桂于 1394 年从开城迁都至汉阳，创建了景福宫，并一同建设了宗庙社稷。他在王城内筑造石城，还建造了通往都城的四大门以及位于中央位置的普信阁。供养朝鲜王朝排位的宗庙（史迹 125 号）分为正殿和永宁殿。正殿中供奉着正式登上王位的先王和王妃的神位，永宁殿供奉着追尊为先王的父母或者复辟之王的排位。宗庙祭礼在 1995 年被联合国教科文组织认证为世界文化遗产，祭礼乐于 2001 年被联合国教科文组织列入人类口传文化遗产杰作。

朝鲜时期五大古宫

首尔特别市内的朝鲜时期五大古宫得以保存下来。朝鲜王朝 500 年期间共有 26 位帝王，古宫包括景福宫、昌德宫、昌庆宫、庆熙宫、德寿宫。高宗的潜邸，也是高宗父亲兴宣大院君的住宅，被称为云岘宫（遗迹第 257 号），但并不是宫殿。现在大总统的官邸青瓦台位于首尔特别市钟路区青瓦台路 1 号。光化门广场拐角处竖有 1902 年为纪念高宗即位 40 年而建的花岗岩称庆纪念碑，光化门广场中央还竖立着世宗大王和李舜臣将军的铜像。从这里步行 15 分钟可到达崇礼门（南大门，国宝 1 号），崇礼门于 2008 年 2 月被烧毁，2013 年 4 月得以复原。

高丽末朝鲜初期的文臣、儒学学者三峰郑道传是帮助太祖李成桂在汉阳建立都城的一等功臣。丈夫为我讲述了冗长的政治学相关内容，他说，在遥远的 14 世纪，只有在避马街才能读到郑道传的民本思想。朝鲜时代，为了照顾百姓，帮忙避开骑马出行的官宦，首尔钟路 1 街到钟路 6 街的窄巷子被建成道路，内有客栈和饭店。丈夫认为那是民主主义的始发点，保障市民权利的大宪章在英国 1215 年 6 月 15 日被写成文书。英国的约翰国王在位期间（1199 年~1216 年）明文规定：即使拥有绝对权力，也必须尊重法律程序，国王的权力也被法律所限制。然而位于亚洲最东方的小国——朝鲜内部，也会有为照顾百姓而建造避马街的历史，这值得人们去细细推敲。我为此而感慨不已、激动万分。

在汉阳建立新都城后，郑道传为赞颂太祖李成桂，创作了《新都歌》，内容如下：

开国圣王建立圣朝

新都形胜当今景

新都形胜，新都形胜，圣主圣寿万年

万民咸乐

阿额哒咙哒哩（没有实际意思的助兴句）

前为汉江水，后是三角山

德重江山，共享万岁

——乐章歌词，摘自《对韩国语言的理解与感想》

景福宫（朝鲜的正宫）

太祖李成桂从开城迁都汉阳时（1394 年 ~1395 年），构想建立一个儒教城市，根据郑道传的风水地理说，将地址定在了景福宫，"景福"的意思为祈愿太平盛世。正门为光化门，景福宫和昌德宫于宣祖25 年（1592 年）壬辰倭乱时被大面积烧毁。

高宗的父亲兴宣大院君在高宗年纪还小时，代替其掌管十年国政。高宗 2 年 (1865 年 ~1872 年)，在大院君的领导下，景福宫得以重建，而国民的生活因此更加穷困潦倒。在日本帝国主义强占时期，

景福宫庆会楼

为建成朝鲜总督府，朝鲜正宫景福宫和光化门惨遭外敌拆毁。我想起高中时期国语课本中薛义植的文章《拆了重建的光化门》中的章节。

> 一直说要被拆的光化门终于要被拆了……漫长的雨季中，淫雨仍连绵不绝，洒落在已数年未见的景福宫那古老的宫阙里。光化门屋顶上铛铛的锤子声穿过京城，传至北岳，传至南山，更传进了沉浸于悲痛之中的白衣人的心口。
>
> ——1926.8.2《东亚日报》

第二次世界大战日本战败后，朝鲜总督府官厅和官宅移交给了美国军政厅。1948 年建立大韩民国政府后又转交至大韩民国政府手中。朝鲜总督府官厅曾被用作国立中央博物馆，金泳三执政时，因日本帝国主义清算运动被拆迁。2010 年 8 月 15 日,景福宫第一阶段复原工作圆满结束,开始向普通市民开放。

昌德宫和秘苑

昌德宫是被指定为世界文化遗产的朝鲜宫阙之一。昌德宫于太宗 5 年(1405 年)完工,属第二大宫阙,也叫做东阙,正门为敦化门(宝物第 383 号)。建造离宫的第二年(1406 年),建成后园,并于世祖 9 年(1463 年)扩建。昌德宫后园被称为秘苑,因为普通人不得出入,也被称为禁苑。

昌德宫因壬辰倭乱,于 1917 年被大面积火灾烧毁,1991 年开始各种复原工作后,往日的美丽才得以重现。昌德宫和秘苑作为韩国的代表性宫阙,于 1997 年载入联合国教科文组织认证的世界文化遗产。一个半小时步行参观秘苑的旅游路线中会有解说员的解说,为了文化再保护,一天的游览人数和次数都有限制,游览需提前预约。

昌德宫(秘苑·后园)内古老的奎章阁

昌德宫后园有条树木茂盛的下坡路，庭院里有非常高的丘陵，这是为了达到与自然的地形地貌相协调的效果。从山坡高处向远方望去，自然景观格外秀丽。坐落于此的还有莲塘中的芙蓉亭、君王垂钓的鱼水门、图书室和作为水库的奎章阁。还有多种形态的池塘、亭子、古老的树木等，景色浑然天成。听说在仁祖时期，玉流川内流觞曲水，是个饮酒赋诗之地。

昌庆宫·庆熙宫·德寿宫

位于首尔钟路的昌庆宫（史迹第 123 号）本是世宗在位（1418年）时，为了供奉先王太宗而建造的寿康宫，后来朝鲜成宗为供奉三代先王而大面积扩张。昌庆宫在壬辰倭乱时期全部被烧毁，于光海君 7 年（1616 年）被重建。昌庆宫的历史中，曾有肃宗赐毒药给诅咒仁显王后的张禧嫔，还有英祖将思悼世子置于米柜中让其活活饿死的事件。1911 年日本帝国主义强占时期，外敌多次毁损昌庆宫，并降格其为昌庆园，内含动物园和植物园。1983 年被修复为现在的模样。

庆熙宫原名为庆德宫（史迹第 271 号），位于景福宫西侧，也叫作西阙，建立于光海君 10 年（1623 年）。庆熙宫规模宏大，为朝鲜三大宫阙之一，内含 100 多栋大大小小的建筑物，历经朝鲜王朝十代历史。庆熙宫记录了朝鲜第 19 代君王肃宗出生，20 代君王景宗、22 代君王正祖、24 代君王宪宗登基，以及肃宗、英祖、纯祖的驾崩。纯祖时期（1829 年），庆熙宫大部分因火灾而烧毁，并于 1931 年重建。日本帝国主义强占时期，为了建造景城中学，于 1922 年拆除了庆熙宫。这里还曾一度被用作伊藤博文的祠堂，1945 年解放后被废除。现在还存留着庆熙宫的正门和正殿，还有作为练习射箭的后园黄鹤亭（首尔市物质文化财产第 25 号）。

位于首尔中区世宗大路的德寿宫（史迹第 124 号）是世祖时期为了大儿媳仁粹大妃而建立的宫殿，原名为庆运宫。壬辰倭乱时宣祖曾临时使用过，宣祖驾崩后，光海君（1608 年）和仁祖（1623 年）在此登基。德寿宫的正门为大汉门，明成皇后弑杀事件——乙未事变发生后，高宗和世子在一年里俄馆播迁后又将住所迁至德寿宫。高宗回到德寿宫后，建立起祭天的圜丘坛，举行祭祀活动后，大韩帝国（1897 年~1907 年）的皇帝光武帝即位。位于首尔小公洞的朝鲜酒店便是丘坛旧址。

南山塔 · 八角亭

首尔南山的代表象征物是南山塔和八角亭，朝鲜太祖李成桂定都汉阳后，在南山顶峰的八角亭建立起木觅神祠作为国家的守护神寺，在此举行祭祀活动。

在首尔南山曾有壬辰倭乱时外军的指挥部，1907 年也曾建立作为统监府的倭城台。1910 年韩日合并，倭城台便被用为朝鲜总督府官厅，1926 年又搬至景福宫内新建的朝鲜总督府官厅。1925 年，在南山建立祭祀日本明治天皇的神祠（朝鲜神宫）时，木觅神祠被摧毁。1945 年 8 月，日本成为第二次世界大战的战败国，日本人亲手拆除了神宫。

刻着朝鲜民族悲痛历史的南山得到重新修整，1968 年，南山公园开园，1975 年南山首尔塔（海拔 479.7 米）完工。朴正熙大总统在职时，计划以南山为中心建立"综合民族文化中心"，其中包括了南山国立剧场、安重根义士历史纪念馆以及白凡广场。

仁寺洞·文化街

位于首尔城市中心钟路的仁寺洞文化街是 1919 年"3·1 独立万岁运动"起义的历史遗址。位于仁寺洞的胜洞教会（首尔特别市物质文化遗产第 130 号）是独立万岁运动的起义聚集地，在此为来自全国各地的学生团体、干部们分发太极旗和《己未独立宣言》，并商谋义举大业。并且现在钟路区仁寺洞的泰和大楼是泰和馆的旧址，原来泰和馆是李完用的别墅，也是日本帝国主义强占时期他同伊藤博文讨论国政的地方。民族代表们曾在此朗读《己未独立宣言》，李完用搬走后，此地成为了饭店。

现在仁寺洞里有很多画廊、古董商店、工艺品、古书、书法作品、纪念品、瓷器、木制品、美术材料百货商店、各种传统饮食店、传统茶馆、茶器、礼品店等，应有尽有。仁寺洞是首尔的旅游名胜地，英国伊丽莎白女王二世在 1999 年 4 月访问大韩民国时，曾光顾首尔仁寺洞的古董店。

（2）建国历史的故乡——梨花庄

"梨花庄"（史迹第 497 号）是 19 世纪 20 年代的建筑，位于连接首尔钟路区和城北区的花岗岩石山——骆山（125 米）的山麓处。因为山的形状如同骆驼背一样突起而得名骆山。朝鲜中宗时期，又因附近有所叫梨花亭的亭子，而被称为梨花亭洞。不仅如此，梨花庄一带的梨花美艳芬芳，这也成了"梨花庄"这一名字的来源。

大韩民国建国大总统李承晚博士和国母弗兰西斯卡·端娜·李女士在位于城北区的敦岩庄居住两年时间后，于 1947 年 11 月搬进了梨花庄的韩屋。此处曾是大韩民国政府建立初期组织内阁的组阁堂，极具历史意义。进入庭院后，便可看到雩南李承晚（1875 年~1965 年）

大总统的铜像，铜像下方积坛刻有他的政治口号"团结吧，团结则能生存，分散则会灭亡！"我首先向他的铜像敬礼来表达了尊敬。

李承晚大总统于1948年7月17日公布宪法，1948年7月27日就任为民主主义国家大韩民国第一任大总统，1948年8月15日举行宣布仪式建立大韩民国政府，是将"可以忍受饥饿，也可忍受屈辱，但绝不容忍亡国之痛"精神贯穿一生的建国大总统。

李承晚大总统出生于黄海道平山郡，于1897年毕业于培材学堂英文系。1896年曾任启蒙运动团体协成会报记者，作为干部活动于徐载弼老师带领下的独立协会，后经历了五年零七个月(1898年~1904年)的监狱生活。出狱后，为保卫国家政权，1904年作为密探使者前往美国，1905年在《华盛顿邮报》的采访中谴责日本对朝鲜的主权侵略。为了得到美国的支持，他曾作为外交官同美国武装官约翰·海伊和西奥多·罗斯福大总统面谈。

韩国第一个内阁结构的组阁堂

李承晚大总统在乔治·华盛顿大学取得学士学位，在哈佛大学结束了硕士课程后，又在普林斯顿大学向伍德罗·威尔逊校长提交了《受到美国影响的中立主义》论文，取得博士学位（1910.6）。他以美国夏威夷为根据地设立了韩人基督学院和韩人基督教会，3·1独立万岁运动时，同徐载弼一起在菲拉德尔斐亚韩人代表大会上宣布韩国的独立，并展开民族教育和独立运动（1913年~1939年）。

藏在中国船内的太平间偷渡到上海

1920年，正值上海临时政府①第一任大总统就任，日本在全球范围内悬赏抓捕李承晚。博思·威克先生在夏威夷是有名的殡仪员，他负责将在夏威夷劳动生活后死亡的中国人尸体运回中国。当时，李承晚博士换上中国人服装，藏在中国人船上的太平间偷渡到了上海（1920.11）。（节选自《李承晚大总统的健康》弗兰西斯卡·端娜·李（音译）著作，曹惠子摘录）

1933年，李承晚为呼吁韩国独立，向日内瓦国际联盟提出"大韩独立请愿书"。从一月至五月中旬，他都待在瑞士日内瓦，这是韩国人首次以国际联盟为对象展开外交活动。在日内瓦隔周发行的《东方论坛》*La Tribune D'Orient* 中还登有李承晚的报道。他还在日内瓦同美国总领事吉尔伯特共进午餐，告知韩国局势。据说这期间李承晚博士的差旅费由"大韩人同志会"提供。

李承晚博士与弗兰西斯卡女士的见面

1933年2月21日，李承晚博士（58岁）同弗兰西斯卡女士（33

---

① 大韩民国临时政府，朝鲜半岛在日韩合并后，于1919年在上海法租界成立，李承晚任国务总理——责任编辑注。

岁）的第一次见面是在位于瑞士日内瓦的莱芒湖湖边的一家酒店。李承晚博士打算去举办日内瓦国际联盟会议的酒店餐厅中吃午餐，拥挤的酒店餐厅中，李承晚在经理的引导下来到了弗兰西斯卡与母亲所坐的四人桌。当时弗兰西斯卡同她母亲正在法国旅行，回奥地利维也纳的路途中来到了日内瓦。回想到当时的场景，弗兰西斯卡女士在书中描述道：

> 在经理的引导下李博士来到了我们这一桌。儒雅、高贵的东方绅士，这是我对他的第一印象……用法语说着"感谢您允许我在此坐下"，郑重地打招呼后，才坐到了前面的座位……看起来身居高位的东方绅士所点的菜单却让我大吃一惊，德国酸味泡菜和一小块香肠，还有两个土豆，仅此而已……服务员把食品端来后，这位东方绅士礼貌地用法语向我们说"本阿白地（祝您用餐愉快）"，随后便安静地开始用餐，不知为何，我却感觉他身上有种吸引人的神秘力量。
>
> ——《李承晚大总统的健康》第 175~176 页

弗兰西斯卡女士在维也纳商业专科学校毕业后，去了英国苏格兰留学进修英语，她取得了英语口译资格证，还精通速记和打字。弗兰西斯卡女士的父亲膝下无子，所以他把在奥地利经营的五金店铺和苏打水工厂都留给了小女儿弗兰西斯卡，并对她严格训练，把她送去商业专科学校。1934 年，李承晚博士和弗兰西斯卡女士在纽约举办婚礼，1935 年，两人在夏威夷檀香山定居。1939 年，独立运动根据地转移到美国华盛顿，李承晚出版英文著作《日本内幕记》（*Japan Inside Out*），此书因日本偷袭珍珠港的内容而畅销一时。

大韩民国的建国总统

1945 年 5 月，联合国成立大会在美国旧金山举行，李承晚博士在会议上号召韩国的独立。1945 年解放后，李承晚回国成立独立促成中央协议会，开展信托统治反对运动。1946 年，他设置了大韩独立促成国民会会长、南朝鲜民主议院议长、民族统一总部。1947 年，他宣布与主张"左右合作"的霍奇中将决裂，表明民族自决主义的立场。1948 年 5 月 10 日，韩国大选选出国会议员，李承晚在国会中当选大韩民国第一任总统。1948 年 8 月 15 日，大韩民国政府成立仪式隆重举行。

大韩帝国因签署《乙巳条约》而被日本剥夺了外交权，四十多年来饱受日本帝国主义殖民政策的剥削与奴役，地面资源和地上资源被大肆掠夺，几近枯竭。第二次世界大战的结束迎来了解放的曙光，但是老百姓却没有闲暇去摆脱贫困与无知。1950 年 6 月 25 日，朝鲜战争爆发。历经三年残酷战争后，1953 年 7 月 27 日，双方签订停战协定，而从战火残留下来的却仅仅只有艰苦、贫困、疾病和残破。世界两大势力的对抗中，朝鲜半岛被拦腰截断，不可避免地成为了冷战的牺牲品。此时 73 岁高龄的建国总统李承晚正为在这片土地为种植自由民主主义之树而奋身努力。他连任总统 12 年，当时韩民族正处于青黄不接的艰难时期。

1949 年，李承晚总统要求日本归还对马岛，并对此进行赔偿，同时还开始实行农地改革。他向访韩的美国国务卿杜勒斯请求把韩国列入极东防卫计划。为了防止日本渔船的侵犯，李承晚于 1952 年 1 月 18 日宣布了"和平线"（Peace Line），其中独岛（日本称"竹岛"）列在这一警戒线内，被归为大韩民国领土的一部分。1953 年，李承晚访问日本，再次确认独岛的领土主权，同年还释放了反共俘虏并签订了《韩美相互防卫条约》。

朴正熙总统写给李承晚博士的追悼词

1960 年 3 月 15 日，不公正选举引发了"四一九革命"。李承晚总统于 1960 年 4 月 26 日发表下野声明，与弗兰西斯卡女士一起流亡夏威夷，并在 1965 年 7 月 19 日与世长辞。李承晚总统的遗骸被美国军用飞机送至金浦机场后安放在梨花庄，而后被安葬在铜雀洞国立墓地。1992 年，弗兰西斯卡女士长眠梨花庄，后被安葬在李承晚博士墓地旁，享年 92 岁。以下内容节选自朴正熙总统写给李承晚博士的追悼词：

> "……被日本帝国驱逐，在海外流亡 30 多年，正如文字所记载，他风餐露宿，东奔西走，日无暇晷；他卧薪尝胆，立誓光复祖国，心系革命，他的一生是光荣的。最终，70 岁高龄的他回到祖国，在那分裂的国土上，在国内思想混乱、国际冲突不断的局势下排解万难，建立新国家，指明了民族与国家的方向，撰写了民主韩国独立史的第一章，这一切都是建国史上的不朽金字……"

——1965 年 7 月 27 日　总统朴正熙

为纪念解放 40 周年，大韩民国在夏威夷立了一座李承晚博士的铜像。1988 年 8 月 15 日，大韩民国建国 40 周年纪念日，李承晚总统的铜像在梨花庄立起，故居被指定为"大韩民国建国总统雩南李承晚博士纪念馆"。爱国者李承晚总统是韩国近代的象征性存在，参观其

李承晚总统铜像

故居梨花庄，我的心久久不能释怀。梨花庄简陋的组阁堂和每一个角落都沾染了那段艰苦历史气息！我多么希望，我们能满载着国民的温暖之心与尊敬之心，在国会议事堂所在的汝矣岛也给这位为国家打下了自由民主主义基础的国父建一个铜像。

（3）岛山安昌浩先生纪念馆

1998年11月，位于首尔市江南区岛山大路岛山公园（史迹第119号）内的"岛山安昌浩（1878年–1938年）纪念馆"正式竣工。纪念馆庭院的每一个角落的石头上都刻着激励学生、青年和同胞争取独立的名言。人们可以在馆内参观安昌浩先生的遗物、学术研究活动、教育普及活动、铜制坐像等。

安昌浩先生出生在平安南道大东江下流凤翔岛的一个农民家庭，

是家中第三子。他从小就在家里学习汉文，直到 14 岁都在学习汉文学，是新教教徒。15 岁那年，他在平壤目睹了甲午中日战争的惨状，而后下定决心为国家为民族而活，与此同时还意识到必须要蓄养国民的力量。他于 1894 年入学美国长老教传教士安德伍德创立的救世学堂，并在毕业后返乡设立学校和教会，投身启蒙运动。

在洛杉矶创建共立协会

婚后，安昌浩先生于 1902 年赴美留学，与在洛杉矶的侨胞们一起为维护权益而创立了共立协会，五年间带领了韩人社会的发展。1905 年，《乙巳条约》签订，1907 年，安昌浩回国，与丹斋申采浩先生等人一起创立新民会。安昌浩先生的纪念事业会于 1947 年 3 月成立，那年春园李光洙写的传记《岛山安昌浩》得以发行。1962 年 3 月 1 日，国家给岛山安昌浩先生追加建国功劳勋章。

1973 年 11 月，岛山公园立起岛山先生的铜像，清潭洞到论岘洞

岛山安昌浩先生铜像

之间新建的道路被命名为"岛山大路"。1972 年 8 月，夫人李惠炼女士的遗骨从美国洛杉矶被移回，与安昌浩先生的遗骨合葬于此。1988 年 5 月，岛山公园建立语录碑。

安昌浩先生的民族改造论

如果把独立运动方式大致分为武力斗争论、民族改造论、外交独立论，那么安昌浩先生提倡的便是通过教育方式开展的民族改造论。安昌浩先生以教育的方式培养人才，他确信培养实力是独立的基石，也始终坚持把理论付诸实践。安昌浩和申采浩是同一时代的人物，也曾一起开展独立运动，但是开展的方式却有差异。

申采浩先生是主张依靠民众力量抗日、采取暴力革命的独立运动家，与此同时他还是历史学家、爱国文化启蒙运动家。申采浩先生在《读史新论》中阐述了历史和爱国之间的关系，强调若要引发国民的爱国之心，唯有进行历史教育。书的内容在 1907 年的《大韩每日申报》中连载。申采浩先生的祠堂和纪念馆位于忠清北道清原郡琅城面。

安昌浩先生在平壤创立了大成学校，成立了抗日秘密团体"青年学友会"。为开展恢复国家政权运动，他于 1907 年 2 月创立了新民会，那是一个以基督教理念为基础的具备全国规模的抗日秘密团体组织。安昌浩先生开展启蒙演讲活动，出版相关书籍和杂志，深切关注民族文化和国史学。此外，他也尽心于《大韩每日申报》和崔南善的杂志《少年》的指导。他力求振兴产业，设立新兴武官学校，实施现代化军事教育。他建设独立军基地，培养独立军，支援义兵运动。1911 年，组织泄露，他成为了日本帝国主义监视的对象。当时，105 人受到刑罚，新民会组织轰然倒地。安昌浩先生于 1910 年踏上美国流亡之路，留下一首《去国歌》：

> 去了去了，我去了。丢下你，我去了。
> 此刻离别，赤手空拳，
> 但秋日相逢之日，我将挥旗（太极旗）而归，
> 日后再见了，我亲爱的半岛啊。

1913年，安昌浩先生为培养独立运动人才，在美国旧金山设立了兴士团。1919年4月，大韩民国临时政府亮相中国上海，安昌浩先生任内务总长兼国务总理代理。1929年11月，光州学生运动爆发，他为团结各个独立运动团体，于1930年创立了韩国首个政党组织"韩国独立党"。1932年4月，尹奉吉义士在上海虹口公园发起义举，随后，安昌浩先生被日本警察逮捕并运送回国，在西大门刑务所经受了两年零六个月的牢狱之苦。1937年6月，安昌浩先生因国内兴士团修养同友会事件再次被日本帝国逮捕。在收监期间，他因消化不良、肺病和肝硬化等并发症而住入京城帝国大学附属医院，最终未能看到祖国独立的那一天，便与世长辞。

以下文字为安昌浩先生留给青年的寄语：

> "至死也不能虚伪。能命令我们的只有自己的良心和理性。你如果爱国，那么首先就要有健全的人格；你如果体恤百姓的疾苦，那么首先就要成为义士。灰心丧气是青年死亡的深渊。青年亡，则民族亡。"

为了光复丧失主权的国家，点燃独立运动的士气，团结独立运动

的团体力量，安昌浩先生不辞劳苦奔波于各个国家，可谓一片丹心。当看到纪念馆门口的地板上，标示着安昌浩先生为独立运动而奔波各国的路程时，我肃然起敬。纪念馆门外，8 月火辣辣的阳光扎进皮肤。再次参观岛山公园庭院，我阅读了语录碑上的文字。忽然，耳边似乎传来先贤巨大的咳嗽声，即使是在炎热的夏天，我的背脊也不由得阵阵发凉。

（4）临时政府大楼京桥庄

京桥庄（史迹第 465 号）位于首尔市西大门区江北三星医院内，是解放后从中国上海回国的白凡金九先生和大韩民国临时政府要员们曾经居住及开展政治活动的临时政府大楼。2001 年 4 月，首尔市把京桥庄列为韩国近现代历史的教育公馆，并将其指定为首尔特别市物质文化遗产第 129 号。2005 年 6 月，京桥庄升格为国家史迹第 465 号。2013 年，国家按京桥庄原型对其进行复原后对外开放。但是在我心中，我希望重要的历史遗址是一个挂着自己标签的独立建筑。

迈入京桥庄，影像室对室内分布图及大韩民国临时政府的历史及遗物进行说明。地下第 1 展览室展览京桥庄的历史，第 2 展览室重现临时政府的历程，第 3 展览室提供检索临时政府要员资料的功能。京桥庄二楼办公室立有白凡金九先生的铜制半身像。此外，金九先生在京桥庄遭安斗熙枪击时被打碎的玻璃窗依然保留至今。安斗熙出生于平北龙川郡，1947 年越过三八线加入西北青年团，后毕业于陆军士官学校，他狙击金九先生时已是炮兵司令部联络将校的少尉。

上海临时政府的成立与独立斗争论

1876 年，金九先生出生于黄海道海州，为应考科举而在书堂学习。1894 年，金九先生任黄海道东学农民军先锋大将，同时也从事教育事业。1907 年，他加入为恢复国家政权而成立的新民会。1919 年的三一运动爆发后，金九先生流亡中国上海，在大韩民国临时政府历任警务局局长、内务总长、国务总理代理、内务总长兼劳动局总办。

上海临时政府于 1919 年 3 月 1 日将国号定为"大韩民国"，宣布国家独立，并于同年 4 月聚集了在中国、美国以及朝鲜半岛活动的各个独立运动势力，建立临时政府。1924 年，金九先生就暗杀亲日派、破坏主要公馆以及募集军费等事宜进行了商议。1931 年，金九先生组织了"韩人爱国团"，并于 1932 年 1 月 8 日指挥李奉昌暗杀日本天皇，于同年 4 月 29 日指挥尹奉吉在上海虹口公园的天长节上投掷炸弹。当日本加强在中国的监视与攻势后，临时政府也踏上了避难之路。而在这个过程当中，临时政府得到了中国政府的援助。大韩民国临时政府还分别在南京、广州、柳州等地驻扎，并在 1940 年创建韩国光复军。这真是一场在危险中颠沛流离的旅程。

继《开罗宣言》(1943.11.2)、雅尔塔会议（1945.2）、《波茨坦公告》(1945.7)后，莫斯科会议（1945.12）召开。此时的国际会议讨论了韩国的独立问题，但是当讨论结果传开时，金九先生和李承晚博士展开了信托统治反对运动。最终在 1947 年 10 月第 62 次会议中，美苏共同委员会决裂。1948 年 4 月 19 日，金九先生为协商建立南北统一政府而越过三八线参加"平壤南北连席会议"。金九先生当时表示，为建立统一国家誓死剪断三八线，绝不苟且偷生而建立单独政府。金九先生在《我的愿望》一文（1947 年）中表示：

"哲学是不断变化的，政治经济的相关学说也都是暂时的，而民族的血统却是永久的。每一个民族一开始都会因宗教、学说或经济政治利害的冲突而分成两派或三派开展血战，历经这一切后再回头看，那些都不过是一阵风罢了。民族终究会像风雨过后的草木一样，生根发芽、枝繁叶茂并长成一片丛林。我们要记住，今天所谓的左右翼，终究只是永恒的血统海洋中翻腾一时的风波罢了。"

参观完为寻回丢失的祖国而抛头颅、洒热血的金九先生的办公室后，我低头陷入了沉思：南北分裂 70 年，生活在今天的我们这些子孙，为了国家与民族的共同繁荣，又正在做着怎样的努力？

国立孝昌独立公园"白凡金九纪念馆"

国立孝昌独立公园（史迹第 330 号）位于首尔特别市龙山区孝昌洞，2002 年 10 月开馆的"白凡金九纪念馆"正位于其中。孝昌公园原称孝昌园。孝昌园内安置着朝鲜第 22 代王正祖的长子文孝世子和几名王室的墓地。在日本帝国主义强占时期的 1924 年，孝昌园的一部分被指定为公园，1944 年，文孝世子之墓迁至京畿道高阳市西三陵。

1945 年 11 月，金九先生从中国上海回国。1946 年 7 月，他把在日本的李奉昌义士、尹奉吉义士、白贞基义士的遗骸带回国，并以国民葬的方式将他们安葬在首尔孝昌公园。此外，三位义士的墓地旁多修了一座假墓，这是为了方便在寻到安重根义士遗骸的那天，将他的遗骸也安葬于此。孝昌公园还有金九主席以及曾在临时政府担任要职的李东宁、曹成焕、车利锡的墓地。1988 年 11 月，义烈祠和彰烈门在政府的主导下建立。

"白凡金九纪念馆"一楼大厅中央的太极旗前坐落着金九先生的铜制坐像。游客可在一楼纪念品店购买纪念品、《白凡逸志》、字画、战争图册等。金九先生的《我所希望的美丽的国家》被装裱挂在墙上，其文字内容如下："我希望我们的国家成为世界上最美的国家，而不是最富强的国家。……我只想拥有一样东西，那就是高层次文化的力量。因为文化的力量不仅能让我们自身变得幸福，也能给别人带来幸福。"

金九先生曾经喜爱的诗《踏雪》以及挥毫泼墨写下的"民族正气""知难行易"映入我的眼帘。初见"知难行易"，我把其直译为：求学困难，实行容易。但是转而一想，似乎不太对，于是我转身去问纪念馆年轻的导游该如何理解这句话。回答是："习得确切的真学问难，可一旦寻求到了真知，将其付诸实践却是不难。"瞬间，"曲学阿世"一词浮现在我的脑海，这个词大意为：歪曲学问以投世俗之好，代指那些伪学者。此外，我也在想，是否有因受"传统观念"影响，而出现排斥自然科学知识、革命性思考或新知识等的情况？年轻导游的解释很到位，也很有说服力，所以我点头微笑以示回应。

二楼展览室展示的是金九先生的传记、历史事件、童年、东学义

白凡金九纪念馆

兵活动、大韩民国临时政府活动、韩国光复军以及为建立自主统一的国家而活动的各种场面。白凡金九纪念馆还配有停车场、卫生间、电梯等，所以很适合家庭集体探访历史。虽然这个仲夏滚烫的温度让一草一木都耷拉着脑袋，毫无生气，但是我却想起了金九先生喜爱的西山大师的一首诗《踏雪》。

踏雪野中去，

不须胡乱行。

今日我行迹，

遂作后人程。

——西山大师《踏雪》

在国家如风中之烛摇摇欲坠的时期，金九先生奋不顾身地去救国，他就是同胞们的老师。仿佛亲自拜访过金九先生一般，我的内心充满了爱国爱民的情怀。

（5）西大门独立公园

独立公园位于首尔特别市西大门区，那里有"独立门"（史迹第32号）、将独立斗争做成浮雕的殉国先烈追念纪念塔、三一独立宣言纪念塔、松斋徐载弼先生的铜像、供奉2835名殉国先烈牌位的显忠祠以及"西大门刑务所历史馆"。

独立门高14.28米，在独立协会的主导下用全国民的募款建成。曾经为迎接清朝使臣而建的迎恩门（史迹第33号）被拆毁，取而代之的是1898年模仿法国凯旋门用花岗岩建起的独立门。独立门上方中央刻着"独立门"三个韩文，两边刻有太极旗。独立门前方是未拆

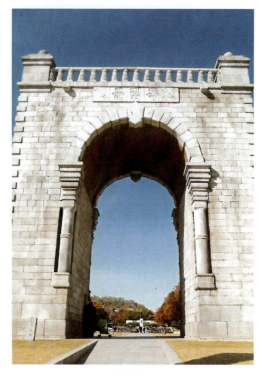

独立门

除的迎恩门的两个柱础。三一独立宣言纪念塔上刻着独立宣言的内容
和民族代表 33 人的名字。

　　徐载弼先生出生于全罗南道宝城，因其父亲的籍贯属于忠清南
道，所以他被看作忠清南道人。1884 年，他与金玉均、洪英植、尹致
昊、朴泳孝等人一起发动甲申政变，失败后经由日本逃亡美国。因他
是甲申政变的组织者，所以他的家人都受牵连而牺牲。徐载弼在美获
得医学学士学位，是韩国第一位以美国公民身份投身韩国独立运动的
人。日本帝国主义强占时期，他与李承晚、安昌浩等人一起以韩国领
导人的身份活跃于美国。

　　1895 年 4 月 7 日，徐载弼先生回国创办了韩国第一份韩文民间报
纸《独立新闻》，成立了独立协会，呼吁全国国民从《乙巳条约》丧

失国权的挫折中拾起勇气，重新站起来。《独立新闻》采用韩文和英文两种文字，韩文由徐载弼先生负责，英文由美国监理教传教士胡默·赫尔伯特博士负责。

民族自决原则与"三一独立万岁运动"

1919年1月8日，巴黎和会召开，"一战"胜利国与以德国为中心的战败国之间签订了一系列和约。当时，美国总统伍德罗·威尔逊（Woodrow Wilson）针对战后处理问题提出民族自决原则，即各民族的命运各自决定。受此影响，在日本东京的韩国留学生组成的"学友会"于1919年2月8日发表独立宣言书，韩国国内"三一独立万岁运动"爆发。早在1919年1月21日，高宗驾崩，传遭日本帝国主义毒杀，这无疑在独立运动这把火上浇了油。

印度诗人泰戈尔为沉浸在三一运动失败中的韩国国民写下了一首安慰诗《东方的灯火》，并于1929年前往日本时向《东亚日报》东京分社社长李太鲁传达了这首诗。

　　早在亚洲黄金时期，

　　闪亮灯烛之一的韩国，

　　其灯火再次点燃之时，

　　你将成为东方之光。

　　　　　　——泰戈尔《东方的灯火》,《东亚日报》（1929.4.2）

此前在泰戈尔1916年去日本时，留日韩国学生也曾恳切请求泰戈尔为韩国学生们写一首诗。泰戈尔写下《败者之歌》，刊载在崔南善诗人的杂志《青春》（1917.11月号）中。因原诗是象征手法的诗，翻译出来较为费解，所以这里不再收录。

西大门刑务所历史馆

西大门刑务所历史馆于 1908 年作为京城监狱而开放，而后开始监禁爱国志士。西大门刑务所历史馆历经多次更名，分别是西大门监狱、西大门刑务所、首尔刑务所等。孙秉熙和柳宽顺等数不胜数的爱国斗士被收监于此，遭受严刑逼供。在四一九革命、五一六军事革命以及 20 世纪 80 年代民主化运动时期，这里关押了不计其数的政治犯。1987 年末，首尔拘留所搬迁至京畿道义王市，后被指定为国家史迹第 324 号。1998 年，西大门刑务所历史博物馆对外开放。我的孙子孙女曾在中学时期以团体形式参观这里所展示的各种拷问刑具，回来后对日本帝国主义的野蛮行径切齿痛恨，甚至恨到语不成句。西大门独立公园至今仍存留着那些为了争取国家政权独立而牺牲的爱国志士和殉国烈士的气息。

（6）抗日独立斗士尹东柱诗碑

尹东柱（1917 年~1945 年）是出生于中国吉林省延边龙井的韩国独立运动家、诗人。他毕业于龙井中学和首尔延禧专门学校（现延世大学）的文科专业。1942 年 3 月他前往日本留学，在立教大学主修文学专业，后来又插班进了郑芝溶诗人曾经上过的东京同志社大学，大学期间因开展抗日运动，于 1943 年 7 月被日本警察逮捕入狱。

在被京都地方裁判所（1944.3.31)判处了 2 年刑后，尹东柱又被移送至福冈刑务所。在祖国迎来光复的 6 个月前（1945.2.16)，正值 27 岁大好年华的尹东柱在日本福冈刑务所离世，据说死亡原因是监狱将朝鲜人作为活体解剖的对象。当时独立斗士朝鲜留学生们都被日本监狱的看守注射了奇怪的药物，仅仅几个月就变得骨瘦如柴而后死去。

延世大学位于首尔市西大门市场门口的毋岳山脚，校园内有块1968年设立的尹东柱诗碑。尹东柱共留下了100多首诗篇，已经发刊的《天空、风、星星与诗》是他的遗稿。站到尹东柱诗碑前面，历史的片段在眼前一帧帧回放，让人感慨万千。我非常喜欢尹东柱的诗《数星星的夜晚》和《序诗》，到了秋天便喜欢吟诵这两首诗。尹东柱诗碑上还刻着他的代表作《序诗》。

但愿一生头顶一片青天
没有一丝羞愧
即使在吹黄了树叶的风中我依旧
痛苦
我用歌唱星星的心情
去爱正在死去的一切
去走我该走的路
今夜，风儿又拂过了星星

尹东柱诗碑

"间岛"是指鸭绿江和图们江以北的地区。北间岛曾为古高句丽和渤海的领土，咸镜道的百姓移民到此地，开垦这片荒芜之地并发展农业。据记载，19世纪末咸镜道和平安道一带饥荒严重，因此很多朝鲜人移民到了间岛和沿海州。

1995年1月，一场名为"啊！高句丽……"的高句丽古墓壁画摄影展在果川国立现代美术馆举行。这些照片都是在高句丽第二个首都集安市召开"高句丽文化国际学术会"期间，《朝鲜日报》社的特别取材班亲自深入高句丽古墓内部拍摄的。参观了摄影展后，我感动不已。

20 世纪 80 年代学生民主化运动的"根据地"

走进延世大学校园的正门，可以看到白杨路右侧有座历时 100 周年的纪念馆。纪念馆边上还立有一块延世大学经营学学生李韩烈烈士的纪念碑，李韩烈在 20 世纪 80 年代的学生民主化运动时期曾反抗军事独裁，后来在催泪弹中壮烈牺牲。

1980 年 3 月，以全南光州的全南大学和朝鲜大学学生为首发起的民主化运动热烈展开，最终引发了"5 · 18 光州民主化运动"。后来民主化运动迅速扩散至全国的各个大学。首尔新村的延世大学位于交通便利的首尔市中心，没有围墙，因此学生们在首尔举行联合集会非常容易。所以不光是首尔的大学生常在此开展联合游行，全国的大学生也常在延世大学开展联合集会。

催泪弹让仅有一墙之隔的医院内的患者们因呼吸困难而痛苦不已，市民们经过新村一带时常捂住鼻子绕行。大学校园内通道上障碍物和小石子乱窜，导致校园内部无法停车。大学街上的商店总是铁门紧闭，零售商铺的店主们常为了维持生计而大声叫喊。

1987 年 1 月 14 日，首尔大学语言学的学生会会长朴钟哲因遭受残酷的暴行和水刑而死亡。1987 年全斗焕大总统发布"4 · 13 护宪措置"又让国民的民主化运动势头变得更为旺盛。朴钟哲学生的拷问致死事件背后隐藏的真相和幕后黑手直到后来才被公之于众，学生民主运动随之爆发。1987 年 6 月 9 日，延世大学白杨路上爆发出阵阵喊声，学生李韩烈一边对着新村街道大喊"废除护宪""打倒独裁"，一边想要冲出校门时不幸被直击而来的催泪弹击中头部而晕倒在地，他以脑死状态卧病 27 天，于 1987 年 7 月 5 日气绝身亡。

全国范围内轰轰烈烈的大学生民主运动最终演变为内战形式，成为 5000 万大韩民国国民的民主化斗争。《6·29 宣言》出台于国家存亡的关键时刻，这在渴求民主化的大地上种下了一棵民主化的参天大树。于是，今天我们得以在延世大学的校园内看到，朝鲜民族的抗日独立斗争的代表诗人尹东柱诗碑和 20 世纪 80 年代学生民主化运动的代表人李韩烈烈士的纪念碑分立在白杨路的两侧。

我丈夫就曾奋力斗争于学生民主化运动的前线，1984 年至 1988 年，他兼任了 4 年的延世大学学生处长和 2 年多的全国学生处长协议会会长。他说每次不经意走进白杨路，脑海中依旧会浮现出当初在校园内勾肩搭背的"386 学生们"高声合唱着"火红的太阳从墓地升起"的模样。我在这里抄录了他的著书《Y 大学学生处长眼中的 20 世纪 80 年代学生民主化运动》(延世大学大学出版文化院) 中的几句话：

李韩烈烈士纪念碑

令人惋惜的是，在 1987 年的"6 月民主抗争"中，我们延世大学失去了学子李韩烈。1987 年 7 月 9 日，首尔市政府前面的广场上云集了 100 万人潮。其中，我站在李韩烈学生灵车队伍的前列，内心在哀泣。李韩烈学生的母亲拉着我的手呜咽道："只要'6·29 宣言'再早一个月，我们韩烈就不会死了……"，她悲痛的神情始终在我脑海中挥之不去。

虽然"6 月民主抗争"是半个多世纪之前的事情，但每当 6 月来临，白杨路上总会悬挂起印着口号"救救李韩烈！"的挂图，我仿佛还能听见"6 月民主抗争"的喊声和急救车警笛声。

（7）龙山国立中央博物馆

国立中央博物馆位于首尔特别市龙山区西冰库路。日本帝国主义强占时期景福宫被拆，这里建起了朝鲜总督府。解放后这些建筑都被用作国立中央博物馆。金泳三政府时期开展了"历史整改运动"，作为其中的一个环节，朝鲜总督府曾用过的建筑于 1995 年被全部拆除。经历了日帝时期和 6·25 战争等事件，辗转各地历经各种磨难的国宝和宝物都被搬进了新落成的国立中央博物馆。2015 年 10 月 28 日，即光复 60 周年庆典暨国立中央博物馆开馆日当天，超过 15 万以上的所藏文物中有 11,000 件在国立中央博物馆展出。

新建的国立中央博物馆腹地面积 30.69 万平方米，建筑总面积 13.39 万平方米，是一幢长 405 米的 3 层建筑。博物馆平均地基高达 3.5 米，哪怕是发洪水都不会受到一点影响。要先经过入口处的水池，登上又高又宽敞的阶梯才能走进博物馆，远远看去，博物馆雄伟又风度翩翩。博物馆还拥有 40 多个常设展览室和企划展示室、便利设施、餐馆、图书馆、儿童博物馆以及教育设施等。

慧超的《往五天竺国传》特别企划展

2011 年 2 月 25 日，尽管这天阳光灿烂，但是春天还在路上，萧瑟的风儿一点不含糊地灌入衣领。为了一起准备公公婆婆的忌日，我丈夫的弟弟们（丈夫为六兄弟中的老大）从地方来到了首尔，我和他们一起去国立中央博物馆参观了慧超（704~787）的企划展览会。整整好几天，新闻都在报道说新罗的高僧慧超离开了 1283 年后再次回到了故国，报道中通篇都是关于慧超《往五天竺国传》的内容。

新罗在法兴王时期（527），因为异次顿的殉教而承认佛教这一教派，528 年将佛教定为国教，举国上下开始崇尚佛教。新罗真平王时期的僧人圆光法师将世俗五戒作为花郎徒的理伦指针和实践理念。统一新罗时期道伴元晓大师和义湘大师的故事是我们在初高中时候就耳熟能详的故事。但是我们对高僧慧超的了解却不多。

统一新罗时期，僧人慧超在 16 岁时前往大唐，到印度密教僧金刚智门下修炼佛道。19 岁时（723 年）通过海路到达印度，朝拜了许多佛教的遗址和天竺国，727 年，他随着陆路丝绸之路回到了大唐的长安。后来慧超撰写了西域巡礼纪行文《往五天竺国传》3 卷，但当时并不为人所知。他在长安的荐福寺埋头于密教经传研究并孜孜不倦地教导弟子，787 年，慧超圆寂于中国五台山的乾元菩提寺。

《往五天竺国传》世界的四大旅行记

慧超的西域巡礼纪行文《往五天竺国传》是在 1908 年中国敦煌的莫高窟藏经洞被法国的东洋学者保罗伯希和发现的。敦煌是中国丝绸之路的重要枢纽，东西洋的文物皆汇集于此。伯希和从当时看守藏经洞的管理人那里购买了《往五天竺国传》，后该传记被收入法国巴黎的国立图书馆。1915 年，日本的宗教学者发现并公布了《往五天竺国传》的作者——新罗的僧人慧超。但是慧超生辰和出生地，何时出家等信息却没有准确的相关记载。因此，自 2010 年 12 月 18 日起展出在首尔龙山的国立中央博物馆的《往五天竺国传》是关于慧超僧人的首次展览。

《往五天竺国传》是世界四大旅行记中历史最悠久的卷轴记录。公元 723 年至 727 年这四年间，慧超通过海路进入印度，游历圣地五天竺国后向西游历了阿富汗、乌兹别克斯坦、中亚，向东翻过了"世界屋脊"帕米尔高原，经过敦煌最终到达大唐首都长安。"天竺国"是印度曾经的名字，《往五天竺国传》正是慧超在经历了这样的取经之路后，将亲身经历的西域文化、历史、风土人情、信仰、传说记录下来的传记。

国立中央博物馆内，慧超的企划展示室外墙的一面成为一个大型幕布，就像欣赏环幕电影一般，慧超的纪行文中出现的敦煌和海路也呈现在观看者的眼前，让人身临其境。慧超僧人，他在数千万里的异国他乡之路上为了找寻真理而不停地"途中问道"，我想他每个瞬间都会真切地意识到，他行走的丝绸之路，干渴的沙漠路和险峻的高山路以及帕米尔高原，正是他所找寻的"求道之路"。下面还有一首慧超僧人的《往五天竺国传》里面的诗：

月光皎洁的夜遥望故乡路

浮云随风消逝了无痕迹

想将家书寄放到浮云之上

风太急不会回头听我细说

我故乡在天边在北方

他乡在海角在西方

南方没有大雁
谁能将消息传到鸡林

遥远的曾经，只拥有最原始交通手段的公元 8 世纪，尽管他是所谓的求道者，但他又是如何拥有那样高尚的挑战精神和开拓精神的呢？我思索良久。虽说"有志向的地方就有路（志在有径）"，虽说"有志者事竟成"，但哪怕将东西方的这些真理都搬过来解释，我仍旧认为这样的事情做起来难于上青天。

敬天寺址——十层大理石石塔

我们参观了国立中央博物馆的朝鲜时代风物展示馆和矗立在室内大厅的敬天寺址十层石塔。石塔原址为开城市开丰郡广德面扶苏山上的敬天寺内。敬天寺址十层石塔是高丽忠穆王时期（1348 年）在元朝的影响下采用灰白色大理石（高 13.5 米）建造的塔。当时元工匠亲自参加建设，在设计时混入了元朝的特色。该塔从一层塔座到三层为止都呈亚字形，四层到塔顶被垒成了一个正四角形平面，建筑设计精巧又富含柔和之美，造型独特。

敬天寺址十层石塔在 1907 年被非法拆除后，又被无故搬进日本。在这件事情上，于 1886 年来到韩国的美国监理教传教士胡默·赫尔伯特博士是韩民族的恩人。当时他对日本宫内府大臣在 1907 年掠夺走的"敬天寺址 10 层石塔（国宝第 86 号）"的返还问题上，坚决站在世界舆论的角度为我们做出辩护。1960 年，日本归还该塔，该塔重建在景福宫，后来被搬进了国立中央博物馆。赫尔伯特博士还于 1896 年帮助徐载弼博士一起创办了韩国最早的韩文报纸《独立新闻》，当时他担任英文版面的主编。不仅如此，他还首次将韩民族的代表曲目

《阿里郎》编写成西洋式的乐谱传播到全世界。（望参考作者的《杨花津外国传教士陵园》）

我们参观了国立中央博物馆后，就和弟弟们一起到馆内的韩国餐馆吃了中饭，闲聊慧超僧人那令人感到不可思议的旅程。遥远的曾经，他究竟是如何鼓起那般勇气的？他的求道之路让我们感慨不已。

（8）龙山战争纪念馆

战争纪念馆位于首尔特别市龙山区梨泰院路，可称之为让子孙后代牢记韩国 6·25 战争的历史学习场所。它于 1994 年 6 月开馆，共馆藏了造成 450 万名人员伤亡的韩国 6·25 战争的相关展示品和战争武器 33000 多件，目前馆内展示着其中的 1 万多件。除了护国追悼室、战争历史室、6·25 战争室、海外派兵室、国军发展室等室内展示馆以外，建筑的两侧回廊上还刻有 20 多万名国军战死者和联合国军战死者的姓名，战争纪念馆室外还展示着 6·25 战争的象征雕塑和世界各国的武器。除了特别企划展以外，其他参展都不收门票，每周一闭馆。

一走进战争纪念馆的正门，我就看到了一个巨大的"青铜剑和生命树"雕塑。青铜剑代表着悠久的尚武精神，生命树象征着韩民族的和平和繁荣。战争纪念馆广场正中还矗立着展现出军人们战斗姿态的群像雕塑。护国群像雕塑的底部还有一个碗模样的底坛，代表着同胞的精神和民族统一的愿望永远盛在碗中。

虽然面前的只是一件雕像艺术品，但是对于我们这一代亲身经历过 6·25 战争的人来说，这座护国群像雕塑足以让我们回想起当年惨绝人寰的景象。夹着火光的炮声从背后响起，各自背着血迹斑斑的包裹和背包行走在石子公路上，逃难人群的队伍长得似乎看不见尽头。

当时，人们每晚都会在警报声中关掉家里的灯进行防空演习，为了进行彻头彻尾的灯火管制，还要在房门口铺上毛毯，防止灯光泄露到屋外。停电的时候，整个村子都会陷入一片黑暗之中，因此家家户户都要准备好火柴和蜡烛。

战争纪念馆入口两侧有水池和喷水台，还有一个圆形模样的和平广场。中央建筑两边的旗杆上悬挂着联合国参战国的国旗。朝纪念馆后面望去，可以看到远处的首尔南山塔。往广场的左边走去，我看到了一座令人心疼的雕塑。

令人心疼的兄弟像

这是一座更能真切体现出朝鲜民族的疼痛和统一愿望的青铜雕塑！截成半球形的底座上面，国军和人民军（韩国和北朝鲜的军人）紧紧相拥，看着这座"兄弟像"（直径18米，高11米），我不禁湿了眼眶。正如这座雕塑所表现的那样，在原州雉岳山战役中，两兄弟拿着枪口对准彼此之后才发现对方是自己的兄弟！真是造化弄人，韩国军将校——哥哥朴圭哲（音译）和身穿人民军士兵装的弟弟朴荣哲（音译）在战场上相遇后紧紧相拥。"兄弟像"正是生动地展现出这一真实案例的雕塑。想到手足相残的痛苦和悲哀，我在雕塑前已泪眼模糊。

1989年，战争纪念事业会主办了韩国战争参战手记公开招募活动，目击了战场上这一戏剧性场面的安晚玉（音译）获奖后，建筑家崔英集（音译）、雕刻家尹成振（音译）、画家郑慧荣（音译）共同负责将该作品建成雕塑。2013年7月27日，战争纪念馆内举办了停战60周年纪念活动。如今，我国仍旧只是处在"休战"的状态，6·25战争似乎依然在持续。何时才能跨越三八线呢？同胞们期盼的朝鲜半岛统一究竟离我们有多远呢？

令人心疼的兄弟像

为了躲避战争，我在6·25战争时期从故乡庆州逃到了南边。那时是非常时期，我们按照家里人头来做油茶面儿，然后分别装到塑料袋里，准备一些应急资金；一块小毯子可以让我们随时躺在路上、草地上；一两件必须要用的内衣；每人至少要准备一件可以披在背上的上衣，睡觉时放在枕边，以便我们逃跑。

终于某一天，炮声震耳欲聋，炮声和火海在天边泛滥，火光直冲夜空。公路上，人山人海的逃难队伍长得不见尽头。那时候必须要做好家人离散的思想准备，并且要在战火纷飞和贫病交加中说着"啊，这样的日子今后叫我们如何忘记……"，到了每年的6月25日，我们都会在学校运动场的骄阳下参加漫长的纪念典礼。

战争纪念馆两侧宽敞的院子里展示着战争武器装备。战争用的各种坦克、铁甲船、大炮、轰炸机、飞机、直升机、海军船、海陆空军的武器、雕塑"飞上"等都展示在这里。这里还有壬辰倭乱时李舜臣的"龟船"，是在 1980 年仿造的。公元 5 世纪高句丽的"广开土大王陵碑"雕塑是按照陵碑的实际大小建造的。广开土大王是高句丽历史上将版图扩张至最大的君王。公元 413 年，广开土大王离世以后，儿子长寿王将高句丽的建国过程和业绩等写成 1 775 字的隶书，雕刻在花岗岩上。看到广开土大王陵碑的瞬间，我就想起了 1995 年 1 月在首尔果川国立现代美术馆内举办的名为"啊，高句丽……"的古墓壁画摄影展，当时我对那场摄影展印象极深，至今那些作品仍旧历历在目。

我想和家人一起探访战争纪念馆，能够在孩子们的心中种下护国精神，并树立正确的历史观。等孩子们上了高年级，也能和孩子一起谈论韩日关系和韩中关系，针对歪曲的历史问题也可以进行深度的交流。

（9）三八线板门店"自由之家"

板门店位于京畿道坡州市津西面的非军事区。北韩的行政区域位于黄海北道开城特级市板门郡。韩国战争的停战协定就是在这里签订的，这里也是南北唯一的对话场所。非军事区是 1953 年签订停战协定时，联合国军和人民军建立的共同警备区。但是 1976 年 8 月，在非军事区共同警备区发生了"斧头蛮行事件"。板门店附近的共同警戒区有一片茂密的美柳树林无法被朝鲜的哨岗观测到，当时，美柳树被大量砍伐，主导树木砍伐事件的驻韩美军阿瑟伯尼帕斯大尉和马克巴雷特（音译）中尉等被朝鲜人民军当场砍死。从此以后一条三八线分割南北，这里也成了军事警备区。

"自由之家"是 1998 年 7 月在板门店共同警备区内的韩国一侧，即南侧建造的 4 层建筑，由联合国军和韩国军共同驻守。只有持有护照的外国游客才能到"自由之家"进行参观。这里有南北联络事务所、南北红十字会联络事务所，也是南北会谈时候双方会见的场所。我曾和研习Y大特殊课程的女子团体一起考察过"自由之家"。"自由之家"的瞭望台名为八角亭，虽然这地方名字动听，却是一个饱含朝鲜民族"恨"情结的、令人肝肠寸断的地方。站在瞭望台上我们该看些什么呢？如今这里已不是个战火硝烟缭绕的战场，我们在这里只能朝北方送去满含憧憬和思念的眼神。高丽曾经的首都开城近在咫尺，再往前就是曾经高句丽的首都平壤。虽然南北分离并不是出于本意，但是我们民族就不能用爱和谅解主动去搀起兄弟的手吗？已经分离了70年，究竟到何时我们才能放心地踏上那片土地呢？竟连第三地道都算是这个非军事区的代表性景点。我越想就越觉得悲哀，这是我们民族的不幸。

只要一发生令人感到不愉快的政治性事件，我就会向丈夫询问。2006年2月，我曾和丈夫，还有他的大学单位同事们一起去日本的南部旅行，并去了位于鹿儿岛的活火山樱岛。活火山顶部冒着白色的烟雾，当时我还说："光是去年一年，樱岛就爆发了17次地震，岛火山口背面的平地上竟然还有那么大一个村庄，真是让人难以理解。"我丈夫听完就说"世界上还有一个重武装地带，像火山爆发一样随时可能爆发战争，而韩国人就隔着这条三八线在首尔建起高楼大厦，这和这个火山区有什么区别？"我听完觉得很有道理。

20世纪60年代后期，我丈夫在美国完成学业，在大学任教十年后，我们一家回到韩国。当时每月15号，大家都会在刺耳的警报声中进行防空演练，路上丝毫没有人和车的影子，到了晚上因为灯火管制训练，每家每户都要关掉灯。时间久了就会发现，当时的那种不安已经成了惯性，我们的神经都已经迟钝。和我们有着相似经历，同样被分割过的德国历经种种磨难之后终于迎来了统一。不知道什么时候，我们民族也会出现一个驾着白马的超人帮我们把分裂的国土缝合得毫无间隙。为了那一天的到来，我们又该准备些什么？

2015年，江原道铁原白马高地站举行了修复京元线韩国区间的开工典礼（2015.8.5），而"铁马想要奔跑"这句标语让我的内心为之一振。2015年是光复及南北分离70周年，全国上下掀起了参与"统一分享基金"捐款活动的浪潮，为了迎接光复节，因为"6·25"而中断的京元线将被重新修复开工，这一消息让我的内心重新燃起了希望的灯火。

（10）京畿道水原华城

位于京畿道中南部的水原市是交通要塞。从古至今，位于水原市西南边的华城市南阳湾就是百济和新罗与中国进行海上贸易往来的海上据点，该地区也常被倭国侵略。从三国时代开始，水原就是一个设有水军防御基地的要冲之地。朝鲜22代王正祖（1776年~1800年在位）大王在这里建造了国防要塞水原华城（史迹第3号）。

水原华城经历了日本帝国主义强占期和6·25战争，以及洪水等自然灾害的侵蚀，长时间以毁损的状态被闲置在一边。朴正熙大总统时期开展了文化遗产整顿工作，政府根据《华城城役仪轨》记录对水原华城进行了考证，并于1974年开始修复工程，1979年完工。1997年，水原华城被载入世界文化遗产名录。

要说起建立水原华城的动机，还得从正祖大王的生父庄献世子即思悼世子开始说起。思悼世子出生一年之内就被册封为世子，却因被卷进老论、少论的党派斗争中而无法登上王位。思悼世子27岁那年，英祖下令将老论出身的他关进粮柜，8天后被活活饿死。

英祖是肃宗的次子，因同父异母的兄长景宗（张禧嫔的儿子）突然殒命而登上王位。英祖的生母淑嫔崔氏是在宫中挑水的等级最低的侍女，所以英祖尽管在位时间长达52年，仍旧摆脱不了严重的出身阴影。而思悼世子便是在与英祖极度不和的环境中长大的。

孝心至诚的正祖大王将安葬在扬州拜峰山的思悼世子的陵墓转移到了风水宝地水原花山，将陵墓取名为"显隆园"。

自此正祖开始建设水原华城。1800年正祖驾崩后，遵照其遗嘱，他的遗体被安葬于其亲生父亲——思悼世子庄祖的陵墓旁。纯祖21年（1821年）正祖之妃孝懿王后去世后，正祖的陵墓被建于华城市安宁洞，称为健陵（史迹第206号）。此处包括了思悼世子和其妃子惠庆宫洪氏合葬的隆陵与正祖和孝懿王后合葬的健陵。

天高气爽的秋日，我在汝矣岛搭乘地铁，踏上了水原华城的探访之路。到达水原地铁站后，我到对面的汽车站坐上了去往长安公园的公交车。华城的正门长安门（北门）前有瓮城环绕，城楼为庑殿顶的双层建筑，气势雄伟庄严。华城内，水原川由南至北，贯穿整座城的中轴。长安门东面有华虹门和访花随柳亭。华虹门有7个水门，雨过之后，水流经彩虹模样的桥洞顺流而下，煞为壮观。每年10月，这里会举办灯火节。

华城的西面是华西门（宝物第403号），华西门的城壁以西有西北空心墩（宝物第1710号）。城壁所在的山坡种满了紫芒，秋风吹过时，紫芒翩翩起舞，成为一道美丽的风景线。其后高高耸立的西北角楼上，旗帜在风中轻轻飞扬。现今的水原华城城郭由宽阔的大道贯穿东西南北，城内有村庄。复原的水原行宫离此处大概有10分钟的步程。

水原华城卓越的军事设施

水原华城有 4 个城门、5 个作为秘密通道的暗门，还有城门外围可加强防守的瓮城、将台、可射击弓弩（能实现数箭连射的弓箭）的弩台、炮台和首建于华城的空心墩。空心墩是指空心的岗楼，楼墙上有很多空眼，可轻易观察到敌情及外部的动静。凭借这样的巧妙设计，在射箭或射枪之时，敌人无法判断弓箭或枪弹从何处飞来。

设于八达山顶的军事总指挥部西将台、略微隆起的平坦墩台、燃放烟火的烽墩、装备有武器的水门等设施使得水原华城享有"韩国城郭建筑技术的结晶"的高度评价。在水原华城的修建时期（1794 年 –1796年），当时的文臣、实学家、工程家茶山丁若镛设计了滑轮和举重机，用于搬运和砌筑沉重的石材，为城郭的修建做出了极大的贡献。

正祖 18 年（1794 年）修建的华城行宫里有一座华宁殿，里面供奉着正祖的牌位和御像。行宫前的广场有一座取"与民同在"之意的与民阁。每年的 10 月会在广场举办"水原华城文化祭"，届时会举行水原川边灯火节及各类演出等丰富的活动。行宫的正门新丰楼前，国内外游客熙熙攘攘，还能看到组团前来观光的少年儿童。从新丰楼走进去，会看到行宫留守府，还能看到行宫的正殿及宫人们居住的各类建筑。

从行宫出发，步行十分钟即可看到华城的南门八达门（宝物第402 号）。八达门是庑殿顶双层建筑，正面有 5 间房屋，侧房 2 间，看上去雄伟大气，坚不可摧。八达门前筑有半月形状的瓮城，上端布有枪眼。现在的八达门城壁两端都铺有道路，周围是繁华的街道。水原华城内有多处历史人物古迹，其中包括与世宗大王并称为"朝鲜两大圣君"的正祖大王、思悼世子及丁若镛等。这座雄壮恢宏的古城得到

水原华城八达门

了很好的还原。我想，这是一处绝佳的历史教育场所，放假期间带着孙子孙女过来观览，一一为其进行讲解，岂不美哉。

（11）首尔南汉山城

南汉山城（史迹第 57 号）地处京畿道广州市、城南市和河南市的交界地带，连接了清凉山和南汉山等山峰。南汉山城是位于汉江以南的主要军事防御据点，城外的山坡陡峭险峻，敌人难以接近。南汉山城海拔约 400 米，城中地势平坦，可进行农耕。过去这里曾居住着 4000 多居民，城中设有交易市场。城内有很多池塘和溪流，适宜居住。

在南汉山城的修建时期，大量寺庙和僧侣被动员加入其中，负责管理武器。据记录，朝鲜仁祖时期，建造南汉山城和行宫时，在城内修筑了 9 所寺庙，为僧军提供食宿，山城的建筑工程也由僧军来负责。当时的寺庙里有武器和弹药，设有兵器库和火药库，军粮和仓库物品亦由僧军负责管理，因而成了京畿地区义兵活动的根据地。据说在朝鲜正祖时期，南汉山城守御厅的士兵达 2 万余名。

南汉山城具有多类军事设施，在丙子胡乱时期成为了临时王宫。丙子胡乱（1637.1）时期，清太宗率 10 万大军进攻朝鲜，未能及时到江华岛避难的仁祖与大臣在南汉山城抗战对敌，但却因粮草断绝和炎热酷暑，再也无法坚持，最终在抗战 45 天后投降。因当时在江华岛避难的王妃和王子被俘虏，仁祖前往三田渡，行三跪九叩之礼，屈辱求和。

修复南汉山城行宫

1907 年，在日本帝国主义的野蛮践踏下，包括南汉山城行宫（史迹第 480 号）在内的多数建筑被付之一炬，之后在韩国战争中亦遭严重损毁。南汉山城行宫是唯一同时设有宗庙和社稷坛的地方。1997年，南汉山城保存协议会成立，同时制定了修缮南汉山城的综合计划。2000 年，在土地博物馆的主导下，开始进行南汉山城行宫的发掘调查工作。在南汉山城行宫遗址发掘了大型建筑的地基（长 50 米）和奠基石，并且在 2007 年发现了几百片新罗时代的超大型瓦片。据相关专家推测，这些超大型瓦片（长 64cm，厚 4 ~ 5cm，重 19kg）是统一新罗时代南汉山昼长城的文物。这批瓦片陈列在行宫墙外的玻璃建筑里。

我乘坐地铁和公交车抵达终点站南汉山城。南汉山城行宫前的十字路口一带有一座村落，里面有纪念品店和餐饮店。从这里环顾一圈，首先映入眼帘的是南汉山城钟阁的天兴寺铜钟（国宝第 280 号）。可为南汉山城报时的天兴寺铜钟于高丽显宗时期（1010 年）铸造。2011 年，在重建南汉山城行宫时，该铜钟得以复原。

新罗时代超大型瓦片

南汉山城行宫外，右边的山坡上有一座位于树林中的枕戈亭，瞧来颇有韵致，于是我爬上陡峭的山坡，将它定格于相机之中。枕戈亭正面有 7 间房，侧面有 4 间，屋顶为呈八字型的双层歇山顶，造型别致美丽。这座亭阁是仁祖 2 年（1624 年）修筑南汉山城时发现的，1751 年英祖时期，广州留守对其进行了重新修葺并一直保存至今，但关于它的用途并没有明确的说法。

站在南汉山城行宫前，正门汉南楼巍然耸立。南汉山城行宫的复原工作始于 2002 年，于 2010 年 10 月 24 日举行竣工仪式。京畿道知事金文洙在南汉山城行宫复原的贺词上提出"在南汉山城行宫遗址中发现了韩国历史上最辉煌的统一新罗时代的建筑遗址和全世界最大的瓦片，这被证明是古代的昼长城的遗址，是一统三国的新罗与唐朝军队战争时的前哨基地。"作为军事防御技术的结晶产物及至今仍有居民居住的古城，2014 年 6 月，南汉山城成了韩国入选世界遗产名录的第 11 项文化遗产。

南汉山城行宫正门（汉南楼）

统一新罗的前哨基地南汉山城

真兴王 16 年（555 年），新罗国巡视其扩张的领土，在北汉山的碑峰竖立了真兴王巡守碑（国宝第 3 号）。新罗的第 30 代国王文武王时期，新罗和唐朝的联合军攻陷了百济的泗沘城。然而战争胜利以后，唐朝军队没有班师回朝，而是继续驻留。在此期间，文武王在汉山州（今广州）建立了昼长城（南汉山城，673 年），最终新罗统一三国（676 年）。

回顾滚滚历史长河，每一个蜿蜒曲折都铭刻着令人黯然心酸的累累伤痕。在明朝日渐式微，清朝势不可挡的时候，为了报答壬辰倭乱时期帮助我们抵御日本侵袭的明朝，守住国家之间的信义，我们站在了清朝的对立面，视其为头等大敌。19 世纪英国的历史学家、社会学家阿克顿勋爵曾提出："在国际关系中，没有永远的敌人，也没有永远的朋友。永远的只有国家利益。"即便不对清朝阿谀奉承，我们也不必视之为敌，大可以实施中庸之策，维持友好关系，这样的话，我们应该不会遭遇那样的国耻。如果无法读懂急剧变化的国际局势，一味固守同一条路线，那么就难以立足自处。尤其对于在地理上面临着海洋势力与大陆势力的激烈交锋，须在夹缝中求生存的韩国来说，更是如此。

（12）屈辱的三田渡碑

在从南汉山城返回首尔的路上，我前往首尔松坡区石村洞石村湖水公园的入口处，观览了立在那里的三田渡碑（史迹第 101 号）。恰巧在这时，我身后轰隆隆地开来一辆货车，车上运载着用于修葺工事的巨型机械。我恳请货车司机给我一点时间拍摄两三张照片，得到了他"请慢慢拍吧"的亲切回复。

清朝战胜碑——"三田渡碑"建于仁祖 17 年（1639 年），是丙子胡乱之后清朝皇帝皇太极向朝鲜施加高压，要求为自己建立的一座功德碑。"三田渡碑"的原名为"大清皇帝功德碑"，整个碑高 5.7 米，碑身高 3.95 米，宽 1.4 米，重达 32 吨。

三田渡碑的碑阳和碑阴上所用的文字为蒙古文、满文和汉字。碑上记载着："朝鲜国王要发誓成为清朝皇帝的臣子；朝鲜将永远铭记清朝皇帝的功德；为了让朝鲜反省推翻与清朝和亲的愚昧之举，特建此碑"等内容。

回顾丙子胡乱

回顾丁卯胡乱与丙子胡乱，可以看出朝鲜第 15 代国王光海君在

三田渡碑

明清交替时期实行了中立的外交政策，随着仁祖反正（1623 年）、光海君下台，朝鲜开始采取亲明排金政策。仁祖五年、丁卯胡乱时期（1627 年），朝鲜被迫与后金（清朝）建立了兄弟之国的邦交关系。但是，朝鲜还是固守着亲明的外交政策。

壬辰倭乱时期，明朝派遣 43000 名大军援助朝鲜；丁酉再乱时期，明朝再次出兵援助朝鲜，派出了 10 万名兵力。据相关记载，明朝的兵力是主力军，又掌握着作战指挥权，还曾一度提供了军用品及军粮。朝鲜没有忘记在国家存亡危难时刻明朝伸出的援助之手。

宋时烈既是老论派的领袖，又是朱子学的大家，他编写的"三学士传"中写道，当时作为谏官的洪翼汉、尹集、吴达济等人强烈反对与后金议和。丙子胡乱时期，朝鲜被迫与后金议和后，清太宗抓走了两名太子、反对议和的大臣金尚铉，以及三学士作为人质。由于三学士均誓死不屈，最后在沈阳被处死。以下为朝鲜与清朝的议和内容。

朝鲜必须供奉清朝；必须把朝鲜的太子和次子，以及大臣的子女作为人质送往清朝；与清朝的各大臣通婚，加强私人交情；清朝要求时，须派遣援军；如需修建城郭的中轴或维修城郭，须提前得到允许；要求每年上交贡品，包括黄金、白银，及20余种物品。于是，两个王子夫妇（昭显世子和凤林大君）被带到清朝沈阳。当时，反对议和的礼曹判书金尚铉，在成了俘虏被抓走时发出悲叹，吟诵的诗就是《永别了，三角山》。

"永别了，三角山

再见了，汉江水

我将要离开这古国山川

但时局混乱而动荡不安

不知能否再次回到古国"。

回乡女与不肖子孙

丙子胡乱时期被拉到清朝的朝鲜女人中，有些人选择了绝食，让自己活活饿死；也有些人因无法忍受出卖身体而选择了自杀。根据记载，当时有数十万人成了清朝的俘虏，有时甚至作为奴隶被卖到清朝。这些妇人在经历了九死一生的磨难后回到祖国时，其丈夫和家人认为她们已经失节，不愿意再接纳她们，甚至指责她们是回乡女。明明是回乡的女人，却变成了"荡妇"。这群妇女们失去贞操都应归咎于无能的国家，怎能怪罪软弱的她们？到底想让她们去向何处？这无非是把这些因国家灭亡而被活生生地拽到异国的妇女们再次逼到绝路的行为。

由于当时被绑架的妇女人数过多，导致多数家庭支离破碎，还带来了社会的混乱。仁祖迫于社会舆论的压力，在每个道（韩国行政区划）指定一条江，让这些回乡的妇女们在此沐浴，洗净身心，就算抹去了之前的行迹。但朝鲜士大夫两班阶级没有认同这种做法。写到这里，我想起了大概 20 年前在首尔奖忠洞国立剧场看过的歌舞"回乡女"。歌舞的片段还历历在目，她们不忍自行了断，叹息着受蔑视的自身处境，在杨柳依依的江边洗头、沐浴。

"不肖子孙"骂名的产生也是跟"回乡女"的说法一脉相承。"不肖子孙"一词说的是没有礼貌、行为不端正的男孩。暗指他们为蛮夷，也与"荡妇"一词有关联。站在三田渡碑前，我仿佛感受到历史因受尽羞辱而抽泣。

三田渡碑最先建在了仁祖举行投降仪式的三田渡汉江边上，高宗 32 年（1895 年），甲午战争中清朝战败后，把三田渡碑扔进了江中。日本帝国主义时期，又将它捞回重新立碑，1945 年 8 月解放后，居民们又把它埋在了地下。1963 年，大洪水泛滥，三田渡碑又重新露出了它的原形。1983 年，为了勿忘国耻，铭记历史，重新将石碑建立在了松坡区（首尔的一个区）石村洞。但是在 2007 年 2 月份，一个 30 多岁的男性希望撤走三田渡碑，在石碑上涂上了红漆。后来用特殊药剂恢复了它原本的颜色，2010 年 4 月，石碑重新建在了原先的位置——松坡区蚕室石村湖山坡上，并放进了保护装置内（用玻璃制成的屋子）。经过了漫长的岁月，石碑上的图文已经被磨损得无法解读。刻在石碑上的字眼已褪色，但国民们不应该将国耻遗忘。

（13）护国遗址——江华岛

江华岛是位于朝鲜半岛西部海岸的一个岛屿，行政上属于仁川广域市江华郡。利用与陆地相连的江华大桥和江华草芝大桥，从首尔到江华岛只有一个小时的车程。地理位置上看，江华岛是经由汉江，进入汉阳和开城的要道。从三国时期就成了激烈的交战地，不断受到外敌侵略，同时外来文物也经由此地流入本土。因此，江华岛可谓是国土防御的要塞，在海岸的突出部分集中筑成了镇、堡，以及墩台。丙寅洋扰（1866年）、辛未洋扰（1871年）、云扬号事件（1875年）、三别抄之乱等都发生在此，江华岛条约（又称韩日修好条约，1876年）也签订于此。

为了避免蒙古过分干涉其内政，高丽将首都从开京（今开城）迁至江华岛（1232年～1270年）。但之后高丽王朝决定听从蒙古的要求，把首都重新迁移至开京时，政府武臣们举起反旗，并发动了起义，史称三别抄抗争（1270年～1273年）。

除了高丽宫址（史迹第133号），江华岛上还留存不同时代的遗迹和遗物。包括史前时期的遗迹——江华支石墓、檀君王俭为祭祀上天而建造的石祭坛——堑星坛、江华城、高丽八万大藏经的刻造地——禅源寺遗址、哲宗登上王位之前曾居住过的龙兴宫以及在韩国历史最为悠久的圣公会江华天主教堂。1964年，江华高丽宫址被指定为历史遗址。20世纪70年代，高丽宫址作为护国国防遗址被修复。

高丽宫址

2013年10月，笔者踏上仁川市区旅游之路，考察了江华岛遗址。我们一行来到了位于江华邑官厅里的高丽宫址停车场。高丽宫址的标志牌上写着如下内容：武人崔瑀在高丽山的西山角率领一支两千余人的军队建造了宫殿和官衙，并在命名宫殿和官衙时使用了跟开京宫殿类似的名称，后方的北山也被称为松岳。当时一共有14个大小不一的建筑物，但因高丽王朝与蒙古之间议和条约的条款，江华岛的宫殿及军用设施于 1270 年被损毁，并重新把首都迁移到了开京。

高丽宫址的正门为昇平门，它耸立在峻峭的高山坡上。进入正门，首先看到的是明威轩、江华留守府东轩和以房厅等建筑物。2003 年修复的外奎章阁是朝鲜国王正祖时期（1776）建造在昌德宫后花园的奎章阁分阁，这里不仅是专门收集和保管历代朝鲜国王的诗文、著作、文字、宝鉴等的地方，还是供国王使用的王室图书馆。正祖 6 年（1782 年），为了保管王室仪轨及相关书籍，在江华岛设立了外奎章阁。1866 年，丙寅洋扰事件爆发时，法兰西军队入侵江华岛掠夺了包括朝鲜王朝的历史资料在内的 340 余册书籍和数千两银块，并烧毁了很多保管在此的资料。1945 年 8 月解放后，留存的部分图书被移交至首尔大学奎章阁。

高丽的《初雕大藏经》

当北方异民族入侵时，高丽国民一心团结在佛心之下。他们为抵抗契丹族的入侵，刻制了高丽《初雕大藏经》。自高丽显宗 2 年（1011 年～1029 年）起，历经 18 年刊刻出大藏经。《初雕大藏经》最初被供奉在位于大邱市八公山的符仁寺，1232 年蒙古第二次入侵时被烧毁。高丽高宗 24 年（1236 年），开始刻制陕川海印寺八万大藏经，在江华岛禅院寺设置了大藏都监奉敕雕造，并在南海设立了分寺。至此历经了 16 年，于高宗 39 年（1251 年）刻制出了八万大藏经。据相关记录，八万大藏经起初被保存在江华岛大藏经版堂，朝鲜太祖 7 年（1398），动员两千余名兵力，将其移送到了庆南的陕川海印寺。

高丽恭愍王 21 年（1372 年），生于全罗道古阜的白云和尚收集祖师们的文章编撰而成的《直指心体要节》是现存最古老的金属活字本。1377 年 7 月，此书在清州兴德寺用金属活字印刷而成，是世界上最早的金属活字本。书的内容为："人若端正心思，就能领悟到自己的心性如同佛祖之心。"本书的印刷问世比德国约翰内斯·古腾堡所著的被公认为是世界上最早的拉丁语经书早了 73 年。

朴炳善博士出生在首尔，毕业于首尔大学师范学院，主修历史教育学科，于 1955 年赴法留学。他在法国巴黎索尔本大学主修宗教史，后就职于巴黎国立图书馆。1967 年，他发现了这本世界最早的高丽金属活字本——《直指心体要节》，并于 1972 年将之公开在世界图书博览会——《书的历史之综合展览会》上。朴炳善博士是将《直指心体要节》登载于 2001 年联合国教科文组织世界遗产纪录的头号功臣。

从江华高丽宫址的院子往下走到较低的区域，能看到江华府的钟阁里悬挂着的江华铜钟。这面钟于肃宗 14 年（1688 年）首次铸造而成，后被移到传灯寺（1705 年～1707 年）再次铸造，体积较之前更大。1977 年，江华开展了遗址修复工作，把出现裂痕的真品收藏在了江华历史博物馆，目前放置于江华府钟阁里的钟是 1999 年制作的仿真品。

哲宗登基前的居住地——龙兴宫

看完高丽宫址后，我们一行人前去访问了位于宫址附近的朝鲜第 25 代国王哲宗登基前的居住地。哲宗本贯全州李氏，曾用名元范，别称为砍柴耕作的"江华少爷"。由于宪宗在 23 岁（1849 年）时突然驾崩，未留下子孙后代，纯祖的王妃纯元王后下达懿旨，把哲宗收为纯祖的养子，并封其为德完君。随后，哲宗在 19 岁时登上了王位。此后，纯元王后又将金汶根的女儿哲仁王后纳为哲宗的王妃。宪宗和哲宗时期，纯元王后都实行了垂帘听政，当时安东金氏的势力颇为强大。

哲宗是正祖的同父异母弟弟恩彦君之孙，而恩彦君又是思悼世子的庶子。因此，哲宗平生都生活在庶子和樵夫的身份阴影之下。哲宗4年，江华留守拆掉了旧草屋，在那儿搭建了几套瓦房，并命名为龙兴宫。我们一行人前去访问时，龙兴宫的内部正在维修，所以无法参观其内部。导游人员在龙兴宫的入口处为我们讲解了关于哲宗的趣闻轶事。

哲宗始终无法忘记曾在江华岛深爱过的凤伊姑娘，常常沉浸在思念之中。本是樵夫的他，突然有一天被幽禁在九重宫殿，可以想象得到他应该非常想返归自然，找回原先无拘无束的自然人生活。哲宗试图努力习得学问，得知百姓的疾苦后，想施行仁政，但却难以将想法贯彻到国政里。从这一时期开始，专制政治日益严重，出官卖职、搜刮租税、贪官污吏的横行霸道等一系列问题的爆发，导致了民乱。

听着哲宗的故事，我的脑海中浮现出了中国诗人陶渊明的诗——《归田园居》，这首诗是诗人厌倦了官吏束缚的生活，脱离仕途回归田园时吟诵的诗句。不管生活过得宽裕还是贫困，只要能够活得自由自在，就是幸福。笔者节选出了《归田园居》中比较喜欢的诗句：

少无适俗韵，性本爱丘山。

误落尘网中，一去三十年。

羁鸟恋旧林，池鱼思故渊。（略）

圣公会江华圣堂

我们一行人正在吃午餐时，我决定与其中两位有志人士一同前往圣公会江华圣堂，稍微去参观一下（因为是团队旅行，不允许个别行动，所以只能利用这个时间去参观）。圣公会江华圣堂位于仁川广域市江华郡江华邑官厅路 22 号。天主教堂（史迹第 424 号）和哲宗的住处只隔着一条马路。江华岛还是各种文物传入朝鲜半岛的要道。高宗 33 年（1896），圣公会江华圣堂成为了韩国人第一次接受洗礼的教堂，也是韩国首个大韩圣公会圣堂，它是现存韩国传统建筑物（韩屋）中最古老的建筑物之一。

1900 年 11 月，韩国圣公会是由首任主教约翰·考夫〔韩文名：高约翰（音译）〕创建而成。圣堂的建筑风格为韩国传统样式，即外观为木结构，屋顶的样式为歇山顶，据说内部的风格是罗马巴西利卡样式，但我未能参观。挂牌上的"天主教堂"四个字用汉字书写而成，教堂柱子上的字也都是汉文，这些文字像是韩国佛教寺院的法堂或者大殿的柱子上粘贴的楹联上的戒律。对未能好好地参观圣堂，我深感遗憾。数年前，我先生已从内到外仔仔细细地参观了一番，至今我还能记起当初先生给家人讲解参观细节时，感叹在那古老的年代怎么能建造那么雄伟壮观的建筑物。

首尔特别市中区贞洞的首尔主教座大圣堂（首尔市物质文化遗产第 35 号），由英国建筑师设计采用罗马式建筑样式建成。首尔主教座大圣堂的建造工作于 1922 年开工，1926 年竣工，并于 1996 年 5 月增建、完工。1999 年，英国女王伊丽莎白二世访韩时，走访过此教堂。自 2006 年起，大韩圣公会负责主持与韩国基督教长老会所属京东教会的互动典礼，京东教会是我常去的教会，自此我对大韩圣公会也投入了更多的关注。

江华制赤峰和平展望台

江华制赤峰和平展望台位于江华地区最北端的江华郡北省里，

江华制赤峰和平展望台

"制赤"为压制敌人之意。2006年起，共投资了48亿韩元建成的和平展望台是地下一层、地上四层的建筑物。在此可观看江华岛的战争历史影像资料。登上三楼的展望台便可得知，这里地处礼成江、汉江、临津江的交汇处，属于韩国普通百姓的管制区域。离朝鲜最近的地方仅相隔1.8公里，可谓近在咫尺，展望台上还安装着高性能望远镜。

展望台的院内陈列着水陆两用的装甲车，野外地势较高的地方竖立着望拜坛和《令人怀念的金刚山歌碑》。走近歌碑，就能听到扩音器中传出的歌曲，如果来到此地的游客是个离散家属，想必他们会沉浸在伤感中。此时，我想起了一首咸镜道出身的诗人金东焕的一首名为《松花江船歌》的诗，松花江贯穿着中国的吉林省和黑龙江省。笔者的初高中教材中还介绍到了金东焕诗人的两首诗——《山外的小南村》《北青卖水夫》。

云在飞，我的心也在飞

回头一望，古国山川已在千里之外

嘿哟嘿哟，划着桨继续前行

虽肉体与船逐渐远离故乡

但其灵魂永远与祖国相连

这里是松花江

江水也在哭泣

——取自《松花江船歌》

支石墓公园与江华历史博物馆

江华历史博物馆的前院就是支石墓公园。江华支石墓（史迹第137号）是韩国最大的支石墓，形状似桌子。2000年12月，全北（全罗北道）高敞和全南（全罗南道）和顺的支石墓遗址，以及江华支石

江华支石墓（野外历史博物馆）

墓遗址被指定为联合国教科文组织的世界遗产。江华支石墓高 2.6 米，两个支石墓上面的椭圆形上石长 7.1 米，宽 5.5 米，重约 50 余吨，其石质是黑云母片麻岩。据悉，江华高丽山附近就有 100 多个支石墓。

支石墓是加盖于地上或地下坟墓上的巨大岩石，是史前时代的坟墓。亚洲、欧洲及北非大约有 6 万座支石墓，其中的 4 万座都集中分布在南北朝鲜。在韩国，约 2 万座支石墓分布在了全南和顺和全北高敞等湖南地区；而在朝鲜，平壤市周边集中分布着 1 万 4 千多座支石墓，此外，平安南道龙冈郡石泉山一带全被支石墓所覆盖。

高敞是东北亚地区中支石墓分布最为密集的地区，有着桌形、围棋盘形、石棹形、侵蚀形态等多种形式的支石墓。2008 年，高敞开设了韩国国内唯一的支石墓博物馆。和顺地区分布着 1320 多座围棋盘形的支石墓。

2010 年 10 月，江华历史博物馆开始对外开放。江华历史博物馆的 1 楼入口处并排陈列着高丽宫址的江华铜钟真品及"帅"字旗。写有"帅"字的旗是"辛未洋扰"中战死的鱼在渊将军的旗子，当时这面旗子被悬挂在了江华城墙上。旗子的长宽均为 4.5 米，材质有点像粗布，颜色已发黄，说明它经历了漫长的历史岁月。"辛未洋扰"时期，美军将"帅"字旗作为战利品带到了美国马里兰州安纳波利斯，并收藏在海军士官学校博物馆。2007 年 10 月，韩国政府以租借 10 年的形式将它带回韩国国内。

江华历史博物馆里还陈列着位于江华岛摩尼山（469 米）的堑星坛缩小版模型，它是檀君王俭为了给上天祭祀，用石头堆砌而成的。此外，博物馆内还展示着刊刻高丽八万大藏经时的情景，金黄色栉目纹陶器，以及古代将帅们使用过的盔甲等。

作为今天旅行的最后一个环节，我们一行人走访了农协江华人参中心。高丽时期，首都曾从开城迁到了江华岛，当时很多开城人来到江华岛避难。从那时起，江华岛上开始培植人参。江华岛境内的每个商店都堆放着很多新鲜人参，因此整座岛屿的空气中弥漫着人参的香味。我的先生买了些许人参片剂和人参精后，我们赶忙坐上了大巴车。江华岛是古今共存的历史文化之城，在此我由衷地体会到这里不仅是承载着朝鲜半岛的战争历史与分裂之痛的岛屿，还是一个克服了无数国难的我们民族的护国圣地。

（14）幸州山城与幸州大捷

耸立在汉江上的德阳山（124米）位于京畿道高阳市，而幸州山城（史迹第56号）就在德阳山山脚下。幸州山城是壬辰倭乱的四大战地之一，四大战役指的是李舜臣将军指挥的闲山大捷（1592.7）、权栗将军的幸州大捷（1593.3）、晋州牧师金时敏的晋州大捷（1592.11），以及忠武公李舜臣将军的鸣梁大捷（1597.9）。此外还包括咸镜道义兵队长郑文孚的北关大捷（1592～1593）。壬辰倭乱的代表性海战为闲山岛海战、鸣梁海战和露梁海战。

20世纪70年代到80年代之间，韩国进行了历史遗址修复工作，幸州山城遗址也从此焕然一新。2007年5月末，我和我的先生、还有先生的同事夫妇一同考察了权栗将军作战的幸州大捷战场——幸州山城。幸州山城是修筑在德阳山山脊的一个城墙，周长约1公里，目前无法推断其准确的修筑年份，但根据城墙周围挖掘出的百济时代陶器和瓦片，可以推断出幸州山城应该是百济时代修筑而成的。幸州山城的西南处，汉江缓缓地流淌着，汉江江面上还有一座长长的跨江傍花大桥，此外，昌陵川流经山城的东南方向。除了西北角，幸州山城面向绝壁和江水，可谓是一座天然堡垒。通向山城的缓坡上树木茂盛，停车场的设施也很完备。

　　壬辰倭乱使得汉阳沦陷，宣祖又向北踏上逃难之路，在此危难时刻，全罗道巡察使权栗将军率领义兵长金千镒，僧兵长处英的士兵组成的 2800 名军队渡过汉江，驻扎在了幸州山城。他们在此筑城，并围起了木栏准备战斗。在幸州大捷中，他们的官兵、义兵、僧兵，还有市民全部加起来才 1 万多名，却要对阵 3 万名日军。日本方面为了洗雪平壤之战败给朝明联军的耻辱，于 1593 年 3 月 14 日，派 3 万大军进攻幸州山城。

幸州山城的大捷门

　　踏入幸州山城的大捷门，迎面就能看到 1986 年塑建的权栗将军铜像（高 5 米，底座 3.5 米）和铜像后侧像屏风般立着的四面浮雕。浮雕分为四个部分，分别描绘着官兵、义兵、僧兵、妇女们的战斗场

幸州山城的大捷门（权栗将军铜像）

面，雕刻得非常生动真实。此外，每个浮雕上都刻着当时如何应战的简要说明。据史籍的记载，由于权栗将军拔出长剑亲自指挥战斗，大大增强了战士们的士气。

浮雕栩栩如生地再现了将军骑在马背上指挥战斗的画面，使用战车、投石机、胜字铳筒、弓箭和长矛、长剑、三脚架、铁耙子等工具与敌人战斗的画面，当箭和火炮掉落时，妇女们往裙摆上搬运石头，并投向敌人的画面。当时，妇女们还向敌人投掷火球、泼沸水，男人们甚至把炉灰装在腰带上，见到敌人就往其身上泼撒炉灰。由于明朝军队在碧蹄馆之战中惨败而撤退至平壤，未能得到明朝的支援。

在此战役中，权栗将军追击并砍杀了130多名敌人的残兵（《世界百科大辞典》），敌方的大将宇喜多秀家和其他指挥官们均受了重伤，伤亡人数共计5000多名。日军还将战死的士兵尸体堆在一起火化后撤离。我军虏获了很多敌军的盔甲、武器、军旗等装备。浮雕旁刻着题目为《女性》的文章，内容如下：

> 我军在山城上射箭、滚大石头来挡住正在往上爬的敌人，敌我交战了好长一段时间以后，我们的炮弹、弓箭和石头都已用尽，城里的妇女用裙子把石头搬过来，使得战斗可以继续。妇女们保家卫国的意志让战斗取得了胜利，从此以后，"幸州围裙"更负盛名。

我们去了权栗将军的祠堂——忠莊祠。忠莊祠原来在幸州渡口，后来消失于6·25战争。在幽静的林路中，走过了红箭门，在忠莊祠的入口坐落着三门，三门里面坐落着忠庄祠，忠庄祠由正面3间、侧面3间的房子构成，其牌匾是已故的朴正熙总统的亲笔题词，室内供

奉的权栗将军画像为张遇圣画家所画。（出于高阳市厅）

　　沿着树木茂密的幽静林路往德阳山山顶走，路的左边有通往土城的路标，路口还有个草地公园，里面摆放着长椅。沿着坡路往上走500米便可到达山顶，在山顶上，德阳亭、圣战纪念塔、大捷碑阁楼一览无余。大捷碑建于宣祖35年（1602年）。站在德阳亭所在的地方，看到环抱着幸州山城流动的江水和傍花大桥，还可以眺望到江对面的村庄，风景非常壮美。

回顾壬辰倭乱

　　壬辰倭乱（1592.4 ～ 1598.11）发生在宣祖25年，是因日本侵略朝鲜而引发的东亚三国——朝鲜、日本、明朝之间的战争。壬辰倭乱初期有43000名明朝军人、丁酉再乱时有10万以上的明朝军人进入朝鲜。明军有步兵和骑兵，他们久经锻炼，又有着各种精良的武器，日本军人也害怕与之交火。在明军的帮助下，朝鲜军人得以重新调整军队，而明朝由于向朝鲜派发了大量的军人，消耗了大量的财力物力，造成了国家财政困难，发生了最后导致明清交替的转折——极东政变。

　　日本的丰臣秀吉在1585年掌握了日本的政权后，其征服海外的野心开始膨胀。1591年，他想要从朝鲜借路来"修好通交"并征服明朝，他通过对马岛主宗义智向朝鲜提出了"征明假道"的要求，但朝鲜以其要求无理为由多次予以拒绝。丰臣秀吉后来再一次传达其请求，称如果朝鲜不答应，他将派兵侵略朝鲜，但当时朝鲜并没能正确地弄懂日本的宣战布告和侵略欲望。

　　1590年3月，朝鲜为了侦探、了解日本的形势，以使节团的名义派了朝鲜通信使黄允吉（西人）、通信副使金诚一（东人）以及宗义智前往日本。从日本归来后，黄允吉和金诚一上报了完全相反的两份报告——黄允吉报告称丰田秀吉眼光长远，其胆量与谋略并存，马上就要征战朝鲜。而金诚一却说丰田秀吉目光如鼠，长相如同猴子，并不是可以侵略朝鲜的可怕人物，他称丰田秀吉只不过是虚张声势，没有侵略的动机（维基百科）。结果，黄允吉的报告是正确的。一年后，壬辰倭乱发生，但当时朝廷中的人弹劾黄允吉，称黄允吉与朝廷对立，制造不安。

1592 年 4 月，700 多艘日本兵船载着 15 万倭军从釜山进犯朝鲜，釜山沦陷。少西行长带领的第 1 军于釜山登陆，加藤清正指挥的后续部队也跟着登陆，而庆尚右水师元均没能阻止日本军人的登陆行为。日本第 1 军途径釜山和大邱到达了清州，第 2 军经过蔚山和永川，在清州会合后进攻汉阳，黑田长政带领的第 3 军在途径金海和秋风岭时受了伤。朝鲜军人的弓箭无法抵抗日本的步枪，日军又兵分两路，加藤清正的军队前往咸镜道，黑田长政的军队北进平安道。在日军于釜山登陆 20 天后，汉阳沦陷。壬辰倭乱发生的 2 个月后，除了全罗道，朝鲜半岛全部沦陷。

宣祖与大臣们往开城、平壤、义州一带避难，朝鲜的两个王子——临海君和顺和君在咸镜道和江原道招兵买马，同时宣祖也向明朝请求援兵。后来临海君和顺和君被倭军抓获，百姓们对那些把国家和国民逼得走投无路的贪官污吏们和暴政愤怒不已，投身到烧官衙、焚奴婢文书、抢军粮的起义中。

在日本军占领平壤城的 6 个月后，李如松带领的朝明联合军收复了平壤城（1593.1），明朝派沈惟敬前往平壤议和。幸州大捷大败了日本军人的嚣张气势，再加上李舜臣将军又连胜海战，日本军资的海上运输通道被堵。1593 年 3 月，明朝和日本进行了和议交涉，但朝鲜从一开始就表示反对。

僧兵和义兵

全罗左水史李舜臣的海战百战百胜，南海海上的朝鲜水军驾驶着龟甲船，在玉浦、泗川、唐浦、咸山岛、釜山前海等地歼灭敌船，倭军的前线补给通道被封锁。朝鲜全国各地的僧侣和儒生并起，他们组织成僧兵和义兵，在爱国之情下，燃烧着熊熊的忠魂。

咸镜道的义兵长郑文孚，庆尚道的郭再祐，晋州的金时敏、崔庆会，全罗道的高敬命，以及罗州的金千镒，忠清道的赵宪、灵圭，以及平安道的休静山西大师和弟子惟政泗溟大师一起招募僧兵和义兵，断绝了倭军的物资补给通道，在明朝援军的帮助下收复了汉阳，为收复丢失的国土立下了汗马功劳。

1593 年 1 月，明朝派来 43000 名援军。明朝派遣援军到朝鲜来的首要目的是保护本国的安全，因为在国际关系中，自己国家的利益无论在什么时候都是最重要的。如果朝鲜落入日本手中，下一个遭殃的便是明朝，正所谓唇亡齿寒，明朝也有所担忧。这是王在晋记载在《海防纂要》中的内容：

> 朝鲜东部边境于明朝咫尺之远，平壤西边与鸭绿江相接，晋州直接与登州、莱州相望。如果日本占领朝鲜后觊觎辽东，不用一年，北京就会危险。只有帮助朝鲜才能守住辽东。
>
> 选自王在晋的《海防纂要》中（原文未找到）

在壬辰倭乱发生的 10 年前（1582），兵曹判书栗谷先生恳切地上疏宣祖养兵 10 万却遭到了宣祖和朝廷的无视。日本的丰臣秀吉于

1590 年结束了战国时代，并准备了强力的军事力量，谋划着领土扩张，当时朝鲜的勋旧派和新进士林派的势力之争却引起了腥风血雨，16 世纪中叶之前，戊午士祸（1498 年）、甲子士祸（1504 年）、己卯士祸（1519 年）、乙巳士祸（1545 年）这四个事件引起了朝鲜政治、经济、社会的大混乱。

日本在壬辰倭乱前就已大量生产步枪，而倭军是经历了战国时代的正式军人，其战斗力惊人，尤其擅长白刃战。从壬辰倭乱前朝鲜和日本军事力量对比的记录来看，朝鲜军事力量的薄弱程度简直让人难以置信，况且朝鲜当时热衷于党派之争，仿佛对国防毫无概念。当时朝鲜军在"良人皆兵制"的原则已中断服兵役，他们只有在非常时期才会被召集起来，而在不服兵役的时期，他们通常以接收军布（麻布或粗布）来代替服兵役，所以朝鲜的军队形同虚设。我在护国圣地回首我们的历史，越是回首，却越是埋怨当时的国王。我怀着对护国英灵们的敬意，在胸前双手合十。

（15）阿哥拉政治·邮票博物馆

阿哥拉是位于京畿道坡州市嗨里艺术村的韩国首家邮票博物馆，它是一幢 100 多平的三层建筑，于 2005 年 5 月 5 日正式开馆。在阿哥拉政治·邮票博物馆中展示着延世大学教学部部长、政治外交系教授申明顺（音译）老师从 1975 年以来，30 年间收集的韩国以及世界 50 多个国家的一千多份政治资料和三千多张邮票，还有世界各国的国家选举、政党、议会相关的政治海报，以及党员证、投票券、著名政治人写的书函等资料。世界展示馆内展示着世界政治领导人的资料，韩国政治展示馆则展示着韩国曾任、现任总统和国务总理等政治领导人相关的资料和选举材料，以及各种政党的旗帜和宣传报告等政党相关的资料。

阿哥拉博物馆中的"阿哥拉"取自古希腊雅典的一个广场的名字。雅典是希腊的首都，是一座拥有着3400年悠久历史的城市。在雅典的阿哥拉市民广场可以讨论政治和哲学，那里讨论文化发达，是雅典市民的交流场所，同时也担当着会议场所的作用。

我的丈夫与阿哥拉政治博物馆馆长是大学同学，2006年8月，我们参观阿哥拉，路边的每一棵树都绿光泛动。经由凉爽的自由路，往北走到达坡州出版社园区，再往上走便是嗨里艺术村。阿哥拉政治博物馆位于嗨里村的入口处，而自由路的尽头是临津阁和平公园。

以下是2005年6月1日，阿哥拉博物馆开馆仪式后的《东亚日报》刊登在《新东亚人物招待席》中对博物馆馆长申明顺教授的访谈内容：

在城市各地建立个人特色博物馆，使之成为地方的著名景点，这

坡州嗨里阿哥拉政治·邮票博物馆

阿哥拉政治 · 邮票博物馆室内全景

种文化一定要扎根，所以要抛开"免费参观"这样的认识。希望有越来越多的游客愿意拿出 1000—2000 元的入场费来参观小型的博物馆。

　　我曾经向 200 多名全职国会议员提出申请，请求其捐献选举墙报、当议员时的名片、公荐信函、当选证等与政治活动相关的各类资料。（记者何万燮）（音译）

　　走进博物馆，迎接我们的是美国林肯、肯尼迪和布什总统笑着的等身画像。在 1 楼的世界政治馆中，可以看到亚洲、欧洲、南美洲、北美洲、非洲以及中东的 50 多个多家的政治指导者、选举、政党等相关的报道、奖牌、胸像、选举宣传资料等，可以在同一个地方看到历史政治人物以及最近的世界政治指导者。

　　看到林肯总统我便会想到美国南北战争的历史，看到肯尼迪总统时，脑海里仿佛涌现了 1961 年 1 月他在白宫就职演说时，以并不精通的英语一行一行地背诵演说词的记忆。我当年在美国留学，肯尼迪总统在德克萨斯州的红灯街被暗杀的那天，全世界的人都因为这突然的特别报道而受到冲击，这段记忆还清晰地留在我的脑中。阿哥拉博物馆里还展示着 2000 年美国大选时弗罗里达州使用的问题电脑卡片、投票机，希特勒、罗斯福、曼德拉等人当时用的投票用纸，中国"文化大革命"时红卫兵们用过的袖章，肯尼迪、里根等美国总统就任纪念牌等。阿哥拉博物馆让人感受到那些在世界历史上成就大事的人物之气息。

走了一圈展示馆，我大吃一惊，这么多珍贵资料究竟怎样收集而来呢？在世界范围内广泛地收集资料，究竟要探访多少个国家，历经多少艰辛呢？在通往 2 楼、3 楼的楼道墙上还挂着华特迪士尼的彩色米奇老鼠和唐老鸭等大型相片，小孩子来到这里也许会发出惊叹之声。

在 2 楼韩国政治馆中可以见到李承晚、朴正熙等历代总统以及申翼熙、张勉、金钟泌等多名韩国政治指导者。还可看到 1948 年制宪国会议员选举时使用过的选举用宣传物品，1948 年的国会旁听券，在第三次总统选举（1956 年，是韩国唯一一次采取总统和副总统以组合的形式一起参选的选举方式）时使用的李承晚、李起鹏的彩色宣传画，以及 1956 年以口号"活不下去了，换人吧"闻名的民主党申翼熙、张勉的选举宣传画。看着他们的宣传画，我想到了当时反驳他们口号的句子——"换人也无济于事，新的哪有旧的好""换人更活不下去"，我兀自在心底笑了起来。

这里还收藏着 1961 年 5·16 凌晨军事政变时，朴正熙少将送给张都英总参谋长的亲笔书信。尽管具有历史性意义的政治事件已经成为过去，但它发生的瞬间却在阿哥拉博物馆得到了真实的再现。游客们可以通过这些记录联想到当时的画面。从这一点来看，作为韩国政治历史的现场信息收集场所，阿哥拉博物馆有着独一无二的价值。

邮票展示馆

三楼是邮票展示馆，还展示着压花作品。在邮票展示馆中展示着世界各国的总统、女性领导人、总理等政治指导者以及与政治相关的邮票，此外还按主题展示着华特迪士尼等世界各国的动漫邮票、圣诞节、圣诞老人、美术、音乐、文学、玫瑰、热带鱼、花、滑雪板等物品。

野花压花展示室

压花是指将野花压制脱水后，用干花和叶子、枫叶等多种材料装饰成餐桌、花柜、文件柜、抽屉、药柜、画、灯、蜡烛、小型相框、镜子、挂钟、饰品、厨房用品等艺术作品的工艺，这些作品都展示在压花展示室内。把真花通过压花工艺永远地收藏起来，而收藏在这里的作品全都出自阿哥拉博物馆馆长的师母金妍珍（音译）之手。在压花体验空间可以体验制作压花相框、压花蜡烛、挂链、钥匙圈等，由金妍珍老师直接指导。

博物馆后面的接待室中也放置着用压花装饰的小桌子以及用各种落叶装饰的大桌子。这些美丽的桌子和装饰用的家具的设计都很新颖，我们被压花作品的新鲜以及其散发出来的香气所吸引，一直目不转睛。去年圣诞节，我把自己的拙著《在诗画中做梦》诗集送给金老师，金老师亲手做了一个装饰用的"花挂钟"寄给了我。金妍珍老师认为通过压花作品，她的精神世界得到了优美的展现。

观赏前院小山的山间主人

我们在参观完博物馆后走进了主人的居住空间，只见透亮的接待室前有一座低矮的山，在触手可及的地方如屏风一般出现在我们眼前。山间主人在庭院里放着一整座雅致的小山，真是懂得享受啊！尽管也得受到占地面积的限制，但这无言的青山、无价的清风、自由的明月都归主人所有，这是多么富有啊！虽然这里是一个距离首尔有一个小时车程的邻近村庄，但是在这个接待室里，可以一边吃青葡萄和西瓜一边吟诵《青山别曲》，也可以吟诵栗谷的《高山九曲歌》，吟诵丁克仁的《赏春曲》也相当应景，让人不禁想起《赏春曲》中"埋在红尘中的你，你的人生怎样？追随古人的风流呢还是无法追上？……用葛巾过滤酿熟的酒，数着折下的花枝喝下"的情景，这是一个只用一眼，就能让人陷进诗情画意里的地方。

嗨里是自然、生活与艺术相会的地方，有数百名艺术家在嗨里企划园区展开了梦想，因此这里也是沟通、融合多种艺术类型于一体的建筑、文化艺术之村。这里的建筑都有博物馆、画廊、摄影工作室、纪念亭、欣赏室、文化园、艺术中心、雕刻工坊、美术馆、电影制片厂等的标签，如同不同的堂号一般各色各样，房子里的每一个构造都是建筑艺术，好像这里的建筑全部守着一个无言的约定——不采用同样的造型。在阿哥拉博物馆周边还有京畿英语村坡州校区、韩立玩具博物馆、坡州乌头山统一展望台、第3地道、都罗山统一展望台、DMZ安保观光、临津阁、和平公园等景点。

（16）世界民俗乐器博物馆

2012年5月的第三个星期，京畿道坡州市嗨里艺术村阿哥拉政治·邮票博物馆举办了韩国国际政治学会前任会长团的夫妇友好聚会。那天的天气无比晴朗，新绿盎然。在阿哥拉博物馆馆长的带领下，我们一行人参观了世界民俗乐器博物馆。

世界民俗乐器博物馆在 2003 年 9 月正式开馆，是韩国首个收集、展示、研究世界民俗乐器的乐器博物馆，这里收藏着世界 100 多个国家的 2000 多个地区的乐器以及各个民族的民族品、音板、视频、图书、传统公仔等，并按照亚洲、印度·西南亚、中东·中亚、非洲、美洲、欧洲、海洋·大洋洲等地区进行分类展示。

世界民俗乐器博物馆是音乐人类学的宝库，它展示着世界上各种各样的乐器，是可以体验文化多样性和音乐多文化体验的空间，其出版的图书有《乐器博物馆之旅》（玄岩社出版）、《人类的文化遗产——乐器之旅》（音乐世界出版）以及世界民俗乐器诞生神话图书（音乐世界出版）。（出自世界民俗乐器博物馆）

嗨里世界民俗乐器博物馆

民俗乐器展示厅全景

　　走进世界民俗乐器博物馆时，李荣镇（音译）馆长高兴地迎接我们，他给我们介绍了民俗乐器。博物馆虽然不大，但却摆满了吸引人眼球的各色乐器。看着这些由树木、板子、葫芦瓢、竹子、石头、玻璃、泥土、陶瓷、各种动物的皮、野兽的角和骨头、贝壳等各种奇特的材料做成的乐器，人们会不由得感叹人类无限的创意。乐器的外形各式各样，有动物模样、鸟模样、原始人头像和乐器相结合的模样、骸骨模样，还有利用大型动物的下巴和牙齿制成的乐器。

　　在某些乐器前还立着一个穿着相应的民族服装的人偶，能让游客更好地理解所看到的内容，也为游客的参观增添了趣味。我感受最深刻的是，历史和传统最为悠久的韩国、中国和日本的人偶穿的传统服装最细腻精巧，女子（人偶）的身姿也非常曼妙。

　　民俗乐器是人类文明变迁和发展的产物，我认为乐器是人类的文化遗产中最美最有创意的物品。对于只懂得区分打击乐器、管乐器、弦乐器的我来说，这一次的参观真是神奇又有趣。在参观这些民俗乐器的同时，我展开了想象的翅膀，想象那些居住在世界各地的特色民族的生活。

我认为原始社会时，相比于语言，人类一开始是用声带来传递声音，或是用简单的乐器来传播声音。在原始社会的集居生活中，当人类受到威胁时，为了集体应对威胁，人们会使用需要鼓动嗓门儿发声的管乐器或者其他的乐器来告知部落。我想起了电影中人们把动物的长牙或者贝壳放在嘴里的场面，他们吹出来的声音可以传得很远。在电影或者新闻中也可以看到非洲人在原始宗教和祭天仪式之类的集体庆典上用民俗乐器伴奏歌舞的场面。

不知为何，用棍子击打乐器的声音让我想起心脏跳动的声音，这不是最简单又有效果的方法吗？鼓起嘴巴使管子振动发声的管乐器与人类的情感有着更加密切的关系。通过弦发声的乐器需要那些精准的技巧才能发声吗？我们也曾经在古典文学中读过几篇"弹无弦之乐器、听无声之声音"的描写精神世界的作品，不过我并不能理解其中的高境界……

我看着展示出来的乐器，脑海里不断地涌现出疑问——在遥远的以前，位于与现代文明相离甚远的绝海孤岛的人们，或者是某一食人种族，他们在集散的时候会使用什么样的民俗乐器呢？在广阔的蒙古草原上驰骋的游牧民们又是用怎样的乐器来传播信号呢？美国大陆的印第安人们呢？

对于对乐器一无所知的我来说，说到韩国民俗乐器，我会想到"风物游戏"。以前的农民在正月上旬祭拜地神或者在中秋庆祝丰收时会用小锣、长鼓、大鼓、大锣等乐器用来助兴。此外，人们在玩战车游戏、大同游戏、拉绳游戏时也会用这些民俗乐器来助兴。用铁做成的小锣象征着雷、大锣象征着风，大鼓象征着云，长鼓象征着雨。

　　虽然我愚钝，但是在柔和的管乐器声中，比起金属管乐器的声音，我更喜欢木管乐器的声音。我想，如果在江边的村庄听到竹制的洞箫的声音，就算是心坚如铁的独裁者也会软化下来吧。悦耳而凄凉的音色正是其特色吗？还有什么艺术能够如同声音艺术一般，在瞬间抚平人的情感吗？

　　在这个民俗乐器博物馆里还设有可以直接敲打乐器的体验学习空间。参加这里的民俗音乐讲座，学习喜欢的乐器的弹奏技法仿佛也很有趣。我们从民俗乐器博物馆中走出来时，其中一人小心地用木棍轻轻地敲打了一下乐器，又被乐器发出来的声音吓了一跳，他马上抬眼看着大家，大家相视一笑。世界民俗乐器博物馆应该会长久地留在我的记忆中。

（17）抱川山井湖水

　　20多年前的夏天，我与先生，还有其同乡的知己朋友等五对夫妻前往京畿道抱川的山井湖水韩华度假村，度过了两天一夜的郊外聚会之旅。抱川市的西边是东豆川和涟川郡，北边是铁原郡。山井湖水修筑于1925年，起初用于农业灌溉。这一带被鸣声山和山中的山井湖水所环抱，自然景观非常优美。不高的山层层围绕在这四周，山色远近相异。6·25战争以前，山井湖水堤坝的尽头曾是朝鲜金日成（1912年~1994年）主席的别墅。1978年这一带被开发为国民观光区。

　　在韩华度假村，如果打开窗户的话，你就会看到秀山和溪水仿佛走到了你的窗前。在层层的群山中，幽深的溪谷、清流、湖水、自然散步路以及诗人们说的水石松竹月就在窗外，让你有一种成仙的感觉，而且这次是久违的知己欢聚一堂，没有比这更让人高兴的了。为了庆祝这久违的聚会，有一个朋友还买来了一个小蛋糕，我们点上了五彩的小蜡烛，异口同声地说以后要多制造一些这样相聚的机会。我们把汽水和可乐倒进纸杯里干杯，请拥有赛黄鹂的嗓音的女性朋友高歌一曲，清雅的旋律仿佛也流向了溪谷。

　　山村的绿荫加快了夜晚的来临。我们在以蘑菇料理而闻名的餐馆中吃了晚餐。虽然食物本身的味道也很重要，但是好的气氛却能让食物的味道更上一层楼。晚上，我们男女分开各聚在一起聊天，彼此都到了孩子成家立业的年纪，有着说不完的话。

　　第二天，我们去了山井湖水边散步。路边有白云溪谷、清冽的水流、瀑布、如同龙一般盘旋着身躯升天的老松、野花群、雕塑公园等。秋天，这里有鸣声山紫芒节和登山大会，还有在紫芒田开展的小音乐会，真是浪漫无比。不过，湖边景色最美的时节是夏季。早晨，湖面上烟雾迷蒙，湖对岸的村庄隐隐约约地倒映在湖面上，湖中漂浮着一叶小木船。在休闲步道上散步，看着迎着白浪疾跑的滑水板时，我觉得这里是家庭出游的理想胜地。

踏进白云溪谷的清流之中

　　白云溪谷，白玉般的大岩石躺在泉边，将泉水分成几股支流，愉悦的清流之声与蝉鸣之声形成和声。我们一行人分散地靠坐在白云溪谷的松树树荫下的岩石上，并把脚放进了溪水中。自古以来就有把脚泡在水中的夏日游戏，名为"清流濯足"。朝鲜时期的《东国岁时记》记录着一年十二个月的庆典和风俗，其中就有"夏天把脚泡在溪水中吟诗一首"的内容，由此看来，"清流濯足"也是一个避暑的好办法。在《清流濯足图》中也可以看到儒生们脱掉鞋把脚放进溪水中，手拿着画有四君子的扇子的画面；也有图画描绘着人们把脚泡在亭子阁楼边上的池水中，他们或是弹琴，或是一边下围棋一边举着瓢形水杯。

朝鲜后期，实学家茶山丁若镛结束长达 18 年的流放生活回到家乡，他所提出的克服暑热的八大法——"消暑八事"中，有一个方法就是"月夜濯足"。讲完这些故事以后，先生还笑嘻嘻地说，自己曾"在吊桶里装上西瓜和香瓜，泡在泉水里，夏天的夜晚，在溪水里洗完澡后，和家人坐在一起吃用泉水浸泡过的冰爽西瓜和香瓜"。

山井湖水周围的道路风景宜人，这里有天然的散步路、游乐园、香草庭院等游玩景点，也有很多便利店、餐馆以及以淡水辣鱼汤、蘑菇料理、沙参、野菜白饭、橡子凉粉等闻名的美食店。这里靠近首尔，因此很适合简单的出行或家庭休假，值得推荐。

（18）龙仁韩国民俗村

京畿道龙仁民俗村开放于 1974 年 10 月，是收集、保存民俗文化资料用于教育后代的学习基地。在这面积达 30 余万平方米的民俗村内，设有朝鲜时代的传统韩屋、传统民俗纪念馆、世界民俗馆、历史电影馆、儿童游乐场等，购买了通票便可便利地参观。在参观广阔的民俗村前，要先问清楚在室外舞台上上演的农乐舞、走绳、马上武艺表演的时间，从而能够在从容地与孙子孙女们参观的同时，还可以折回来观看表演。

民俗击打乐器四物游戏表演和在疾驰的马上表演曲艺的马上武艺表演，紧扣着游客的每一条神经。年轻的骑手们骑在 4 匹奔跑着的马上，他们一会儿悬腿坐在边上，一会儿躺下来，一会儿往后翻，一会儿倒立在马背上，一会儿笔直地站在马背上徒手骑马，甚至还站在两个歌手的肩膀上，摊开双手站着，他们表演的绝技也让游客倍感紧张。

走在民俗村，眼中所见的每一个场面都能给人仿佛回到了年少时的家乡的感觉。茅草屋顶下的柱子上写着"立春大吉"，墙壁边的屋檐下横挂着竹竿，竹竿上挂着干艾草、玉米，还有成捆挂起来的高粱，犁、挂在土墙上的背架、各种各样的农器具、土石墙、竹围栏、樊篱笆等，让人触景生情。这里还有很多民俗信仰物——以前置于村口的天下大将军和地下大将军，村子的小溪边茁壮地伸展着枝杈的棠树，位于山坡上的大岩石边的祈福树和树上飘扬着的五颜六色的碎布，在立石上缠上金线许愿后把金线挂在草绳上的民俗信仰物，祭竿顶上的用木头或者石头做成的鸟儿，石塔等。民俗村就是这样一个能够让人看到典型的古代村庄的地方。

这里让我回想起儿时的水井和酱缸房的酱缸台。民俗村内井然有序地陈列着油光锃亮的陶瓷器、腌制酱油和大酱的大坛子、煎药锅、做大酱汤用的砂锅等。我们还可以看到酱缸台旁边的水井、玄武岩做成的水桶、花盆、石磨、臼以及露出神秘微笑的济州石爷爷等。酱缸台旁还种有凤仙花、鸡冠花、灯笼草，以及端午节时放在洗头水里的菖蒲等植物。

水碓·脚踏碓·石碾

在和孙子孙女参观民俗村时，爷爷奶奶便是韩国民俗文化艺术的解说者。沿着溪边的小路走，一边听着蝉鸣，一边向孙子孙女们介绍一路所见的水碓，用牛或者马来碾谷子的石碾以及在乡村舂米坊中使用的脚踏碓、臼、石磨等，孙子孙女们睁大眼睛来看这些他们从未见过的东西。

我的父母是在学堂里学习的，那时没有电灯，使用油灯来照明。

石碾

我现在年已 70 中旬，却也经历了从油灯到煤油灯、汽油灯再到电灯的转变。我出生在乡村，对"书耕夜读"这样的话也烂熟于耳。在把油灯里的油换成汽油前，我们曾经使用过白苏子油、豆油、蓖麻油、山茶油等。在用煤油灯的光亮下读书的时代，女性们难以得到学习的机会，擦拭被煤油熏黑的灯盏也成了家务事之一。那时候贵族们使用的是蜡烛吗？

因为电灯经常会出现故障，每个家庭都把火柴和蜡烛当作珍贵的备用品，而且对于每个家庭来说，在泥火盆里放置火种也是很重要的事情。在没有煤气和电烤炉的过去，火种也是重要的生活所需品。20世纪 60 年代起，韩国开始掀起产业化的浪潮，电灯走进了乡村的千家万户，精米所（舂米坊）里也有了碾谷物的捣米机。电灯让夜晚的世界变得与从前截然不同。韩国为了节约能源，决定从 2014 年开始禁止生产和进口白炽灯，我算是同时生活在古代和现代的人。

民俗工艺品和各种展示板

民俗工艺品展示馆吸引着游客们的眼球，使他们驻足观赏。展示馆里展示着陶瓷、木工艺，还有用柳条或者竹子做成的简便可爱的工艺品、螺钿漆器工艺品等，这些美丽的工艺品让人赞叹不已。还有用韩纸工艺做成的古典人偶，而刺绣工艺和结绳工艺更显出韩国人卓越精巧的手艺。这里陈列展示着农乐舞、僧舞、强羌水越来等传统舞蹈的人偶，还有插秧和秋收的景象的模型，以及从棉花里抽丝的纺车和织布机。龙仁民俗村是展示韩国古代人民生活状态的历史、教育、文化的展示场所。如果和家人结伴来参观，还可以在这里买到以前我们在家乡吃的食物，和家人们共度愉快的一天；如果怀念家乡或者儿时的原野时，来民俗村参观也不失为一个好的选择。

（19）杨花津外国传教士墓园

杨花津（史迹第 399 号）外国传教士墓园和切头山天主教殉教者圣地坐落在汉江东北部的江边，即首尔特别市麻浦区合井洞。朝鲜高宗（1890 年），将此地指定为杨花津外国传教士的墓园。"蚕头峰"的形状如同抬起头部的蚕，山峰峭壁之下汉江缓缓流过，让这一带的风景更为动人。一条整修得十分整洁秀丽的公园路连接着这两处圣地。

在蚕头峰下的杨花津，以前经常有通过汉江到各个地方去的租税谷物运船出入。英祖在位时期（1754 年）为了抵御通过仁川江华岛走汉江水路入侵的外敌，曾在此设置了军阵，现在这里还遗留着名为"长台石"的标石。

2014 年 7 月 27 日，首尔的气温徘徊在 32 度左右，是非常炎热的一天。我当天考察了杨花津外国传教士墓园和切头山天主教圣地。61

年前的这一天，即 1953 年 7 月 27 日，是签订 6·25 战争停战协议的日子。正如韩国的国民会铭记参战勇士的牺牲一样，沉睡在外国传教士墓园的人们也留在韩国人的心里，他们也热爱韩国，他们也曾经为了韩国的国民而牺牲。我们不能把外国传教士一一列举出来，在他们中间，也有很多人比韩国人还要热爱韩国。面对曾经无知和贫穷的韩国，他们在韩国腹地上没有退缩，而是用强韧的开拓精神和挑战精神以及信仰的力量，为韩国的教育发展和医疗事业做出了大量的贡献。

外国传教士墓园的入口处立着墓地向导地图，数不尽的旗帜在微风中飞扬。在墓地里，写着"静肃"二字的标语随处可见，却没有看到访客的人影。墓地分为 A、B、C、D、E、F 六个区域。

美国监理教传教士胡默·赫尔伯特博士在 1886 年以育英公院教师的身份来到韩国，他写了韩国最早的韩文教科书《士民必知》，为传播韩文的优点立下了汗马功劳。赫尔伯特博士还经营着三文出版社，他帮助徐载弼先生于 1896 年创立了最早的韩文报纸——独立新闻。当时这份报纸有英文版和韩文版，赫尔伯特博士是英文版的主编。

赫尔伯特博士首次把歌曲《阿里郎》用西方乐谱的形式记录了下来。1905 年，他出版了《韩国历史》一书，第二年出版了《大韩帝国灭亡史》。让人惊讶的是，1907 年他在世界舆论上造势，要求日本宫内府大臣归还曾经掠夺走的开城敬天寺十层石塔，1918 年，日本把敬天寺十层石塔归还给韩国，如今敬天寺十层石塔立在首尔龙山国立中央博物馆室内。他还曾经积极地支援韩国独立运动，并担任高宗的外交顾问。在韩国被迫签订了剥夺韩国外交权利的《乙巳条约》后，他开始主张在韩国开展独立运动，并把高宗的秘密书信带去美国，向美国请求帮助，但是美国的官员并没有接见他，后来他建议大韩帝国派密使参加 1907 年在荷兰海牙举办的第 2 届的万国和平会议（1907.6.15）。

赫尔伯特博士逝世于 1949 年 8 月 5 日。8 月 11 日，韩国为其举办了首个外国人公葬的遗体告别仪式，并按照其遗愿，把他安葬在杨花津。他的墓碑上写着："相比威斯敏斯特大教堂，我更希望自己被埋在韩国土地上。"赫尔伯特博士是首个被追授为"建国功劳勋章——独立章（1950 年）"的外国人。2013 年 12 月，韩文历史人物周时经和赫尔伯特博士的雕像被立在了首尔钟路区都染洞绿地公园内。2014 年 10 月 9 日韩文纪念日（第 568 届），赫尔伯特博士的重孙金博尔·赫尔伯特来到韩国，作为韩文教育有功者的后生代表，被授予了金冠勋章。

杨花津外国传教士墓园中还建有《大韩每日申报》(1904 年 ~1910年）的创设者——英国人欧内斯特·贝赛尔的墓碑。贝赛尔受到了朝

杨花津外国传教士墓园——安德伍德一家的墓碑

鲜国王以及国民的热爱。在他报社边上立有"日本人与狗禁止出入"的字句，他的墓志铭是"即便我死了，大韩每日申报也要永远存留下来拯救韩国"。

延世大学（1885 年创立）的创设者安德伍德一家在墓碑在杨花津墓园的 F 区域，地势有点低。美国北长老会传教士安德伍德于 1885 年 4 月，与监理教传教士阿彭泽勒从仁川港口入韩，是首批进入朝鲜的传教士。安德伍德建立了耶稣教学堂、首尔儆新中学、延禧专科学校（现延世大学），还出版了《圣经》的翻译本和英韩字典、韩英字典等，为韩国的教育做出了巨大贡献。

延世大学医科学院的前身是 1885 年美国北长老会传教士艾伦在高宗的帮助下建立的广惠院（济众院）。艾伦通过医疗传教，经营着残疾人院、孤儿院、养老院、康复院等，并向朝鲜社会输入新文化。当时，朝鲜称外国传教士为西洋鬼子（洋鬼子），对西方人有着强烈的排斥感。传教士们在异国他乡忍受着风土病，忍受了所有的困难，全身心地付出。下面我节选了《安德伍德祈祷文》的部分内容，虽然内容稍长，但是也能够对当时韩国的生活状态以及对传教士的理解有所帮助。

"看不见的朝鲜之心"

主啊，我现在什么都看不见

亲爱的主，在这片贫瘠穷困的土地

在这片连一棵树都无法尽情生长的土地上

您把我们带来，并种在了这片土地上

跨越广阔的太平洋来到这里已然是奇迹

我仿佛是被主抓来，放落到这个地方

现在什么也看不到

能看见的只不过是固执凝成的黑暗

只不过是被黑暗、贫穷、陋习包围的朝鲜人

即便他们被包围，他们也不知道何为苦痛

如果想要为不懂得痛苦的人解除痛苦

他们就会怀疑你，会发火

……

现在我们好像是徒手站在荒芜之地中

现在我们被叫为西洋鬼子西洋鬼，被万人指责

他们会明白他们的灵魂与我们的灵魂同在，会明白我们都是

天国的百姓，上帝的子女

我相信有朝一日他们会喜极而泣（省略）

安德伍德在韩国成立了首个改新教——西门内教会（贞洞教会），他经常念诵的祷告词："经常心怀愉悦吧，不要休息，祈祷吧，感谢平凡事吧。"这也刻在他的墓碑上。

美国监理教传教士亨利·阿彭策尔成立的培材学堂（1885.8.3）是今天培材大学和监理教神学大学的前身。培材大学的校名为高宗于1887年所赐。培材学堂的学堂训是"谁想为大，必先作用人"（马太福音20；26~28）。此外阿彭策尔还翻译了新约圣经，建立了贞洞第一教会。可惜的是，1902年6月，阿彭策尔传教士为了参加圣经翻译事业大会而前往木浦，在途中因发生船只相撞事故而殉职。他的墓碑上写着"我不为受侍奉，而为传播真理"。我们在仿佛可以使岩石和铁块融化的炎热中向沉睡着外国传教士的墓地走去。一颗种子掉落在了

未知的土地上，竟然结出了如此丰盛的果实，实际上从中我们也可以领悟出上帝的奉献。看着比韩国人更热爱韩国并为韩国献身的他们的墓地，我心怀感激，对这片土地肃然起敬。

（20）切头山天主教殉教者圣地

切头山天主教殉教者圣地（史迹第 399 号）位于首尔市麻浦区合井洞杨花津，与传教士墓园相连。高高耸立的蚕头峰坐落在悠悠流淌着的汉江边上，这一带的风景尤为秀丽。以前也曾有文客们在这里游江、吟诵这一带的美好风光。

丙寅洋扰以前，在沙南基 (1801 年 ~ 1866 年) 曾经发生过对天主教信徒和法籍传教士行刑的事件。年幼的高宗即位后，高宗的生父兴宣大院君执政了 10 年。高宗三年丙寅迫害（1866.1）时，大院君向天主教下达了禁压令，还下达了烧毁天主教书籍的命令，天主教的 6000

切头山殉教者纪念塔

切头山天主教圣地标石

多名信徒和 12 名法籍传教士中的 9 名被处刑。幸存下来的法国神父李福明逃出朝鲜来到了中国，并向法国驻华公使报告了发生在朝鲜的丙寅迫害的惨象。之后，朝鲜发生了"丙寅洋扰事件"，大院君和朝鲜朝廷深信是天主教徒引发了此次事件，在杨花津切头峰对天主教信徒处以死刑。而切头山也因为大量的天主教信徒在此被"砍下头颅"而得名。

为了让切头山更为圣地化，天主教会于 1950 年购买了这块土地，并于 1962 年在切头山下的汉江边上立起了殉教者纪念塔。1966 年，天主教会又建立了丙寅迫害殉教 100 周年纪念馆，该纪念馆内还设有可以看到天主教历史上的大事件和相关历程的博物馆，而其地下则供奉着殉教圣人的骸骨。

1984 年 5 月，韩国天主教会创设 200 周年，纪念馆以纪念 103

位殉教福者的谥圣式为契机建立了位于公园内的西小门外殉教者宣扬塔。那时，教皇约翰保罗二世抵达首尔金浦机场，从飞机舷梯下来时便说这里是"殉教者的土地"，并亲吻韩国的土地的场景至今还深刻地留在我的脑海里。教皇约翰保罗二世于 1989 年再次访问了韩国。

2014 年 7 月 27 日，切头山圣地的入口处展示着弗朗西斯科教皇访问韩国（2014.8）的欢迎信息以及其访问的日程安排。当年，弗朗西斯科教皇参加了在大田举行的第 6 届亚洲青年大会，在光化门广场举行了韩国 124 名天主教殉教者的谥福仪式，并在明洞大圣堂举行了"为了和平与和解的弥撒"。此外他还见了总统、韩国主教团、世越号沉船事故遇难者的家人以及各种团体。

殉教者纪念馆前的庭院内有圣母洞窟，还立着金大建神父的铜像，而庭院周围的散步路——十字架之路上立着碑石和石像。在庭院里，5 名殉教圣人曾经歇脚用的五圣石和门地坊石被保存在保护玻璃箱里。在走向殉教者纪念馆路口处，还设有在切头山圣地第一个被行刑的殉教者的家族像（殉教者的纪念像）。庭院十字架之路上还立着 1984 年访问韩国的教皇保罗二世的半身像，而金大建神父的坐像的不远处立有兴宣大院君的斥和碑。

朝鲜高宗（1871 年）时，在韩国 200 多个地方皆设立了斥和碑，其内容为："洋夷侵犯，非战则和，主和卖国，戒我万年子孙，丙寅作，申未立。"

兴宣大院君的斥和碑

涌进朝鲜的新学问和新思潮

壬辰倭乱和丙子胡乱后，新的学问和思想涌进了朝鲜社会，实学、考证学、西学（西学西教，狭义的天主教理）等知识分子被社会接纳。以事实为基础，以实证性经验主义观察为价值的、揭露真实的实学被受用。当时，西式炮、自鸣钟、望远镜、天文地理、改良日历、天主教书籍等通过中国进入朝鲜半岛。

当时朝鲜供奉着四大洲神主并为此举行祭祀活动，性理学（儒教，朱子学）被称为正学，而西学被称为邪学，被认为是邪恶奸诈的学问，所以天主教理受到了儒学者们强烈的排斥。1800 年，正祖去世。1801 年，年幼的纯祖即位，太妃金氏下达了禁压天主教的命令，发生了辛酉迫害（1801 年），纯祖 15 年发生了乙亥迫害，宪宗五年又发生了己亥迫害（1839 年）。

韩国殉教圣人谥圣纪念教育馆

参观完圣地以后我们顺便去了教育馆。教育馆入口处有圣母像，圣像下有一个半圆的坛子，上面设有三排可以点蜡烛的物体。我也放了一千块钱的纸币，点亮了一根蜡烛，合起双手来行礼。据说这蜡烛可以连续燃烧 2 个小时。

教育馆 1 楼的墙壁上挂着一个大型的相框，相框里面有一首诗——《血之壁》。这个作品是 2008 年殉教者大纪念会的当天李石秀（音译）所作。《血之壁》的第二联——"那天超越了生死的先祖们，没有眷恋刀刃反射的充满迫害的世间；凝结在滚滚江水中永生的血光，他们就在悬崖峭壁上昭然地看着。"让人再三感受到先人们为了让子孙拥抱宗教的自由做出了太多的牺牲。

走出教育馆，我坐在庭院的长木椅上，特别想洗刷掉这阴郁而灰暗的心情。但是，《血之壁》的诗句一直盘旋在我的脑海里。我坐在长椅上环顾四周，却没能找到可以交谈的游客，只有树荫某处知了的"合唱声"传遍整个庭院，余音不绝。

（21）上岩洞的紫芒田（蓝天公园）

位于首尔市麻浦区上岩洞的蓝天公园又名"世界杯公园"，坐落在曾经位于汉江正中央的兰芝岛上。朝鲜后期，兰芝岛被称为中草岛。汉江的水位低时，农夫就会乘坐牛车进入岛里种花生和玉米，牧童也会在此放牛、喂草。这里幽静的白杨树林还曾是恋人们的约会场所。从前，这里是个兰草、芝草芬芳的美丽岛屿，因此被称为"兰芝岛"。

1977 年，政府在兰芝岛上修筑了堤坝，用作垃圾填埋场。这之后直到 1993 年的 15 年间，岛上形成了两座垃圾山（海拔 98 米），堆积着首尔市民的生活垃圾、工业垃圾和废旧建筑材料等，并且已经达到了过饱和状态。1993 年，政府决定把这个垃圾填埋场开发成生态公园。

有关部门在此设立了垃圾分离处理厂，用来阻止垃圾堆中流出的废水流入汉江；把放射出的沼气变换为天然气，再转为冷气、供暖能源；不仅如此，还安装了风力发电设备来生产新型能源。2002 年，建造上岩世界杯体育场时，这里同时被开发成生态公园，因而相继有了蓝天公园、晚霞公园、兰芝川公园。

兰芝岛原本是一个没有生命气息的岛，生物无法在此生存。不过如今它已脱胎换骨，变成了生态公园，公园内飞舞着各种各样的蝴蝶。每年的 10 月份，蓝天公园里就会迎来紫芒节，此时不光是首尔市民，还有来自韩国国内各地的数十万游客，他们聚到此地一同庆祝盛会，这个地方也成了名副其实的旅游胜地。蓝天公园可以一览汉江和首尔市，这里还再次成了恋人们的约会场所。花朵呈白色的紫芒喜欢生长在平原地带或者山坡上干燥的地方，到了秋天，紫芒田就会在可以俯瞰汉江的山坡上随风起舞，展现出梦幻的美景。

　　蓝天公园里地势高的草地上有紫芒和龙须草，而地势较低的草地上则遍布自然野生的大蓟菜、堇菜、苦菜等。自2000年起，蓝天公园饲养了各类品种的蝴蝶。春夏时节，蝴蝶会帮助植物受粉，使植物生态系统趋于平衡。公园的外围还种了很多橡树等乔木，给市民营造了休息的好环境，并在公园的每个角落都设置了休息区。公园内配备了木平床、亭阁或者遮阳伞下的桌子、用原木制作的椅子、幽静的亭子、多个洗手间、安放合理的垃圾桶等设施，并通过高效的管理，确保了公园内的干净整洁。蓝天公园的步道以公园的中央为中心，成放射状伸展，设计得非常漂亮。公园的某个角落还专设了游客可以光着脚踩黄土田地的区域。园内小道两边的围栏采用了环保的圆木制作而成，走在小道上让人心旷神怡。

上岩洞蓝天公园的紫芒田

从远处看就会发现，蓝天公园眺望台（高 4.6 米，直径 13.5 米）形如其名，像一个"盛着蓝天的碗"，似世界杯足球场的铁制构造物。眺望台的旁边有一个转动的风车，登上眺望台就能看到北汉山、南山、汉江，还有幸州山城。这一带使用着 5 台高 30 米的风力发电机运作而产生的自产能源。眺望台下随风飘舞的紫芒白浪，连接着远接天边的、如同碧绿的绸缎般的汉江。

法国的数学家帕斯卡尔曾说过："人是一根会思考的芦苇。"他把人类说成是自然界里最脆弱的东西，是否因为人类如同空心的芦苇一般呢？不过实心的紫芒茎也同样不断地被摇动，更何况大同小异的人类，所以人们才会觉得宗教信仰是必不可少的。原本失去了生命力的兰芝岛获得了重生后，成了首尔市民热爱的土地。那片紫芒田像是在间接地向人们暗示着要百折不挠地追求自己的梦想和希望。我很想给那些想要来一场说走就走的旅行，却又沉浸在不明的悲伤与怀念之中的人们推荐上岩洞的"紫芒田公园"。

（22）汝矣岛的汉江公园

汝矣岛是首尔汉江的河中岛，它的开发建设始于 1916 年。日本帝国主义统治时期，日本在此设立的简易军用机场，汝矣岛的建设工程也随之被启动。汝矣岛机场建成于 1929 年，到了 1958 年，民用机场搬迁至金浦机场。朴正熙总统执政时期（1968 年），政府部门同时爆破了养马山与栗山后，用其石材修筑了轮中堤。所谓"轮中堤"指的是在江中的岛屿上修筑堤防，并将其围砌而成的江堤。为了在非常时期将此地用于机场跑道，这里还专门铺沥青建造了"5·16 广场"。

朴正熙总统执政时期，金钟泌议长把汝矣岛上的一块地皮定为国会议事堂的建筑用地，并在 1975 年 9 月建成了地下二层、地上六层的建筑物。至此，国会议事堂从太平路搬到了汝矣岛。全斗焕总统执政时期（1982 年），开始着手推进汝矣岛的综合开发项目，并修治河道，建造岸边市民公园，而且在长达 26 公里的奥林匹克道路上建成了八车道公路，还延长了下水管道。赵淳担任首尔市市长一职时（1996–1999 年），国会议事堂前的 5·16 广场摇身变为公园绿地，汝矣岛公园由此诞生。

2011 年，汝矣岛公园对面建成了国际金融中心大楼。首尔市和美国国际集团为了把汝矣岛打造成为东北亚金融中心，制订了一个长期计划，并在此建设了复合型商业设施。

每年的 4 月份和 10 月份，汝矣岛就会举行汇集了 100 万首尔市民的庆典。这两个庆典，一个是 4 月份的樱花节，另一个是 10 月份的烟花节。2009 年，汝矣岛汉江公园的阶梯式瀑布旁增设了一个圆形的水光舞台，整个舞台设在了汉江江面上，而且这一浮在水面上的拱形舞台是个开闭式水上舞台。4 月份到 10 月份之间，水光广场的小喷泉装置运作时，水上喷泉就会伴随音乐的节奏翩翩起舞。到了夏季，很多野营帐篷便会出现在麻浦大桥和西江大桥之间的河流阶地上。江面上来回穿梭着汉江游轮，还有水上观光出租车，江对面高高耸立着 63 大厦。

第二故乡汝矣岛

我们一家定居在汝矣岛，并在此生活了近四十年。子女们长大成人后相继离开了家，如今，我们家已成为了儿女们带着孙子孙女来访的第二故乡。每次和孙子孙女们来到汉江公园，我们就会租辆自行车飞奔在汝矣岛外围。到了夏天，我们会一起坐着白色的鸭子船，在江面上游玩；在秋高气爽的秋季，我们两口子会与他们一起去放风筝，还在游乐场给孩子们推一推秋千，或者一起坐游轮破浪前行，有时会去水中餐厅，与孩子们共进午餐。到了晚年，我们夫妇俩经常在汉江边上散步。在此，想给读者们介绍一下拙著——诗集《在诗画中追梦》中写的关于去江边散步的内容。"海松，快点吧"中的海松是我先生的号。

海松，快点吧

伴随着洗刷白沙的浪潮 / 白茫茫的水鸟群 / 正缓缓飞向天空

散发着海草清新香气的水雾中 / 海鸥群在嘎嘎地吟诵着诗句

晚霞渐渐从天边蔓延而来 / 我们的木船正在开心地哼着曲子

海松，快点吧

第三章

庆尚道千年新罗遗址和闲丽海上国立公园

庆尚道属于古代新罗和伽倻国的管辖区域，地处朝鲜半岛的东南部。因此，与高句丽和百济相比，这里的外来入侵相对少，也较晚受到中国文化的影响。从地理位置上看，庆尚道位于太白山脉、小白山、俗离山、德裕山、智异山等山脉衔接的东南部，被称为"岭南地方"。韩国国土的 70% 以上是山区，在水陆交通不发达的年代，岭南地区被湖西、湖南地区和山脉阻断，与世隔绝。洛东江发源于岭南的北端，流经安东、大邱和密阳，最后流入釜山。这里之所以能够保全岭南地方的独特地方文化，在很大程度上来说是源于比较闭塞的地形。2010 年被指定为世界文化遗产的庆州良洞村和安东河回村，也因为其位置偏僻，才能够在过去的 600 多年间维持着"同姓村"的名号。

　　除去首都圈，岭南地区是一个历史文化遗址和文物集中的地方。庆北（庆尚北道）的安东有很多士林学派的历史遗址，说安东就是韩国的精神文化首都一点也不为过。包括庆州佛国寺和石窟庵在内，作为千年新罗的古都，庆州市的全部区域被联合国教科文组织指定为历史名城。庆尚南道的晋州，有护国圣地晋州城，统营市有壬辰倭乱中韩国取得三大捷的战场——闲山岛。每年的 10 月份，韩国第一贸易港口——釜山广域市的海云台南浦洞一带会举行一年一度的"釜山国际电影节"，备受世界瞩目。

一说到庆尚道，就不得不提到当地的方言。我的故乡就在庆尚道庆州，地方方言口音很重，哪怕我和人非常温和地对话，对方也会觉得听起来十分沉闷。谈到韩国的咸镜道方言和庆尚道方言两者的共同点，就会说到他们的语速很快、语气沉闷，首音节的语气很重，听来让人觉得很野蛮。开玩笑地说就是如果听咸镜道或者庆尚道人们在聊天，就会觉得他们在吵架。庆尚道方言的特点就是"ㅡ""ㅓ"不分、"ㅅ""ㅆ"的发音不太正确，还有在疑问句中经常用"나""노""고"做终结语尾。虽然我已经在首尔生活了差不多 40 年，但是言语中庆尚道的方言味依旧很重，人家听来总会觉得我说话攻击性很强、有些鲁莽。

20 刚出头的时候，我遇到了我的先生，他是全罗道人，那时候正在美国专攻国际政治学。刚和我先生结婚的时候，先生说庆尚道食物又咸又辣、不好吃，因此我很担心，还专门拜托娘家人帮我买一本韩国料理书空运过来。经过过去 50 年来的努力，我终于能够做得一手清淡而又美味的好菜了。在国内召开学者们的学会的时候，大家也都说庆尚道的饮食和其他地方的相比，口味太咸了。若说饮食文化，似乎的确是全罗道的饮食最受认可，而我的婆家就在全罗道的光州。

（1）新罗的千年古都庆州

庆州市是新罗的古都，处处都有先贤们的遗迹和历史文化遗址，可谓是野外博物馆。庆州曾经被叫作徐罗伐、金城、鸡林等，但这都只是名称的变化，首都并没有改迁。公元 504 年，智证王定国号"新罗"，意义是"王的功德日新月异，网罗四方"。庆州市为盆地地形，东侧有吐含山、西侧有仙桃山、南侧有南山。1979 年，庆州被联合国教科文组织指定为"世界十大文化遗迹"之一。2000 年 12 月，庆州地区被划分为 5 个历史地区，被指定为世界文化遗产遗迹地区。5 个地区分别为月城地区、皇龙寺地区、山城地区、南山地区以及大陵苑地区。

感恩寺址三层石塔

　　庆州是我童年时期的百草园，但十五岁左右的时候我离开庆州到大邱生活。1999 年 11 月 6 日，我和我先生的知己朋友夫妇们一起在首尔租了一辆大巴，前往佛国寺去观赏枫叶。途中顺道去了位于庆州市阳北面的东·西感恩寺址三层石塔（国宝第 112 号）。我们旅游团的会长在佛教艺术文化以及韩国历史方面拥有很高的造诣，所以为我们的旅行日程和遗址作了高水平的解说。

　　新罗文武王统一了三国以后（南北国时代），建立了新罗三大护国寺刹，感恩寺就是其中一座。当时为了击退侵略东海的倭国，文武王建立了感恩寺，但还未等到工程完工，他就离世了，直到他儿子神文王时期（公元 682 年）感恩寺才完工。新罗三大护国寺刹是皇龙寺、四天王寺、感恩寺。佛国寺是为金氏王朝建立的，所以并不包含在三大护国寺刹内。

　　感恩寺位于山坡顶部的平坦地带，有 2 座东西方向的三层石塔。在 1960 年和 1996 年的三层石塔的拆卸保修工程中，从三层塔身中取出了金铜舍利器（宝物第 366-1）和金铜舍利函（宝物第 366-2），现今它们被保存并展示在国立中央博物馆。

吐含山佛国寺

　　20 世纪 50 年代初，我在中学修学旅行的时候去了吐含山（745

米）、佛国寺（史迹第 502 号）和石窟庵（国宝第 24 号）。那个时候佛国寺前面的路边还有很多贩卖纪念品的小摊，有纯手工制作的手工艺品；用竹子制作的筷子、抓痒挠；还有上面画着庆州佛国寺、多宝塔、无影塔、石窟庵、鲍石亭、雁鸭池、瞻星台以及太宗武烈王陵等的薄薄的木板。不过那样的时代似乎已经十分遥远。

离开庆州 50 年以后，我的孩子们到了和我那时候差不多的年纪时，我丈夫开着车带着他们一起去了庆州。而到了我 60 岁左右的时候，我和丈夫的同乡朋友们一起再次踏上了佛国寺一带的枫叶之旅。

佛国寺位于庆州市吐含山半山腰上，据资料记载，新罗景德王时期（751 年）金大成开始建立该塔，到了惠恭王时期（774 年）完工。佛国寺内收藏着 7 件国宝和 5 件宝物，是统一新罗时代佛教建筑、文化、艺术的精髓，其特征就是展现了释迦牟尼的婆娑世界、阿弥陀佛的极乐世界、毗卢遮那佛的莲华藏世界。（文物厅）

在登上大雄殿之前，需经过紫霞门登上青云桥和白云桥，这两座桥有 33 个台阶，象征着天上界。多宝塔和释迦塔（又称无影塔）坐落在大雄殿前。无影塔是百济第一石匠阿斯达用花岗岩建造的三层石塔，这座释迦塔虽然不饰一物，但周身散发出高洁的气息，无影塔内流传着阿斯达和他夫人阿斯女的凄美传说。

1996 年，无影塔差点被盗墓者洗劫一空，在保修过程中，塔内发现了舍利函——著名的无垢净光大陀罗尼经，这是世界上现存的佛教经传中历史最悠久的卷轴木板印刷物。据推测，该经传的制作时间为公元 704 至 751 年，目前被馆藏在庆州国立中央博物馆。（维基百科）

我们在换上了华丽枫叶衣装的佛国寺内流连忘返，惊叹于它的美丽。在极乐殿的角落转悠时，我们看到了一座顺着山坡的坡度巧妙堆

佛国寺秋日全景

积而成的巨大石壁，这些石头全是不规则的自然石。幸好身边有位朋友能够为我们解释只有在佛国寺才能观赏到的建筑美学，简直让我们大开眼界。

吐含山石窟庵·石佛寺

石窟庵本尊佛位于吐含山半山腰可以远眺到东海的地方，公元751年，统一新罗时期，景德王（在位：742年~765年）在位时宰相金大成开始建造佛国寺和石窟庵本尊佛，直到惠公王时期（774年）才完工。石窟由人工建造而成，一开始石窟庵被称为石佛寺。据记载，金大成是一名石匠，在当时兼任建筑建造全部工程的监管者。但遗憾的是，金大成没能看到佛国寺和石窟庵的完工就离开了人世。在

石窟庵本尊佛

韩国流传着这样一个佛教传说，说是金大成建造佛国寺是为了侍奉现世的父母，而建造石佛寺（石窟庵）是为了侍奉前世的父母。

用白色花岗岩雕琢石窟庵的本尊佛时使用的工具是木槌，而不是铁锤，因此线条和平面十分柔和。坐在莲花台座上的本尊佛做着降魔触地印的手势，这象征着本尊佛已经达到释迦牟尼所说的真理的境界。佛像的模样庄重而又安然自若。石窟庵内部空间的顶部是由石头建成的弧形顶，石壁上雕刻着菩萨像、天部像、弟子像等。

青鹿派赵芝薰诗人曾在吐含山的石窟庵里说："石头也会鲜血流淌，我在吐含山的石窟庵里分明看到了这样的景象……我在血液流转的石像上面看到了新罗永恒的梦和力量"。相关专家一致认为，在石窟庵内能够完全看到我们祖先的灵魂和艺术性的才能。

日本帝国主义强占时期（1912 年～ 1915 年），石窟庵被拆除并重新修建。那时，庵内没有顶棚，佛像在室外经受风吹雨打，佛像的一部分被尘土掩埋。20 世纪 50 年代中期，我中学三年级修学旅行来到这里的时候，石佛寺前面并没有设置玻璃门。现今，为了调节湿度，石佛已经被玻璃墙壁完好地保护起来。20 世纪 60 年代初，在韩国文化局的管理下，石窟庵被重新修复。

皇南洞大陵苑墓地

皇南洞隶属于大陵苑郡，位于皇南洞的庆州市中心的平地上，密集分布着新罗初期的古墓。天马冢、皇南大冢、味邹王陵都是 20 世纪 70 年代被发掘出来的。"天马冢"之名并非源自冢内的壁画，而是因为挖掘时出土了一件垂挂在马鞍两侧的流苏挂件画着天马图而得名。

皇南大冢是王和王妃的双峰坟，南北长 120 米、东西宽 80 米、高 23 米，是新罗古墓中规模最大的王陵。出土的文物中有王的金铜马鞍后靠背、脚蹬子、马绳流苏及用吉丁虫翅膀制成的装饰品，这让全国人民都惊叹于新罗王随葬品的华丽。共出土的 58,440 件文物都被展示在国立中央博物馆和庆州国立博物馆。

我故乡的小农村距离庆州还有 12 公里。20 世纪 50 年代初，我上了庆州女子中学，并和其他 4 个不懂事的女孩子一起住在位于皇南里的古坟群村内的一间大房子里。当时没有学校班车也没有接送的火车，父母住在 30 里以外，学校没有作业，也没有什么课外补习班。只要一放学，书包就会被摞在一边，5 名小伙伴就像游手好闲的"野老鼠"一样一起在皇南里一带四处乱窜。房东老奶奶总会走到大厅的走廊上发嘟哝："真像一群叽叽喳喳的小麻雀。孩子们，玩一会儿就早点回来。"沙哑的嗓音充满了对孩子们的关怀。我们住的屋子对面，隔着一条马路，就是皇南洞王陵密集分布的地方。

在小孩子眼中，王陵是玩耍的绝佳去处。我们 5 个人会在陵墓下脱掉鞋子，比赛谁最先爬到陵墓顶部，或者谁最先从顶部滚到底部。偶尔会有白发苍苍的老人挥着烟杆子说着"你们这些兔崽子，那是什么地方啊，就敢随便乱爬？"当老人要从古老的大宅子走出来的时候，大家就一哄而散，动作稍慢的孩子连鞋都来不及穿。

月城地区（或半月城地区）

沿着皇南洞的古坟路再稍稍走一段，就会看到半月城、石冰库和雁鸭池。新罗 17 代王奈勿王的王陵和鸡林（史迹第 19 号）皆位于这一带。有一个关于鸡林的神话故事，说的是脱解王 4 年，庆州金氏始祖金阏智诞生在白色公鸡啼叫的树林中的一个金盒子里。20 世纪 50 年代初，所有的遗址都被随意遗忘在道路边、田野边、山林间，这都是人们不愿提及的陈年往事，毕竟"6·25 战争"以后，政府亟须要做事情的是让百姓摆脱饥饿。战争让一切都变得荒芜，我们老百姓都变得穷困潦倒。

20 世纪 50 年代，学生们上学每月都得上交月谢金。如果交不出学杂费（月谢金），在早晨班主任点过名以后，未按时上交月谢金的"问题儿"都会被"遣送回家"，并要求向父母要到钱以后才能回学校……我有些同班同学回家以后就再也没有来过学校。

为了庆祝学校的开校纪念日，全校师生都会自由分散到半月城一带参加水彩画写生比赛，因为瞻星台、半月城、鸡林、石冰库、雁鸭池都分布在这一带附近。写生大赛结束以后，学校内的长廊上就会悬挂起一根绳子，上面展示着全校师生的图画。到了美术课时间，我们还会集体去庆州博物馆的走廊上，用铅笔素描展示在玻璃陈列窗里瓦片花纹以及各种陶器。

石冰库是朝鲜英祖时期（1738 年）用花岗岩筑造的，外部的上面部分呈圆圆的坟墓状，表面铺了一层土壤，土壤上面铺了一层草坪。冬天的时候会有很多厚冰块被放进石冰库里。石冰库的大门宽 2 米，高 1.78 米。墙壁由直四角形的花岗岩堆砌而成，顶棚成拱形，越往里走地面就越往后倾斜，内部还有排水渠。即使是在大夏天，石冰库里面也很清凉。

瞻星台（国宝第 31 号）

瞻星台位于路边的平地上，高约 9 米，底面直径为 5 米，顶部直径为 2.85 米，是个花瓶状的圆柱形花岗岩石造建筑，越往上就越狭窄，共分为 27 段。我曾在历史课上学到，瞻星台是新罗善德女王（632 ～ 647 在位）时期建立的东洋首屈一指的天文观测台。可等我亲眼见到了，我又觉得石造建筑太矮小，不免有些失望。据说一些占星术也利用瞻星台来观测天空中的星座、预测国家吉凶祸福。

瞻星台的中间位置（13 段～15 段之间）有一扇四方的小门，门的一边长度为 1 米，瞻星台的底座和最上面的门是四角形的井字石。人们需要在外部通过梯子到达中间的那扇门，然后在内部通过梯子才能到达顶部。一个石头阶梯虽然只高 30 厘米，但是瞻星台的下部是鼓起来的圆柱形，很容易就会滑下去，所以顶多爬上一两个阶梯就无法再往上爬了。

雁鸭池（史迹第 18 号）

雁鸭池是别宫临海殿庭院里的莲花池，又被称为月池。新罗为了纪念统一三国的功绩，在文武王（674 年）时期建立了临海殿，距离半月城有 10 分钟的步程。在国庆日或者贵宾来访的时候，朝廷会在此地大设宴席，宾客们还会在莲花池里泛舟。

新罗被高丽灭亡（935 年）以后，东宫被毁，被莲花池淹埋，雁鸭池也被废弃，池里的土坡渐渐变成了芦苇地。莲花池一角的池水和芦苇丛引来了很多大雁和鸭群，文人们便把这里称为雁鸭池。待雁鸭池内的池水也因干旱而干涸的时候，池底开始杂草丛生，只剩下褪色的楼阁空荡荡地站立池中。而我们这些没心没肺的小家伙常在夏天跑到这凉快的楼阁里唱歌玩耍。

20 世纪 80 年代，莲花池的周围围起了一圈石头围墙，雁鸭池内的建筑也被复原。施行挖掘工程时，在这一带出土的文物共有 3 万多件，大部分都是各种瓦片和宫中的生活用具，其余出土的一些珍贵文物（佛像、玻璃杯、游戏用的 14 面体骰子等）都被收藏并展示在庆州国立博物馆。

庆州国立博物馆·儿童博物馆

1945 年，庆州国立博物馆作为国立博物馆的庆州分馆而开放。1968 年，仁旺洞新建成了一座博物馆，1975 年，庆州分馆搬迁至仁旺洞，并升级成了国立庆州博物馆。1982 年，庆州国立博物馆内又建起了雁鸭池馆（月池馆），雁鸭池出土的文物皆在该馆展出。

庆州国立博物馆内还有一座拥有著名传说的圣德大王神钟（别称艾米莱钟、奉德寺钟，国宝第 29 号），上中学的时候，美术书上曾有过关于钟的飞天像花纹的详细介绍。风中飞扬的轻盈衣角，以及在莲花上恭敬下跪用双手接过香料供佛的飞天像浮雕和钟融为一体，造型完美和谐。博物馆庭院里处处都立有塔和佛像，让整个博物馆的品位都提升不少。现如今，我的孙子孙女一代就在这里体验并学习。

信仰的净土——南山地区

庆州市的南山地区是位于内南面的灵山，也是拥有 40 多个山脊和山谷的花岗岩石山。据记载，该地区共有 127 处寺址、86 座佛像、71 座石塔，前来拜佛的人们从各地蜂拥而至。古时候，王和贵族们常在皇龙寺、芬皇寺、佛国寺等大型寺庙里礼佛并举办国家的重大活动。百姓们也常会聚集到南山溪谷（史迹 311 号）来拜佛。拥有众多溪谷的花岗岩山壁上，雕刻着许多坐像、立像、磨崖石佛、观音像等。该区域内处处都有神龛、石塔、碑石、幢竿支柱、罗井（史迹第 245 号）等佛教文物，是个当之无愧的佛教圣地。

鲍石亭（史迹第 1 号）

位于庆州南山山麓的鲍石亭（史迹第 1 号）是统一新罗时期的石造建筑，也是建造在别宫庭院内的用石头建造的"流觞曲水"。新罗时期，王和大臣们常在这里设宴席，吟诗作对，尽享风流。花郎们也常到这儿来游玩、修炼身心。我曾在历史课上学到，新罗的最后一位君主景哀王在这里大摆盛宴（927 年）的时候，后百济甄萱的军队攻打进了新罗。

根据最近公开的历史资料显示，鲍石亭并不是单纯的游玩场所，而是国家发生重大事件时进行祭祀、祈祷的神圣场所。统一新罗时期的作家金大问的著书《花郎世纪》的手抄本于 1989 年在金海被发现，书里面有关于鲍石祠的记载，说为了国家的安定君王和大臣会在鲍石祠举行虔诚而神圣的祭祀。

鲍石亭的松树丛深处的庭院内宽阔平坦、形如鲍鱼的花岗岩的边缘有一条水道，这就是当时造出的弯曲的流觞曲水水道。水道共

鲍石亭

长 22 米、宽 25 ~ 35 米、深 22 米。水道的入口处摆放着一个石龟雕塑，从水道一头引出水流，通过石龟雕塑的嘴巴缓缓流出。酒杯自由自在地、慢慢地随着水流漂动，流到自己的面前就得拿起酒杯饮酒作诗，真是一觞一咏、风流潇洒啊。听说如果当时作不出诗来，就得罚酒三杯。

中学的时候，学校曾组织我们一起去鲍石亭秋游。还记得那时候，枫叶纷纷掉落在鲍石亭石头边沿的水面上，让水流穿上了红衣，我们就用手去扒开落叶。鲍石亭里还有许多合抱粗的松树，十分赏心悦目，我们常在这一带玩寻宝游戏，四处转悠。几年前，我的孙子孙女们也曾来这里游玩过。

庆州皇龙寺址·芬皇寺

皇龙寺址（史迹第 6 号）和芬皇寺都位于庆州市的九黄洞，两者距离很近。皇龙寺是位居新罗第一的王室寺庙，于 24 代王真兴王 14 年（553 年）开始动工，到公元 569 年完成了第一轮建设。真兴王 35 年（574 年），皇龙寺内建起了丈六尊像，真平王 6 年（584 年）设立了金堂，圣德女王 14 年（645 年），九层木塔正式完工。九层木塔底边长 22.2 米、高约 80 米。担任皇龙寺设计及建造的石匠是百济的工匠，名为阿非知。记得曾在历史课上学到，皇龙寺的墙壁上画有新罗真兴王时期的画家率居的古松画，画面栩栩如生，鸟儿纷纷飞来，却和墙壁撞个正着。高丽高宗 25 年（1238 年），蒙古军侵略高丽，烧毁了皇龙寺，现在寺内只剩下基石。

据推测，芬皇寺三层模砖石塔（国宝第 30 号）是新罗圣德女王 3 年（634 年）时与芬皇寺一同被建立的。它由磨成砖头一般大小的自然岩石安山石筑造而成，是新罗历史最悠久的石塔。

芬皇寺模砖石塔

芬皇寺底座的四个角上分别坐着一只用花岗岩雕刻而成的狮子雕像，塔身的四面都设有一扇门，门两侧雕刻着为守护佛法而一脸严肃的仁王像。高丽时期因蒙古军的侵略和壬辰倭乱等，芬皇寺被烧毁，只剩下药师如来像、石井、元晓大师碑石的底座。元晓大师曾长期寄居在芬皇寺。

芬皇寺北侧的壁画上有率居画的《千手大悲观音菩萨图》。传说新罗景德王时期，有位名叫希明的女子抱着年仅五岁却双目失明的孩子在千手观音菩萨图前面唱《祷千手观音歌》，当时，孩子的眼睛竟痊愈了。《祷千手观音歌》又叫《千手大悲歌》《盲儿得眼歌》等。刊载在《三国遗史》里的《祷千手观音歌》是佛教祈祷歌曲，属于新罗乡歌。

跪下双膝、双手合十，千手观音前祈祷

请赐予我千只眼和千只眼中的千分之一

他两者都无，请帮帮他吧，啊，请赐予他恩德

您定是功德无量慈悲为怀（未找到原文）

日本帝国主义强压时期，日本人建立了芬皇寺塔（1915年），后在塔的二层和三层之间的石函内发现了舍利庄严具，其中有许多木制品、金银针、剪刀、高丽时期的铜钱等。

元晓大师·瑶石公主·薛聪

关于新罗，最为人所知的故事似乎就是元晓大师和瑶石公主以及他们的儿子薛聪的故事。元晓大师年轻时候是花郎徒，29岁时出家成为皇龙寺的僧人开始修行。瑶石公主是新罗太宗武功烈王（金春秋王在位：654年~661年）的第二个女儿，刚结婚没多久，丈夫就在和百济的战争之中战死沙场。

当时，元晓大师已经开始投身于大众布教活动，某天，在庆州市中心的街道上，他唱起了一首内容为"谁许没柯斧，我斫支天柱"的歌曲。

而金春秋王正是象征着"顶天支柱"的大人物。王听说了这件事情后，便说道："看来这位僧人是想和一位贵夫人一起诞下子嗣啊，若一国能诞下一位大人物，那对这个国家来说便是无上的功德，将元晓找来带去见瑶石公主吧！"官吏们寻找元晓大师的时候，大师正从南山上下来，走在蚊川桥上。官吏们将元晓推进江里，带着浑身湿透的他来到了瑶石公主的宫中。元晓在瑶石公主的宫中待了3天之后匆匆离开。就这样，公元655年，元晓成了太宗武烈王的二女婿，也成了韩国首位有妻子的僧人，他和瑶石公主一起生下了儿子薛聪。

元晓大师破戒后，脱下僧服，自称小性居士、卜姓居士，在街头巷尾超越社会制度和阶级、不受任何拘束地唱歌跳舞、教化民众。

他以自由人的身份真正诠释了无拘无束的生活，是韩国最早一位悟得佛心的僧人。若不从护国佛教的角度，而单纯从宗教的角度来看，元晓大师的民众教化为宗教做出了极大的贡献。高丽肃宗（1101年）时期，元晓大师还因为曾消解了僧侣之间的矛盾和对立，传播了和诤思想而获得了"大圣和诤护国师"的谥号。

据说薛聪对父亲很是孝顺，他在元晓大师居住的穴寺旁边建房居住尽孝。薛聪是新罗时代的三大文豪之一，他整理了史读文字，还是个将中国古典用韩语解释出来的大学者，被称为新罗十贤之一，备受人们尊敬。三国遗事中记载了这样一个有名的故事：薛聪为进忠言，对新罗31代神文王讲述了《花王戒》的故事，这个故事巧妙地用花（玫瑰白头翁）作隐喻，既没有忤逆君王的威严，又达到了进忠言的效果。我总是想，如果这里还保留着瑶石公主和薛聪曾经生活过的瑶石宫的话该多好啊……

新罗千年（公元前57年～公元935年）古都——庆州。这里保留着三国时代的历史和文化，而且在2000年，庆州还作为"历史遗迹地区"，被载入联合国教科文组织的世界文化遗产名录。新罗是历经了56位王的千年王朝，是世界范围内延续时间最长的王朝之一。庆州的新罗王朝遗产就是我们文化的原型。

（2）韩国精神文化之都——安东

庆尚北道的安东的别称是"韩国精神文化之都"。安东是佛教文化和儒教文化发扬之地。韩国历史最悠久的木造寺庙凤停寺就在安东，建立于新罗时期（672年）。凤停寺的极乐殿（国宝第15号）和凤停寺大雄殿（国宝第 311 号）皆作为韩国国宝保存至今。

　　朝鲜时期国家和社会的指导理念是儒教思想，儒教的培养和发扬地就是安东。安东儒教学者辈出，其中的代表人物就有巨儒退溪李滉和西厓柳成龙，这里也是教授朱子学的书院最集中的地区。朝鲜后期书院发展到 60 多所。所以，每当回顾温习传统和礼节的节日来临，安东就会举行奉祀四代的祭礼。电视上还会播放该仪式。

　　高丽忠烈王时期，安珦引进朱子全书后带来了新的学风潮。明宗时期，退溪先生担任风纪郡守时，受君王赐额，将荣州的白云洞书院发展为私立高等教育机关绍修书院，同时君王还赏赐了很多书籍、土地和下人。从此书院正式问世，朱子学也日益壮大，全国的书院数目急速增加。尤其是国家允许永远供奉在祠堂内的"不迁位"大多集中在安东地区。在安东，光是记录在册的文化遗产就有 300 多件，还有丰富的传统非物质文化遗产，例如河回假面戏、船游烟火晚会、花饼春游、踏人桥等。

安东月映桥

　　2009 年 1 月末，四对同乡知己夫妇向庆北东海岸启程，开始了两天一夜之行。凛冽的寒风之下，巨大的海浪像白马群一般奔腾而来，掀起了巨大的浪花，这光景与夏天的大海截然不同，似乎能够洗净人的身心。早上 8 点，我们在清凉里站乘坐无穷花号。上午 11 点 20 分，到了人参之乡丰基站后，看到导游和面包车正等待着我们。于是我们早早地吃过午饭后便朝着安东湖上的月映桥出发了。

　　月映桥横跨洛东江，位于安东水坝下游一公里处，宽 3.6 米、长 387 米，是韩国最长的木质人行桥。洛东江发源于江原道太白市咸白山，全长 506 公里，经安东、大邱盆地、釜山流入南海（中国称东

喷泉的月映桥全景

海），是韩国最长的江。安东水坝为多用途水坝，竣工于 1977 年。

在去往月映桥的路上，我吟诵起了出身安东的独立斗士李陆史（本名李源禄）的诗《青葡萄》。虽然这首诗与现在的严冬不太相符，但却是我最喜欢的诗之一，而且这里还是李陆史的故乡，我吟诵道：

故乡的七月，是青葡萄成熟的季节。

这个村庄的传说，来自这一串串的葡萄。

远处的天空做着梦，成为一颗颗葡萄。

天空下蔚蓝的大海敞开胸怀，

白色的帆船优雅地扬帆而来。

听说我曾期盼的客人，身穿青袍，

拖着疲惫的身体远道而来。

为了迎接他，我要摘下了这个葡萄，

就算沾湿双手也乐在其中。

孩子啊，别忘在饭桌上的银盘里放上白色麻手绢。

导游向我们介绍说，因月映桥是木质桥，易被腐蚀，所以去年便把原来的木板全部拆除，换成了具有防腐功能的马来西亚木板，耗资11亿韩元。站上处于桥中央的月映亭与瞭望台，安东大坝的全景一览无遗。此外，在清晨的水雾将夜晚的黑幕慢慢上拉之际，阳光穿透水雾形成银色的光线投射在江水中，那时的景象可谓迷幻绝伦。安东的气温年温差很大，一年间有80天被雾气环绕。

一双麻鞋与一封信

1998年4月，在安东市的宅地开发事业地区移葬李应台先生的坟墓时，发现了一双麻鞋与一封信。这封信为李应台的妻子在1586年哀悼31岁早逝的丈夫时所写。信中内容为："我们约好白头到老直至死去，你怎能抛弃我先走一步。我和孩子以后该听谁的话活下去，你就这么走了。失去你，我也失去了继续生活的力量，我也想随你而去，带我走吧……"或许正因如此，月映桥还有"魔法桥"的别称，据说其可以实现爱情。

此桥采用的并不是横跨最短距离的直线，而是模仿麻鞋的模样，采用了美观而柔和的曲线，最大限度地展现了造型的艺术美。为了夜间照明，栏杆与桥墩下部安装了照明灯。所以到了晚上，景色更加迷人。近来，这里还建造了能喷出各种花样水柱的喷泉，还有被大树所装饰的岸边步道。

我们一行人在桥上溜达时，浅蓝色的雾气环绕在矮山的山腰，半空中的太阳隐隐照射在薄云中。江水中浸染的阳光，让我不禁赞叹，倒映在绿绿江水中的山影不断摇晃。我们从清晨赶远路来这里真是不枉此行，一行人脸上都带着明朗的表情。

儒教思想和朝鲜时代的女性生活

当我听到"一双草鞋和一封情书……"的一瞬间，我的脑海里浮现出意识深处的"性理学与女性生活"。儒教思想是彻底以男性为主的思想体系，男性有"修身齐家治国平天下"的责任，女性则被限制外出，负责在家养儿育女、纺线织布、做家务等。所以男尊女卑思想与重男轻女思想逐渐强化，女性得不到接受教育的机会和参与社会事务的权利，在实际生活中也遭受压迫和虐待。不知在中国是否也如此？丹斋申采浩先生的《读史新论》中提到，就像中国的释迦与印度的不同，日本的孔子与中国的不同，所以朝鲜的孔子也可能和中国的有所不同吧。

人们对于女性，强调的是终生贞洁。即使女子年纪轻轻就当了寡妇，也禁止再婚。如果女性生不出儿子，丈夫便可以公然娶小姿，甚至还会找代孕母。几年前我看了电影《接种》后，与丈夫展开了深度对话。

我们常会说到男女七岁不同席、夫妇有别、夫唱妇随、女必从夫、三从之道、七去之恶等俗语。妻子只要触犯"七去之恶"其中的一项，便有可能惨遭驱赶。用一句话来总结：女性是为男性而存在的。只有沉默与屈从才是女性的美德，甚至是传统美德。还有一句俗语——"女性去到婆家，要做三年的哑巴，三年的聋子，三年的瞎子"，同为有感情的人，却要遭受如此待遇，这对女性来说是多么残忍。

河回村——联合国教科文组织世界文化遗产

安东市丰川面的河回村是丰山柳氏的家族村，是延续了600多年同姓村的民俗村，有谦庵柳云龙与他的弟弟西厓柳成龙两个分支。河回村全部被洛东江包围，形状似太极状，村后是山地与丘陵。远远望去，河回村仿佛被洛东江支流紧拥。此外，高空摄影图中的河回村看起来非常神秘，像反方向的英文字母S。柳云龙在河回村西北位置的江边造了万松亭（天然纪念物第473号）松树林，而这片松树林后来成了挡风屏障。

1999年4月，英国女王伊丽莎白二世访问韩国时，曾到访过河回民俗村（民俗资料第122号）。河回村于2010年7月同庆州良洞村一同被联合国教科文组织指定为世界文化遗产。在河回村内有国宝《惩

河回村全景

愍录》（国宝第 132 号）、河回面具（国宝第 121 号）、重要民俗文化遗产九处、非物质文化遗产河回假面戏与船游烟火会，以及成为物质文化遗产的十余座古宅。

在朝鲜时期，每到 7 月中旬的夏夜，书生们都会在河回村芙蓉台绝壁下的江面上举行船游诗会和烟火会，平民也会在村庄里举行河回假面戏（非物质文化遗产第 69 号）。河回假面戏源于祈愿丰年的农耕礼仪，是带着假面的民间艺人可以向贵族大喊刺耳话语的民俗游戏。当时使用的假面展示在"河回世界假面博物馆"里。

屏山书院

位于安东市丰川面的屏山书院（史迹第 260 号）是朝鲜时期著名宰相西厓柳成龙的祠堂。柳成龙和鹤峰金诚一同师受业于退溪李滉，24 岁时在别试中文科及第，开始了官吏生涯，宣祖时期担任领议政。屏风书院建造于 1572 年，柳成龙先生去世后，他的弟子为缅怀先生

屏山书院入教堂

的学问与德行，建造尊德祠以供奉牌位。1863 年，屏风书院得到哲宗赐匾，于是更名为屏山书院。

进入屏山书院正门复礼门后，登上宽敞的二层楼阁——晚对楼，俯瞰洛东江与对面的屏山绝壁，着实令人心旷神怡。到访之人无不称赞晚对楼。晚对楼的木柱经过打磨，弯曲而立，正面分七格，侧面分两格，且楼顶与梁柱也是用原木所建。书院内部有儒生曾用来学习的入教堂、保管遗物的藏版阁，以及儒生曾居住过的宿舍楼等。

柳成龙多次为国立功，在壬辰倭乱前夕，曾向宣祖举荐李舜臣将军与元均将军，让他们去全罗道与庆尚道防御外寇。壬辰倭乱时期，柳成龙保护君王，安抚了在平壤引起暴动的难民，并得到了明朝（中国）的救援。在平壤见到明朝（中国）将帅李如松，并获其帮助收复平壤之后，柳成龙建立训练都监制来进行军事训练，从都体察使再次升为领议政。1594 年，柳成龙向宣祖呈上谏书《请广取人才启》，建议在国家十个领域中广泛选拔人才，广招通晓兵法之人、识时务之人、胆大善言辞之人、忠孝之人、文采出众能担使臣之人、勇敢善箭之人、熟知农业技术之人、精通盐业采矿业贸易业之人、擅长数学与会计之人、善制兵器之人。壬辰倭乱结束后，柳成龙辞官归乡，创作《惩毖录》，死后谥号文忠。

陶山书院

陶山书院（史迹第 170 号）位于安东市陶山面，建成于退溪李滉先生去世后的宣祖时期（1575 年）。书院后方是供奉牌位的尚德祠（宝物第 211 号），宣祖让名笔韩石峰题匾"陶山书院"。朝鲜正祖时期（1792 年），为纪念陶山别科曾经的举行之地——岭南士林，在陶山书院前的山坡建了试士坛。后来建设安东大坝时，被水淹没的试士坛被移往十米高的石头建筑上。

书院内还建有教导儒生的典教堂（宝物第 210 号），每个房间内都贴有名牌。退溪五十岁后多次被授高职，每当此时，他都会上书辞呈，并归乡教育弟子，继续讲学。退溪先生平时非常喜爱《归去来辞》的作者——东晋（中国）著名诗人陶渊明。他在陶山书院东侧的山脚下，栽种了一个名为"节友社"的小花坛，常常在此作诗歌颂松树、竹子、菊花、梅花。退溪先生对梅花情有独钟，赞颂梅花的诗歌多达一百多首，其中《退溪梅花诗帖》让人赞不绝口。

退溪先生的文章中包含"道"，他认为文学可陶冶性情，净化心灵。以前在高中语文课本中曾背诵过退溪先生的时调《陶山十二曲》，其中的内容之一为"此亦如何？彼亦如何？吾等草野愚人，又将如何？更何况，泉石症已入膏肓，何必改弦更张？（韦旭升译）"。诗人在时调中反问自己该如何治疗渴望田园生活的"顽疾"，吟诵了"江湖道歌"。

退溪先生崇高的人格也体现在他的《自铭文》中。退溪先生在去世前的第四天曾嘱咐侄子，在他死后，一定要谢绝朝廷依惯例对他的礼葬，并留下不许设立碑石的遗书。退溪先生促成了岭南学派，并由柳成龙、金诚一等弟子继承。

现在的陶山书院建成于 1929 年，20 世纪 70 年代朴正熙总统在位时，设置了管理所并予以保修。1968 年，退溪先生的肖像印刻于一千韩元纸币上。我再次感受到，即使伟人去世，他优雅的文学之香及功绩也会作为精神文化永存于世。

（3）青松郡周王山注山池

青松郡位于庆尚北道中东部，周王山（720 米）国立公园位于其东侧，属太白山脉的一个分支。周王山连接青松郡与盈德郡，海拔并不高，但其巨大的岩壁就如展开的屏风一般，所以也被称为石屏山。周王山同雪岳山、灵岩月出山一起被称为三大岳山。虽然青松郡的土壤较为贫瘠，但却是天蓝水绿的清静之地。青松周王山溪谷是大韩民国旅游名胜第 11 号，周王山秋天枫叶景观更是闻名韩国。

同乘大巴的旅客在周王山溪谷入口停车场被分为了周王山溪谷徒步旅行组和参观周王山注山池组，参观时间为 3 个小时。我们是参观周王山注山池组，路线中可以观看到历史悠久的寺庙大典寺、著名的屏风岩石以及瀑布，路上设置有栏杆，很安全。

我们一行人朝着周王山注山池方向前行。注山池因是金基德导演的电影作品《春夏秋冬又一春》的取景地而广为人知。注山池离停车场大约有二三十分钟的步行距离。2009 年 1 月末，这里虽处冬季但却无寒风，格外温暖。平坦宽阔的土路旁是水泥路，地形不陡，很易于行走，是一条令人愉悦的路线。

从周王山山脚入口开始，一路的景色都非常迷人，经过了长长的堤坝后迎来的是注山池。注山池建造于朝鲜第 19 代君王肃宗在位时期，长 100 米、宽 50 米，水深七到八米，是小型的农业用蓄水池。在这个池塘周围有历史悠久的垂柳和有 200 多年树龄的腺柳，20 多棵古树的根与茎一部分浸泡在水里，度过悠悠的岁月。吹过的风使池塘内水波粼粼，倒映在湖面的周王山与摇曳的古树形成秘境。我的第一印象是，注山池就像梦幻画境，倘若此处水雾腾腾升起，估计更让人浮想联翩。

这棵腺柳巨大的躯干的一部分是被台风刮走了，还是在岁月中自行腐烂了？枯枝、躯干与根半露的腺柳吃力地坚挺在泥淖中和水边，尽显沧桑凄凉，却又是一种把岁月的痕迹展露无遗的造型艺术的极致

注山池的梦幻秘境

体现。难以形容它的根与躯干，树节与扭曲的形状都极富艺术性。如果是极具创造力的艺术家，也许会拔出它的根，给它穿上一层铜，就如同济州岛山房窟寺前有四百年历史的古松被改造成为青铜像，用以观光一样。

在注山池周围散步，可真是美好无限。可以一边与朋友畅谈，一边在这平整的土路上游玩，还可跟随着木板路欣赏幽静的山麓和池塘里摇曳的山影。在"走马观山"式紧迫的旅行日程中能度过这样的悠闲时光，是最大的享受。

青松冰谷内的人工冰山壁与冰瀑布

我们一行人去了位于青松郡府东面内龙里的青松冰谷，明后两天这里将开展 2009 年"全国攀冰锦标赛"的国家选手选拔赛。即使是夜晚，溪谷也因照明而辉煌灿烂。连续六届的比赛都在冰谷举行，垂直绝壁、人工冰瀑布的高度达 62 米，宽度 100 米，整个冰谷都是皑皑的冰壁。这个地方的冰块质量优异，所以每年的全国冰山攀岩选拔大会都在此举行。听说这里的人工瀑布建造于 1999 年，是一项迎接新世纪的纪念工程。冰谷的冬树如同圣诞树一般被装饰得雪白，场面十分壮观。

可以想象第二天早晨的冰壁上会挂满无数个"蜘蛛侠"。即使是在冷得让人蜷缩的严冬季节，人们也要去攀登冰壁，这也算是一种征服。比起上升过程的艰辛，登上顶峰的征服感更让人欣喜。但我认为征服的目的、方法与对象是不同的。2003 年 7 月，我去欧洲旅行，在攀登瑞士高山少女峰时曾换乘两次登山列车，那时我对"登山家"进行了思考：挑战漫山冰雪的阿尔卑斯山脉——挑战困难与危险的挑战者被称为登山家而这个词正来源于阿尔卑斯登山家克服极限的挑战精神值得我们学习。

我从青松回来后，因为要在中秋节和春节里与亲朋好友互送礼节性礼物，所以通过邮局寄了"青松冰谷苹果"给他们。青松空气清新、水流清澈，是韩国第一清静之地。

盈德风力发电园区

周王山是横跨青松郡与盈德郡的国立公园，盈德郡盈德邑菖浦里山脊上有排列成行的白色风车，我们一行人在去吃晚饭的途中转向那个山坡。盈德风力发电园区位于盈德邑山脊，始建于 1997 年。盈德位于庆北东海岸，四季多风，地域特性非常适合风力发电。2009 年 1 月末，天非常阴沉，下着毛毛细雨，东海岸的风十分强劲。24 台雄伟的风车迎着东海（中国称日本海），毫不停歇地旋转着。

说到风车人们便会想到荷兰，荷兰四分之一的国土低于海平面，也是花之国。荷兰风车的四扇矩形叶片在巨大的躯干上徐徐旋转，景色十分壮观。但是，在近处仰望这个边发出嘤嘤、嗡嗡、吱吱的声音边旋转的建筑，会让人倍感压迫甚至恐惧。风车的高度为80米，三扇叶片比想象中还要大得多。

风力发电机通过风力发电获得的清洁能源，比核能发电和水力发电站的价格每瓦高出两倍以上。此处设立的24台风力发电机共耗资675亿韩元，前期投入的设备费用较高，后期的维修成本则微乎其微。风能资源是清洁能源，能够帮助减少地球温室化的罪魁祸首——二氧化碳，目前全世界范围风力发电机的使用率平均每年上升28%。

高山顶峰，三块锐利的叶片迎风耸立，它们的运动带来爽快的气氛的同时，也成了现代化的象征。我们知道在大风吹动叶片快速旋转的情况下，会产生更多的电力，但风速不及每秒3米或者超过每秒20米时，发电机会自动停止发电。风车的叶片由玻璃增强塑料和木材等复合材料制作而成，是空心的大型建筑物。

风车是建造在高处的建筑物，经常会受到雷电击打，所以防雷保护的方法极其重要。风车的叶片必须能承受雷击电流的电、热及应力，因此装置费用非常大。虽然生产价格高，但是韩国把这些电都卖给了韩国电力公司。盈德郡不仅有风力发电站，还有民间投资的江口面和宁海面太阳光发电所，成为了环保清洁能源基地。盈德作为生产替代能源的顶尖都市，被认为是21世纪最有人气的旅游胜地。

盈德竹蟹料理店

到达盈德竹蟹料理店时，已是晚上八点。竹蟹店主人向我们简单介绍了竹蟹的大小、价格、种类及味道的差异。我们在饭店准备竹蟹的空当，吃着生鱼片，听着东海的冬季浪潮声。也许因为长时间轮番

蔚珍竹蟹铜像

换乘火车与汽车，而汽车又奔驰在东海岸的羊肠小道，有些朋友晕车不适，我为他们感到焦急难过。不一会儿，蒸好的竹蟹被盛在大盘子里端上了餐桌。同来自无等山的老朋友们围坐在一起，分享着这期待已久的美味佳肴。晚上十点左右，我们去了韩华度假村白岩温泉，窗外还下着毛毛细雨。

第二天早上，韩华度假村的早餐是干明太鱼汤配混杂着小米的白米饭。这对昨天晚上难得和老友如此相聚、纵情畅饮的丈夫来说，是最合适不过的醒酒汤。

（4）蔚珍越松亭

2009 年 1 月的最后一天早上九点，外面的风呼呼地吹着，毛毛细雨似下非下。庆尚北道蔚珍郡坐落于长长的南北向东海岸边。蔚珍的北侧山浦里内有个望洋亭，蔚珍的南侧月松里内有个越松亭，这两处都在松江郑澈赞颂的"关东八景"之中。关东八景中有六景位于韩国，两处位于朝鲜。韩国有越松亭、望洋亭、竹西楼、镜浦台、义湘台、清涧亭，朝鲜有三日浦与丛石亭。松江45岁（1589年）时，吟诵"对自然爱到发狂，躺在竹林中。赴命任关东八百里观察使，啊，真是圣恩浩荡"，登上了游览之路，并写下关于关东八景的鉴赏文《关东别曲》。

听导游讲述，在高丽时期建立的望洋亭虽然于2005年在蔚珍望洋海水浴场海岸山丘上重新建立，但是其古老的情韵更加浓烈。我们一行人来到了越松亭，据说"越松亭"这个名字取自"从越国带回的

蔚珍越松亭

松树种子"的说法。越松亭正面分五格，侧面分三格，是歇山式屋顶型的两层大楼阁，紧贴东海岸边，与周围的松林相得益彰。高丽时期（1326年），越松亭建起后，也起到了观察倭寇侵入的岗楼作用。越松亭在朝鲜中期被重建，后又经多次重修，在日本帝国主义强压时期被拆毁。现在的楼阁是于20世纪80年代新建的建筑。

蔚珍郡位于庆尚北道东海岸的最北端，险峻的山岳非常之多，均向着东海倾斜而去。海岸上有狭长的平野，秋刀鱼和海带是这里的优质水产品。

越松亭入口道路和周边环境都整治得很好。这里既有停车场，也有松树覆盖的长达120米的林间小道，让人感觉分外清新。登上楼阁，东海跃入眼帘。海风伴着蒙蒙细雨把浪高推，浪打向宽阔的白沙滩并一扫而过。我在冬天东海的海风中吟咏起鹭山李殷相的诗《蔚蓝的民族》："蔚蓝民族的东海之波，蔚蓝的民族在生活。太阳般重新升起的一个永恒的不死身。毅然奋起，冲出难关，明天将证示：前景更辉煌。水叠叠，山重重，锦绣河山我祖国。自由、正义与博爱，历史呵，源远更愿你流长。手抚胸膛祈上苍：请佑我民族——幸福无疆！"（韦旭升译）

我们向被铁丝网围住的海边靠近，但由于海风太大，无法观看太久。银色的海浪波涛汹涌，令人心惊胆寒！卷起股股白浪的大海好似在追赶万匹奔腾的白马，待马群抵达沙滩后又将它们释放。东海岸与西南海岸截然不同，这里不见弯曲的海岸线或岩石，却见涛声洪亮的冬日之海与葱郁松林，两者相互做伴，毫无孤独之感。蔚珍越松亭真是一处绝美之地！甚至连朝鲜时期的肃宗也禁不住为此地亲题匾词"关东第一楼"，并作了一首《御制诗》：

仙郎古迹将何寻，

万树长松簇簇森。

满限风沙如白雪，

登临一望兴难禁。

蔚珍圣留窟

我们沿着东海海岸向蔚珍郡近南面的圣留窟（天然纪念物第155号）出发。俗话说"灯下黑"，活了将近70年，我却对近在眼前的美景全然不知。其实，朝鲜半岛山河锦绣，它的每一座山都美如画。圣留窟周边的风景宛如神仙云游的仙境，因此也被称为仙游窟。王避川环绕着仙游山，缓缓流入东海。

圣留窟是约在2.5亿年前形成的石灰岩洞窟。壬辰倭乱时期，为避免遭到破坏，圣留寺的佛像被移至洞内。在那以后，洞窟取意"圣佛所留之窟"而命名"圣留窟"。另外，洞窟还有一段悲伤的故事，同样发生在壬辰倭乱时期——义兵和附近的百姓为避难而躲进洞内，得知这一消息的倭寇前来封住了洞口，把洞内的义兵和百姓全部活活饿死。

圣留窟总长870米，其中270米对游客开放。洞内最大宽度为18米，高1.5～40米。有三个宽4～5米的水坑，水深最深30米。洞内到处都有铁台阶。王避川从外流入洞内，形成了独特的景观。圣留窟洞内温度常年保持在15–17摄氏度。

洞窟的出入口低而窄，即使是普通体型的人也要小心翼翼地通过。由于圣留窟出口太低，所以出去时我感到有些困难。虽然最理想的状态是最大限度地保持天然洞窟原有的模样，但是既然已经向游客

蔚珍王避川圣留窟

开放，那么至少应该把洞口修好，让小孩或老人出入无障碍。我认为，洞口处应该放置一个提示牌，提醒腰痛或膝盖痛而不能深弯腰的人和体型过大的游客不要进入，因为洞窟内有低窄之处，稍有不慎便会受伤。圣留窟洞内的钟乳石、石笋和石柱浑然一体，石室、石桥、水池、仙女桥等组成一幅妙不可言的美画，但如果再增添些光亮，定会锦上添花。

走出洞外，可见树龄过百的侧柏群落（天然纪念物第150号），王避川江边凉爽的清风透过侧柏林吹来，这时的小雨点儿也停止了。

蔚珍竟有如此美妙的自然风光！

野生海带与米酒

　　导游把我们叫进了附近的一家鱼干店。先进去的好友已经围在火炉旁，手拿葫芦瓢在一个偌大的米酒碗里盛米酒，配着拌了醋辣酱的野生海带小酌一杯。这些食物都是鱼干店免费提供的。一位一身海藻（海带）味的 50 岁大婶端着热气腾腾的黄灿灿的小米饭走向我们，嘴角挂着花一般的微笑。虽然她的主要目的是做生意，但是她的笑容足以留住首尔游客。大家一起轮流饮起一小葫芦瓢里的米酒的时候，身旁的好友低声吟诵了一首时调，那是朝鲜时期著名丞相黄喜的《枣腮染红的山沟》：

　　　枣腮染红的山沟，栗子掉落。
　　　收割后的稻田，爬来了螃蟹。
　　　卖筛归来见酒熟，怎能不开怀痛饮。

　　好友虽然是药学专业，但是吟诵学生时代常背的时调却显得风度翩翩。黄喜丞相的时调也很韵味，好友吟诗的感性与之相得益彰，整个氛围有如一场梦。我一时心血来潮，用朝鲜中期领议政金堉的诗《若酒已酿熟》来回应：

　　　若酒已酿熟，请你一定把我唤。
　　　若草堂花儿已绽放，我也一定把你邀。
　　　丢掉烦恼，一起来谈笑风生吧。

我们一行人免费享受了笑容满面的鱼干店老板的服务和米酒，出来时，好友们为表示感谢都买了一些鱼干。

蔚珍佛影溪谷

游览了圣留窟后，我们向着素有"韩国科罗拉多大峡谷"之称的蔚珍佛影溪谷（名胜地第 6 号）出发。佛影溪谷的名字源于新罗义湘大师在真德女王五年（651 年）时所建的寺庙"佛影寺"。溪谷全长 15 千米，沿着 36 号国道流过奇岩怪石和峭壁，淌过葱郁树林和白色的花岗岩，构成美丽秘境。我们一行人下车后，登上八角亭二楼，俯瞰佛影溪谷。炎炎夏日，头发在吹向溪谷的风中扬起，我站在这绝壁之上，应景吟诵朝鲜时期的歌辞《游山歌》。虽然溪水因干旱而不能

蔚珍佛影溪谷

欢快奔腾，但溪谷之深和树木之茂盛却有着胜地的雄伟壮观。我们并没有能够仔细游览佛影溪谷形成的山太极和水太极，但我想，这越是深绿色的地方，就越称得上是锦绣山河。

奉化多德泉

我们一行人向奉化多德泉出发。小憩期间，一场雷阵雨轻声呼过。多德泉位于庆尚北道奉化村和蔚珍之间的国道边上，附近形成了风味饮食圈。多德泉含有丰富的铁元素，被称为碳酸矿泉水。泉水从地下岩石里涌出，把泉眼周围都变得赤红。泉水爽口而无味，对贫血、肠胃病、皮肤病都有治疗效果，但是不能随心所欲喝太多，也许是因为"良药苦口"吧。好像所有人也都只是润了润喉咙。我们去奉化村吃了午饭。断断续续的小雨点儿最终停下，太阳照亮了整个东海海岸。

（5）荣州浮石寺

一提到庆尚北道荣州，人们就会想起浮石寺、丰基人参、绍修书院等。2009年1月31日，我们一行人一起寻向庆尚北道奉化村荣州市浮石面凤凰山山腰的浮石寺。义湘大师创建江原道洛山寺以后，在新罗文武王十六年（676年）受命修建荣州浮石寺。荣州浮石寺流传着关于"浮石"和"善妙娘子"的创建传说。浮石寺是韩国现存最古老的木质结构寺庙，保存有五处国宝和四处宝物，是韩国十大寺庙之一。

上午飘洒的细雨已停歇，天气好得让人仿佛置身于春天。经过浮石寺售票处，踏上平缓的上坡泥路，迎接我们的是"太白山浮石寺"一柱门。一柱门后面挂着"海东华严宗刹"的牌匾。从一柱门到天王

荣州浮石寺无量寿殿

门，一路上的银杏树在这冬季里把这一带打扮得如诗如画。寺庙入口路边立着浮石寺幢竿支柱（宝物第255号），这是新罗南北国时期竖立的两根石柱。寺庙的旗帜挂在长竹竿上，而固定竹竿的石柱也历经岁月长河，布满苔藓。

从浮石寺的庙门到无量寿殿（国宝第18号）要爬无数级石阶。是否每爬一级台阶就意味着可以摆脱一个烦恼，爬完108级台阶后就可以摆脱"百八烦恼"通往极乐净土？无量寿殿建于高丽时期（1376年），与庆尚北道安东的凤停寺极乐殿（国宝第15号）同是韩国最古老的木质结构建筑。无量寿殿通往安养门，那是一座二层高的楼阁，其在石头护墙之上"展翅"而立。

安养楼内刻着放浪诗人金炳渊（笔名金笠，1807年～1863年）的《浮石寺》：

平生未暇踏名区，

白首今登安养楼。

江山似画东南列，

天地如萍日夜浮。

风尘万事忽忽马，

宇宙一身泛泛凫。

百年几得看胜景，

岁月无情老丈夫。

站在浮石寺院子中眺望，只见遥远的小白山脉连绵不绝，一望无际。我虽不懂风水地理，但是看到这里后确实感觉此处是风水宝地。浮石寺建于太白山脉和小白山脉之间的凤凰山山腰的石头护墙之上，所以痛快潇洒的登高仰望和感受建筑物的孤高是压轴体验。数年前去旅游时，我曾被埃及充满巨石文化的庄严之美和石头筑造的永恒深深迷住，而如今浮石寺堆高的石头护墙更让我倍感新鲜。

无量寿殿前方是统一新罗时期的石灯（国宝第 17 号），其与无量寿殿的凸肚柱和飞檐浑然一体，获得了很高的艺术评价。想起数年前，人们在提到希腊雅典卫城帕特农神庙的美时，会特别强调神庙石柱的"凸肚"法，而我当时非常留心倾听了那段说明。凸肚柱中间粗大，上下两端收小且大小相同，但从远处看会给人以柱子中间细小的错觉。无量寿殿后方的小山坡上坐落着供奉义湘大师的祖师堂（国宝第 19 号）。

浮石寺创建传说和善妙娘子

无量寿殿左后方有一块名为"浮石"的石头，右边是善妙阁。善妙阁内供奉着浮石寺创建传说中的善妙娘子的肖像。义湘大师出身新罗贵族，在弱冠之年出家。义湘在第二次求学路上与元晓分道扬镳，独自前往唐朝。他抵达中国扬州后，受到当地官衙的诚心接待。官衙家中有一漂亮的女儿，名叫善妙，她对义湘产生了爱慕之情。但是，义湘对善妙以礼相待，后把她当作弟子来看待。

义湘大师在至严和尚门下学习七年，后在回国的路上，为履行之前与善妙的约定而临时登门拜访，但是当时善妙并不在家中。义湘大师对之前他们的盛情招待表示深深的谢意后，便匆匆赶往港口。后来善妙拿着亲手缝制的法衣赶去港口，但是为时已晚，义湘大师的船早已远行。

痴情的善妙娘子投身大海，化身成龙为义湘的船护航。义湘大师回国后，开始创建浮石寺，不料受到地方势力和盗贼的阻挠。善妙娘子变身为巨石漂浮空中，将阻挠势力击退。后来，这块扁平宽大的石头被命名"浮石"，横躺于无量寿殿后方。

义湘大师以华严教学培养了诸多弟子，创建了华严十刹。直至圆寂，他所拥有的也只是衣服、瓶子以及钵盂。我沉浸在各种各样的想法中，而好友们聚集在无量寿殿檐下，叫唤着在走之前拍一个纪念照。雨后冬日的阳光照耀着凤凰山，而沉浸其中的我们早已全身湿透。

丰基人参和人造绢丝

我们一行人在回首尔的路上参观了荣州特产丰基人参的工厂。因为是周六，又是近傍晚时分，所以工厂里没有员工。我们一边听着发酵红参的过程，一边参观巨大的机器和用锅。随后我们进入了理论教室。在红参宣传讲堂上可以得知，这里在 2004 年获得了熟成发酵红参的专利。参的主要成分是皂苷，而人参的皂苷被人体吸收的比率是 34%，红参是 50%~70%，熟成发酵的红参则是 98%。

皂苷能提高人体免疫力，大豆、桔梗、沙参等约 750 种植物中均含有皂苷。根据近年来对红参的相关研究，肠内微生物能分解人参中的皂苷，所以红参对体内微生物多的人非常有益。根据韩国调查显示，10 人中有 4 人的微生物不足。因为发酵红参已事先利用技术繁殖微生物，所以能够帮助身体立马吸收。（摘自月刊《健康朝鲜》2012.5.5）

售货员询问我们是否能开一个玩笑，我们表示同意后，他便称呼我们为"过了青春保质期的老人家"，接着便劝我们购买熟成发酵的红参液，说这东西能够清除沉淀在身体里的渣滓和血管里的油脂。售货员拥有强而有力的说服力，不仅在短时间内向顾客介绍产品，还利用比喻来让顾客欣然接受产品。他就像一只触角敏锐的昆虫，精确掌握着顾客的知识层面和年龄层。我带着祝愿高附加价值的韩国红参加工品产业能够更加上一层楼的心情，结束了此次参观。

丰基的特产是人造绢丝。人造绢丝的主要生产中心是位于小白山脉山脚的丰基。人造绢丝以落叶松的木材纸浆和棉花种子中的纤维素为原料。因为现在还是冬天，所以我感觉准备人造丝睡衣或人造丝被子还为时过早，但是好友们却有着为夏天做准备的念头。因为人造绢丝是用天然纤维制成，所以轻而凉快，通风透气不贴身，有"冰箱纤维""空调纤维"之称，深受大众的喜爱。朋友们以首尔 1/3 的价格买了夏季睡衣和被单，他们心满意足的表情如同麻布衫一般明朗。

（6）南江矗石楼晋州城

2005 年 10 月末，我与丈夫的同乡夫妇十六人一起通过旅行社踏上了两天一夜的旅程，游览了庆尚南道晋州市南江矗石楼、南海李忠武公忠烈祠和闲丽海上国立公园。庆尚南道的名胜古迹记录着朝鲜民族在壬辰倭乱中历经的哀痛。坐上观光巴士的好友们正在观赏车窗外一掠而过的枫树。导游似乎为游客们漠然的表情感到焦心不已，不停地让游客往窗外看。出了首尔以后，导游给大家分发早饭，有热腾腾的杂粮饭、鱼脯、野菜、泡菜和紫菜等。大家都吃得津津有味。

将近午时，我们一行人抵达目的地，低矮的山地和丘陵之间，一条南江含情脉脉地流过晋州市。矗石楼（庆尚南道物质文化遗产第 8号）耸立于悬崖峭壁之上，正面分五格，侧面分四格，屋檐微微上翘，给人留下清爽的印象。楼阁周围"身穿"深色枫叶，那深色仿佛是被醉酒画家洒落的深红色和黄色渲染而成。我们在矗石楼附近的餐饮店点了大酱汤作为午餐，吃完后便奔往矗石楼。

晋州城（史迹第 118 号）原是朝鲜三国时代百济的一座土城，后在高丽褐王时期（1379 年）被晋州牧使改建成石城。晋州城作为御敌之城，曾在高丽恭愍王时期被多次重修。晋州城外城墙周长 4 千米，内城墙周长 1.7 千米。

踏入晋州城正门矗石门，可见左边是诗人卞荣鲁的诗《论介》，正面是当时军事指挥总部所在地矗石楼。矗石楼过去通常作科举考试乡试的考场使用。晋州城城内有忠魂慰灵坛"壬辰大捷癸巳殉义坛"，后门方向有金时敏将军的铜像，上方是岭南布政司。北门北将台、西将台、镇南楼位于高处。

供奉神位的地方则主要有壬辰倭乱时期，以忠武公晋州牧使金时

晋州南江矗石楼

敏将军为首为国殉节的 39 名英雄的祠堂彰烈祠；也有高丽时期，击退契丹 40 万大军侵略，最后殉国的河拱辰将军的擎节祠和事迹碑；还有矗石楼后方供奉着义妓论介的画像和牌位的义妓祠以及义岩事迹碑。矗石楼后边有下往位于江边的义岩（庆尚南道纪念物 235 号）的阶梯。除此以外，晋州城城内还有国立晋州博物馆和供奉高丽时期的郑天益的清溪书院。郑天益，他是文益渐的岳父，他把文益渐出使元朝后带回的棉花籽进行培养种植，最终大获丰收。此外，郑天益还制成了纺车和织布机。

　　矗石楼曾在朝鲜战争中被烧毁，后在 1960 年被晋州古迹保存会重建。1969 年，在朴正熙总统的特别指示下，晋州城复原工作开始。20 世纪 70 年代，政府给予城内居民补偿金并拆除居民房，矗石楼和拱北门最终才得以复原成现今的面貌。

晋州大捷（第一次晋州城战斗）

晋州城位于连接南原和湖南平野之间的通道上，是国防要塞。因此，倭寇将领丰臣秀吉对晋州城虎视眈眈，把其作为侵略全罗道的门关和要塞。

为坚守城池，晋州牧使金时敏将军训练军队，厉兵秣马。全国范围内，义兵四起。1592 年 11 月 8 日至 13 日，三万倭军包围晋州城，放火大烧老百姓的房屋，发动全面攻击。金时敏将军与 3800 余名官兵和百姓在晋州城城内使用枪炮、箭、玄字铳筒等武器以及向敌人泼滚烫开水的战术，与敌军展开生死对决。城外，郭再祐带领庆尚道义兵和百姓，崔庆会带领全罗道 2000 多名义兵同时突袭敌军后方。晋州城民军官融为一体，仅用七天便获取大捷。但可惜的是，金时敏将军在战斗中中弹殉国。

第二次晋州城战斗

1593 年的阴历 6 月 21 日至 29 日，为洗刷第一次晋州城战斗失败的耻辱，丰臣秀吉带领十万大军和 800 艘舰船再次攻打晋州城。当时，明朝和日本之间正处于媾和交涉中，朝鲜和明朝的联合军队暂不出动。倭军趁着这一间隙对晋州城展开全面攻击。晋州地处粮仓地带，是翻越全罗道的隘口。倭寇企图在这里补充军粮和战争物资，对这里垂涎欲滴，发动了第二次侵略战争。晋州告急后，朝鲜义兵长金千镒、忠清道兵马使黄进、庆尚右道兵马节度使崔庆会等人分别带数百名义兵聚集晋州城，打算与敌人展开生死决斗。但是由于与敌军实力悬殊，权栗将军和郭再祐等人便下令放弃抵御，丢弃晋州城。这一时期的柳成龙写下《惩毖录》，记载了明朝不理会朝鲜请求救援之事。最终，朝鲜3800余名官兵和60000名义兵以及百姓与日本的王牌军队展开了殊死搏斗。

倭军用四轮装甲车和铁柱破了城门。东门一破，晋州城便沦陷了。一首《三壮士》表达了战争中三位壮士对敌人的痛恨和对失城的自责，他们最终投南江自尽。"矗石楼中三壮士，一杯笑指长江水。长江万古流滔滔，波不渴兮魂不死。"有言称"三壮士"分别指金千镒（倡议使）、崔庆会（庆尚右道兵马节度使）和黄进（忠清道兵马使），但是"三壮士"确切指谁，不同的地区有着不同的说法。

义妓论介和义岩

一提到论介，便会令人想起论介抱着毛谷村六助一起投身南江的悲壮历史。论介一生坎坷，生命停留在正值花季的19岁。她是官妓，在老鸨死后嫁给崔庆会当小妾。1592年，崔庆会成为全罗右道义兵长，负责训练义兵，论介则负责照料义兵。1593年，崔庆会被王封为庆尚右道兵马节度使，在第二次晋州城战斗中指挥战斗，论介在城中服侍崔庆会。晋州城陷落之前，论介与几名妇女一起逃出城外。当时，以崔庆会为首的民、军、官等约七万人殉国。

第二次晋州城战斗后，外敌们举行胜前祝贺宴会时，论介穿着华丽的衣装参加了宴会。胜前自祝宴上酒兴正酣的倭将毛谷村六助被论介引诱到了南江山崖上后，论介用力抱紧倭将，两人一同坠崖同归于尽。这是我在历史课上听到的故事。论介化了美丽的妆，十指都戴了戒指，这是为了让倭将无法逃脱而精心策划的。她崇高的忠节故事被简略记录在《於于野谈》中。《於于野谈》是说话集，是於于堂柳梦寅（1559年~1623年）所著的故事集。

论介是晋州的官妓。癸巳年昌义使金千镒进晋州城与倭敌战斗后城池沦陷，军队败退，百姓全部惨死。论介梳妆打扮自己后，站在矗石楼下陡峭的岩石上面，下面就是深深的江水。倭敌们望着她，吞着口水，但不敢靠近她。唯独一个倭将站了出来。论介娇笑着迎接该倭将，倭将想把论介从岩石上拽下来，论介却乘此机会抱紧倭将投河，两人同归于尽。

论介的爱国忠心传开后，各阶层的反抗情绪日益高涨。仁祖时期（1625年），论介投江的岩石被刻上了义岩字样，矗石楼上也被写下了义岩记。1721年，义岩石旁边又立起了义岩事迹碑。1739年，庆尚右兵使为了悼念论介的爱国忠心在矗石楼旁边立了文宪祠义妓祠，论介出生的长水郡故居村庄也被复原。

十月最后的周末，天空蓝得如此忧伤，海水清澈而波光闪烁，卞荣鲁诗人的笔下"看起来比扁豆花更蓝"的南江悠悠流淌。我站在论介与倭将同归于尽的南江岩石上俯瞰江面，江水看起来并不深。而江水诉说着爱恨的老故事，冷清的江风唤醒了我们昏昏沉沉的意识。我在早些年的学生时期背过语文教科书里卞荣鲁的《论介》三首，如今站在义岩边，我不由自主地吟诵起此诗：

巨大的愤怒比宗教更深 / 燃烧的热情比爱更强

啊！比扁豆花更蓝的水上 / 比婴粟花更赤红的

那颗心，静静流淌吧 ＜省略＞

悠悠流淌的江流蓝了又蓝 / 你那花样的灵魂为何如此赤红

啊！比扁豆花更蓝的水上 / 比婴粟花更赤红的

那颗心，静静流淌吧

论介义岩

论介的赤胆忠心和爱恨的历史痕迹中，随着秋风飘来的卞荣鲁诗人的诗句会拨动起游客们的心弦吗。让人感到欣慰的是，周围也有一些游客说自己非常感谢今天意义非凡的旅程。

晋州南江 · 流灯祝祭

2002 年 10 月，晋州城下的南江水上舞台上举行了大规模的开天艺术祭和流灯节。南江流灯节源自壬辰倭乱中的第一次晋州城大捷。1592 年 11 月 7 日到 13 日，3 万多名倭军包围晋州城，倭军展开总攻势时，城外义兵与支援军利用火把在南江用火攻阻击了倭军的渡江。并且，第二次晋州城侵略（1593 年 6 月 29 日）时期，在与 10 万倭军的战斗中，我方 7 万军民壮烈殉国。所以，这也是为了安抚那些忠魂们的安魂祭，同时也含有祈愿国家安宁的意义。因此，10 月的开天艺术祭在 2002 年起被文化观光部选为指定项目，并发展成为了大规模的南江油灯节。

2006 年到 2009 年，该庆典被文化观光部评定为最优秀庆典，并成了大韩民国的代表庆典。2011 年 10 月，经世界庆典协会审议会通过，该庆典在 62 个领域的庆典中脱颖而出，在韩国巅峰奖颁奖晚会上收获金奖 3 枚，铜奖 1 枚，被认为是世界级的庆典。

南江油灯节中有制作创作灯、漂流希望灯、放风灯等活动，与开天艺术祭一起在南江举行。人们可以在这里，缅怀在如同风前灯火般危机四伏的国运面前甘愿牺牲的忠灵，也能祈求现世的幸运、放飞希望，我认为，只有这样的庆典才真正称得上美好而又不失特色。

2005 年 10 月 29 日，天空蔚蓝，我们乘坐的大巴车沿着波斯菊和芦苇丛翩翩起舞的南江边，朝着闲丽海上国立公园前行。透过车窗，我屡次恋恋不舍地眺望那环绕着晋州流淌的南江、矗石楼，还有渐渐远去的晋州风景。

晋州南江油灯节

（7）南海闲丽海上国立公园

闲丽海上国立公园横跨庆尚南道和全罗南道。这里是由庆尚南道南端的古城半岛和南海 190 多个有人岛与无人岛组成的多岛海地区。这里怀抱着巨济岛海金刚地区、统营的闲山地区，还有丽水梧桐岛，还有丽水市、巨济市、南海郡、泗川市、统营市等城市。统营市是因为 1604 年宣祖时期，三道水军统制营转移到了这里才得此名。1895 年高宗时期，统治营被废除。

我们在 2005 年 10 月 29 日，乘坐游轮游览了这一带。统营市的水很静，海水和天空的湛蓝不分伯仲。闲山岛位于庆尚南道统营市和巨济市之间，在统营乘船花 25 分钟就能到达。全世界海军士官学校学生们熟知的四大海战史之一的"闲山岛大捷"就发生在这片海域中。李舜臣将军带领士兵取得了该战斗的胜利，他在世界海战史的历程中是永远发光的"不败神话"，被称作"不灭的李舜臣"。面对这片"百战百胜"的南海岸海域，我们一行人在考察的时候个个都一脸激动。

看着闲山楼阁时，船内机房里用扩音器播放着李舜臣将军的诗《闲山岛月明夜》。旅客们异口同声地吟起这首诗。太阳染西山时，海风依旧清爽。看着眼前的楼阁，吟诵着忠武公的诗歌，此情此景真让我感慨万分。永远活在我们民族心中的圣雄李舜臣！大老远来到这里好不容易经过制胜堂（史迹第 133 号），我们也没能进去看一眼，船头就调转回程了，不免让人感到些许遗憾。导游说因时间紧迫，次日早上离开统营前安排日程让我们去参拜"李忠武公忠烈祠"，并得到了旅客们的谅解。

闲山岛的制胜堂建立于 1592 年，这里是李舜臣将军任职三道水

李舜臣将军铜像

军统制使时指挥的地方。在丁酉再乱（1597 年～ 1598 年）时遗失了
部分建筑，后在英祖时期重建。1979 年，闲山大捷碑被建在此地。李
舜臣就是在这里的瞭望台上写下了《闲山岛月明夜》。

　　我们大部分人站在游览船的甲板上，任风吹乱衣角，观赏着在遥
远的水平线上显露出模样的奇岩怪石，游览船经过了坐落在海上的参
差不齐的小岛，看起来它们倒是并不孤单。还有些人打着节拍一起唱
着歌儿，闹哄哄的一片。

　　结束了该日程以后，天已经黑了，我们在统营市的希尔顿酒店吃

了海鲜火锅。非常想沐浴夜晚的海风，看看在深蓝色的夜幕中闪烁的灯塔，以及在墨色的水面上的点点渔火，于是我们再次走出酒店，找到了一家生鱼片餐厅。我们在 2 楼的餐厅等着就餐，一边听着外边传来的海浪声，一边聊起了"壬辰倭乱"。我们这些人中有两名是政治学教授，他们为此做了详细的解说。

闲山大捷

在闲山岛海战（1592 年 7 月 6 日～ 13 日）中，倭军从统营侵入。朝鲜水军全罗南道左水使李舜臣与右水使李亿祺、庆尚道右水使元均一起率 56 艘军舰出战。当时日本舰队的 73 艘军舰进入了巨济岛和统营港之间的狭长海峡见乃梁，他们获悉这一消息之后，派 5 ～ 6 艘板屋船前往闲山岛前海诱敌，待日军追击出来以后便佯装撤退，改变航向，这时伺机而出的 56 艘朝鲜军舰便瞬时展开了"鹤翼战"。"鹤翼战"是指以仙鹤展开双翼般的阵型包围敌人的作战手法。这时，朝鲜水军由龟船打前锋，迅速出击，发射铳筒烧毁了敌船。

板屋船是平底船，易于转变方向，而日军的舰船底部呈尖状，不利于转向，并且在体积上不如板屋船庞大。据记载，在闲山岛前海展开的战争中，日本的 73 艘舰船中有 12 艘被俘获，47 艘被烧毁，日军大部分葬身海底。自此，朝鲜军掌握了制海权，切断了倭军的补给线，狠挫了日军的北上之势。

统营李忠武公的忠烈祠

10 月的最后一天的清晨，我们在出发前往伽倻山海印寺之前，去参拜了供奉李舜臣将军牌位的统营市忠烈祠（史迹第 23 号）。统营忠烈祠由宣祖时期（1606 年）第七任统制史李云龙修建，1663 年显宗时期赐匾。1895 年统制营被撤销以后，由当地地位显赫的望族接管了祭祀及祠堂的管理事宜。

忠烈祠庭院里，几株树龄达几百年的东柏树巍然伫立，守护着这座祠堂。东柏树是统营市的市树。东柏花开的季节，村里的渔民会举行丰鱼祭，祈祷风平浪静，外出捕鱼时大获丰收。

文物展馆

我们一行参观了文物展馆。进入展馆后，首先在李忠武公的画像前合掌致敬。鸣梁海战后，明朝水军都督陈璘将军向万历帝仔细汇报了李舜臣将军的战术与智谋，万历帝听后赞叹不已，赐予李舜臣将军大明水军正一品都督的八赐品（宝物第 440 号）。八赐品包括都督印、装饰奇特的刀、旗帜和曲喇叭等，在印章盒上还刻有"皇朝御赐印"的字样。此外，展馆还展示了正祖大王 1795 年颁布的《忠武公全书》和正祖大王亲自撰写的御赐祭文。忠武公的长剑、画有图样并配以文字说明的小型八赐品图屏风、地字铳筒、玄字铳筒和悬挂在墙上的军船布局图等，这些都让人感受到此地是一处宝贵的历史教育场所。

板屋船和龟船

文物展馆内还展出了铳筒和箭矢、胜字铳筒和铁丸等。此外还有铁制的小型龟船模型和长剑、战争模拟图和有关壬辰倭乱的历史概述等。龟船的记载首次出现在太宗 15 年的《朝鲜王朝实录》里。忠武公担任全罗道左水使之时，制造了龟船、大炮、胜字铳筒和火箭，还筑起了岗楼，为战争做了充分准备。

壬辰倭乱时期的主力舰是板屋船。龟船是李舜臣任全罗左水使时建造，根据其《乱中日记》中的记录，龟船于宣祖 25 年（1592.3.27）

龟船与板屋船全景

在丽水前海入水，每个营各配 1 艘。在 1592 年 7 ~ 8 月的泗川海战、唐浦海战和闲山岛海战中，龟船作为先锋攻击敌阵，狠狠击败了日本水军。

龟船是板屋船的改造版，体型相对较小，可乘坐 100 ~ 150 人。在龟船的龙头内设有炮门，由一名射手在里面发射炮弹。龟船分上下两层，下层左右两面各有 8 ~ 10 个橹，每个橹由 4 名格军（划橹的军士）控制。龟船的第二层左右两面设有 22 个击炮的炮穴，在对敌作战时可进行有效的攻击，并且由于船底像板屋船一般平坦易于改变方向。

龟船顶上有一层船壳，其上密密麻麻排着铁钉或小刀，使得倭军无法闯入船内。日本军利用小型船只快速接近龟船后，架上云梯企图实行肉搏战，但是龟船内会扔出火把，将其烧毁，这在当时是一种常用的战术。

郑周永会长的《龟船与英国银行贷款轶事》

　　1953 年，韩国进行第二次货币改革的时候，将龟船印在了货币上。龟船既是韩民族的骄傲，也代表着民族的自尊，关于货币上的龟船还有一则有趣的轶事。我丈夫提到了现代集团郑周永会长的"龟船与英国银行贷款的故事"，大部分同行的男性都已经有所了解。1971年 9 月，作为韩国企业人士，郑周永会长为了建造现代造船所而前往英国巴克莱银行，与隆巴顿会长见面，商量申请贷款事宜。据说当时他事前准备好的物品有印有铁甲龟船的 500 元大韩民国货币、一张蔚山尾浦湾沙滩的照片和一张从外国造船所借来的油槽船设计图。在对方给予否定的答复后，而郑周永会长从兜里掏出了印有铁甲龟船的500 元韩国货币，说道：

> "我们早在 16 世纪就已经造出了铁甲船，比英国早了 300 年。400 年前，正是这铁甲龟船抵挡了日本数百艘军船的进攻。只是由于闭关锁国的政策，龟船没能实现产业化，但它的潜力仍是巨大的。"

　　《中央日报》（2009.5.11）最终他成功与英国签订了技术转让合同（1971.12），拿到了贷款协议。

　　关于郑周永会长造船所的故事还在继续。同行的男人们把酒言欢，兴致勃勃地谈论着峨山郑周永会长创造的神话。1973 年 3 月，造船所的职员 25,000 人与合作企业的职员 15,000 人着手制造 2 艘 26 万吨级的超大型油槽船，1974 年 3 月，该工程最终完工。

李舜臣的奏折和《爱国之心》

1593 年 11 月，李舜臣将军上疏题为《下纳铁公文兼赐硫黄状》的奏折，上面列有制造地字铳筒和玄字铳筒所需的铁量。奏折中陈述道，在当时物资极其匮乏的情况下，即使以官府的力量也难以筹措，为了制造铳筒，需在各地收铁，因此建议朝廷下发公文，按上交铁物的重量，予以相应的奖励，并且施以免去贱民身份或免除兵役的恩惠。当时的铁其实指的是铜，玄字铳筒和地字铳筒 90% 由铜制造。历史学家为堂郑寅普（1893 年 ~ 1950 年）在文章《爱国之心》中对龟船的描述如下：

龟船是外表覆有铁甲的战船。船顶覆有铁壳，上面布满尖铁，下端有数支橹，船两边有炮穴，搭有火炮，其中龙头位置的火炮最大。船内可以往外瞭望，但外部无法往内窥视。两边的炮火可一次性发射，因而就算深入敌军内部，也可以独立向四方射炮，而由于船体坚固，敌人的炮弹无法将其击穿。所以遇敌之时，由龟船打前阵，板屋船跟随其后。

郑寅普还写道，李舜臣收集熟铁制造铳筒，每天晚上还会亲自制作箭矢。为了救助难民，他填岛造田，使他们有家可归。在逮住敌船后放火烧船时，他会再三嘱咐下属先确认有没有己方兵士。泗川战争中，即使肩膀上中弹，他依然坚持指挥全军直至天黑。每次出战，他都站在前线指挥，曰："我命由天，岂能让尔等独挡敌锋（未找到原文）。"此外，忠武公还是一个孝子（摘自郑寅普《爱国之心》）。李舜臣将军具有领导部下的优秀统率力、卓越过人的智谋和战略、熟练精湛的战术，受到了后人很高的评价。李舜臣将军战死后，被追封为宣武功臣一等官，并依次被追封为议政府右议政、左议政和领议政。

在忠烈祠内有很多墓碑，包括 1681 年肃宗时期所建的统制使忠武李公忠烈墓碑和其他统制使的墓碑。祠内的建筑有东西斋、景忠斋和崇武堂等。我们仰视着庭院里达几百年树龄的东柏树和忠烈祠后墙外的茂盛竹林，怀着虔敬的心情走出了忠烈祠。同行的朋友似乎也在回味着内心深深的震撼，久久没有言语。我们一行登上了开往伽倻山海印寺的巴士。秋高气爽的 10 月，和畅的天气将我们的内心洗刷得澄净清明起来。

（8）釜山海云台

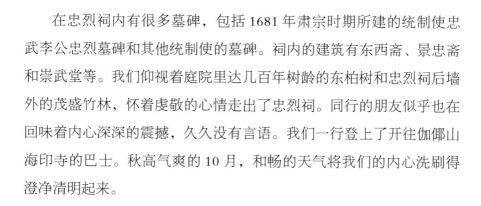

位于朝鲜半岛东南部的釜山广域市是韩国第一大港口城市。据记载，釜山的水产品产量占韩国的 42%，海上出口贸易占 40%，集装箱货物占 80%。釜山是世界第五大集装箱港口，可容 201 艘船同时靠岸，并且可同时存储达 9 万吨的货量。

釜山海云台海水浴场的开放时间为每年的 6 月初至 9 月末，日接待量最多曾达 100 万人。这一带的广安里、松岛、松亭等 7 个海水浴场的国内外避暑客的每年接待量也达到了 160 万人。据记录，海云台沙滩的总面积为 58,000 平方米，长 1.5 千米，宽 30 ~ 50 米。下午最热的时候，海滩上可撑起 7900 多个遮阳伞。这附近有 300 余处便利设施。我有两个儿子，一个女儿，在孙子孙女们年幼时，每逢暑假我们 4 家人会在海云台威斯汀朝鲜酒店预约两个套间，带着孙子孙女们坐火车前往海云台。周围有各种饭店和便利设施，风景优美，服务周到，适合带孩子们进行三天两夜的畅游。

在海云台海水浴场，每年会举行沙滩节和釜山国际电影节。2009 年，尹齐均导演虚构地震海啸的作品《海云台》大获成功，2014 年，由他执导的反映"6·25 战争"避难的电影《国际市场》上映，观影人次超过了 1,000 万。1950 年韩国战争时期，大批朝鲜人民冒着严寒，在 1950 年 12 月从咸镜道兴南码头出发，去往南边避难，最终目的地就是釜山。当时的流行歌曲《坚强起来，金顺》在他们的热泪中唱响。影片播出后，釜山最大的传统市场"国际市场"和片中出现的杂货铺"花盆之家"成了著名的旅游景点。

1876 年 2 月，江华岛条约（朝日修好条约）签订，当时釜山以"釜山浦"之名被强制开放港口，并且在 1880 年设立了日本领事馆。从地理位置来说，釜山是日本倭寇的侵略根据地。壬辰倭乱时期，日军从釜山浦登陆，在南海岸建城筑墙，驻扎数年，拉开了韩日之间斗争的序幕。釜山建有纪念独立运动史、供奉殉国先烈牌位的"釜山光复纪念馆"。作为"6·25 战争"供避难的临时首都，釜山还建立了再现当时李承晚总统办公室的"临时首都纪念馆"。釜山这座大韩民国的第二大都市，满满地承载着韩民族的斗争历史和韩国战争的伤痛。

1995 年，釜山成为广域市，1996 年开始举办釜山国际电影节，2002 年举办世界杯和亚运会，2005 年举办 APEC 峰会。位于海云台区的釜山会展中心是举办展会的地方。这里会举行育儿、教育、婚庆、饮食、竞职招聘及创业等多个种类的展会，是一个富有教育意义的场所。海滩上，人潮随着轻轻荡漾的波涛一起舞动，这其中最能体现人与自然和谐相处的场景大概就是海边戏水了。用白沙搭建城堡的孩子们，把身体埋在沙滩里、身穿比基尼的年轻女性们，铺满整个海滩的遮阳伞，驾艇破浪巡视游客安全的警卫队员们，飞往远处海礁的海鸥、帆船和白云，这一切的一切成了海云台美丽的风景画。在让人想念大海的季节，晚间新闻里播放的釜山海云台人潮涌动的消息俨然成了衡量夏日炎热程度的标尺。

（9）伽倻山海印寺

2005 年 10 月的最后一天，我们一大早就出发前往位于庆尚南道陕川郡的伽倻山海印寺（史迹第 104 号，名胜第 5 号【原文似乎有误，据查证海印寺 1966 年被定为史迹及名胜第 5 号，2009 年调整后定为史迹第 504 号。】）。正值枫叶红似火的季节，在通往海印寺的路上，红流洞溪谷的枫叶披上了深红的外衣。红流洞一带的花岗岩透着如同女人凝脂般肌肤似的光泽，岩石中间，清澈的溪水穿流而过，水面上漂浮着树上落下的红枫叶，远远观之，如同火红的溪水在流动，因而得名"红流洞"。巴士驶入红流洞溪谷时，朋友们都打开了车窗，为窗外的风景发出连声的感叹。午饭我们吃的是山菜大酱汤，在敞开的玻璃窗外，各色各样的枫叶在秋风中如同飞舞的蝴蝶般轻轻飘落。吃完午饭后，我们一边听着导游的解说，一边观览寺内的风景。

海印寺建于统一新罗时代哀庄王 3 年（802 年），创建人是僧人顺应和利贞。从中国求法回国之后，顺应和利贞在伽倻山建僧舍参禅。当时两位僧人治好了令哀庄王妃饱受折磨的背疮，为了表示报答，哀庄王帮助他们建立了寺庙。

海印寺的第四代住持僧统希郎帮助高丽王朝太祖王建建国，公元 918 年，王建将海印寺封为国刹，以示恩赐。930 年，借助太祖提供的大量财政支援，海印寺进行了一番规模浩大的改建。到了朝鲜时代，海印寺也曾在世宗、世祖和成宗时期进行改建。自创建后，漫长的岁月里，海印寺经历了多次火灾，大部分已被烧毁，只有大寂光殿、3 层石塔和石灯得以完整地保存下来。

海印寺的"海印"取自华严经的海印三昧，意为"正如平静无波的海洋可以印现天际万象一般，宁和清明的心灵自会印现万物之法"。

陕川海印寺全景

陕川海印寺天王门

海印寺以华严宗为主要信仰，主佛毗卢遮那佛的佛像供于大寂光殿。而将释迦牟尼佛供奉为本尊佛的佛殿则称大雄宝殿。

海印寺天王门

走进一柱门之后，就能看到书有"海印丛林"四字的天王门。天王门上画有五色的四天王像。瞪着铜铃大眼、体格强壮的武将露出令人胆寒的神情，他们是在行使护法神或守护神的职责，压制附身于来来往往的人们身上的魑魅魍魉吗？在大部分寺院中，都是由土制或木制的雕像守护天王门。走进天王门，就等同于走入了清净道场，即佛门净土。就算不是佛教徒，在进入天王门之后，心情都会变得虔诚起来。

壬辰倭乱时期，惟政四溟大师（1544年～1610年）在休静西山大师的麾下统领大批僧兵，与柳成龙和权栗等名将合力抗敌，立下了赫赫战功。宣祖37年（1604年），四溟大师携国书出使日本，与德川家康讲和，并于第二年带领3500余名朝鲜俘虏回国。俗语云，有其师必有其徒。海印寺是四溟大师圆寂之处，立有弘济尊者碑。下文摘自西山大师解脱诗《人生》的最后一联：

生也一片浮云起，

死也一片浮云灭。

浮云自体本无实，

生死去来亦如然。

高丽八万大藏经和藏经版殿

韩国有合称为"三宝寺刹"的三大寺庙，供奉有释迦牟尼的舍利和袈裟的庆尚南道梁山通度寺为佛宝寺刹；保存有高丽八万大藏经的陕川海印寺为法宝寺刹；培养了 16 名国师，建有国师殿的曹溪山松广寺为僧宝寺刹。

我们一行先去藏经版殿，参观了高丽八万大藏经。八万大藏经于朝鲜太祖 7 年（1398 年）自江华岛禅源寺转移至海印寺，随后海印寺经历了数次火灾及重建，但大藏经和藏经版殿却得以安全地保留下来。6·25 战争时期，在联合军的仁川登陆作战后，1000 余名来不及撤退的抵抗侵略的武器力量遗留下来，在海印寺一带展开游击战。1951 年夏，美军探知他们藏身于海印寺一带，便展开了由空军和战斗警察共同执行的高空作战，当时美国空军顾问团下达了炮轰攻击目标的指示，但金英焕将军得知该地是海印寺后，抗命不从。正是在他一片赤诚的爱国心守护下，联合国教科文组织指定的世界文化遗产八万大藏经才得以完整保存至今。2002 年 6 月，海印寺入口处树立了他的功绩碑。

高丽 8 万大藏经初版刻于高丽显宗时期（1011 年～1029 年），刻制的初衷是用佛祖的法力团结人民的力量，抵御契丹族的入侵。当时庆尚北道大邱广域市八公山的符仁寺历时 18 年时间，制成初雕大藏经，随后一直将之供奉于该寺。初调大藏经于 1232 年蒙古军队第二次入侵时被烧毁。

高丽 8 万大藏经是高丽高宗时期（1236 年～1251 年）历时 16 年完成的。当时在首都江华岛禅源寺设立了大藏都监，在庆尚南道南海设大藏都监分司，负责雕版。经版共 8 万余块，上面记载了对应众生

8,4000 烦恼的经文。经版约长 70 厘米，宽 24 厘米，厚 2.6 厘米，重 3 ～ 4 千克。藏经版殿存于海印寺的法宝殿和修多罗藏，另外寺内还设有寺刊版殿，负责存放刻有高丽时代的佛教经典、高僧们的著述和诗文集的高丽刻板。高丽八万大藏经和藏经版殿、寺刊版殿于 1995 年登录世界文化遗产。

经版之木取自南海岸一带生长的桦木，砍伐后先在海水中浸泡 3 年，然后取出排列横置，再用盐水浸泡，放在阴凉处晾置三年后，制成版块，随后在板上以楷体雕刻，最后封边上漆。这些严谨的工序使得经版不会出现扭曲、翘边或者生虫的现象。藏经版殿内部的土地垫有木炭、石灰、盐和沙。殿内恰到好处的通风和防湿、适宜的温度和科学的陈列方式为完整保存木板制品提供了必要条件。除国宝以外，海印寺还有 15 件宝物和多件文物，并且还有附属的 14 个庵堂和 75 个小寺庙。

在下山的路口，我们看到了树龄达几千年的沙松。传说中，沙松是孤云崔致远先生飞升成仙时倒插下来的拐杖。经历了千年的风雨和雪灾，沙松依然巍然挺立。它们尽管是植物，但却是经历了长期风霜的生命体，驻足于它们面前，我们的心情也变得肃穆起来。以下文段摘自李扬河的随笔《树木》：

> 无论在何地，树都在经受孤独，战胜孤独，享受孤独……树是优秀的坚忍主义者、孤独的哲人和安分自足的贤人。如果佛教的所谓轮回说真实存在，那我希望死后成为一棵树。

在海印寺游览一圈下来后，我们靠在一块大岩石上环顾四周时，翩翩飘下的树叶落在了我们的头和肩膀上。在与大自然融为一体的这个时刻，我们齐声唱起了名为《落叶》的歌曲。互相扶持着走下落叶覆盖的滑溜山路，红流洞溪谷里回荡着古尔蒙的诗《落叶》。

因团体出游，时间比较紧，但是我们依然可以回味名胜古迹的传说、品吟历史和先贤的文学香气而欣喜不已。偶尔回望古迹时，难掩的遗憾之情会使我们迈不动前行的脚步，而伽倻山溪谷正是这样的地方。在某种程度上，我们似乎可以理解为什么传说中孤云先生是"把斗笠和鞋遗留于世的飞天神仙"，也可以理解为什么进入这溪谷后，仕途和俗世都会被遗忘到九霄云外。

亲眼见到高丽八万大藏经，观赏伽倻山红枫和海印寺，走过富有雅趣的红流洞溪谷木桥，仅仅这些就足以让我们感到幸福。希望下次能够有机会，在红流洞溪谷换上新装，倒映着山影和白云的时候再次来到这里。但是我的年纪却静静地提醒着我"明日此时人不同"。

第四章

忠清道的百济史与文化的芬芳

位于朝鲜半岛中部的忠清道曾是百济（公元前16年～公元660年）的领地。百济在与中国东晋、日本保持密切交往的同时，还要抵御高句丽和新罗的侵扰。百济为防卫高句丽的入侵，在文周王时期（475年）将都城从慰礼城迁至如今忠清南道的公州（旧称"熊津"）。60年后，圣王时期（538年）又迁至扶余郡（旧称"泗沘"）。忠清道北部以牙山为界接壤京畿道地区，西北至泰安半岛，东是以小白山为中心的岭南地区为界，境内的湖西平原有南汉江和锦江流经。

　　忠清道是以忠诚、有气节、有气概而著称的地方。忠清道名人辈出，他们耿直忠诚、刚正不阿。忠清道人给人的印象总是温顺和善，悠然自得。常言道，"忠清道自古出'两班'（古代高丽和朝鲜的贵族阶级）"，忠清道人慢条斯理，骨子里浸润的隐忍精神使他们更加看重文化的传统。朝鲜王朝时期有两大学派，即：退溪李滉的岭南学派和栗谷李珥的畿湖学派。忠清道正是传承栗谷李珥"畿湖儒教"的中心地区。忠清道还走出了许多明星艺人，可谓是造就艺术之魂的热土。

（1）天安独立纪念馆

天安独立纪念馆的建馆缘于 1982 年 7 月日本文部省在中小学教科书中将"入侵朝鲜"的史实歪曲成"进驻朝鲜"，点燃了韩国人民的怒火。日本的教科书歪曲历史，把"逼迫参拜神社"说成"鼓励参拜神社"，把"3·1 独立运万岁动"说成"3·1 暴动"。于是，我国人民同仇敌忾，同心协力要建立独立纪念馆，以匡正历史。为此众人积极奔走，全国上下积极展开筹资运动，共筹资 490 亿韩元，政府置地 120 万 8 千坪，建立了纪念馆。这座被看作是韩国历史博物馆的独立纪念馆于 1987 年 8 月 15 日（韩国独立日）正式开馆。

2014 年 10 月 23 日，我乘坐 400 号公交车从天安站出发，途经因"垂柳兴打令（韩国传统民谣）"而闻名的"天安三岔路口"。"天安三岔路口"是岭湖南地区的要塞，三南地区的交通枢纽，因路旁植的垂柳，而有了传唱的民谣"垂柳兴打令"。普通的树都是向着太阳生长的，为什么垂柳长长的枝条越长越低垂？这让我想起了中国鸿儒林语堂曾说过，植物中垂柳为一奇，动物中横行的蟹是一奇，不禁哑然一笑。我乘坐 400 号公交车在独立纪念馆停车场下了车。近两日，秋雨潇潇，气温在 18 摄氏度上下，颇为清爽。

独立纪念馆太极广场上太极旗飘扬

民族大广场的地面是用花岗岩铺装而成。广场上矗立着象征民族复兴，永不磨灭的民族精神的纪念碑，碑高达 51 米，形状如同双掌相合，纪念碑底部内外下部刻有无穷花、太极，以及象征四象的青龙、白虎、朱雀、玄武等雕像。两旁的广场上，数百面太极旗迎风招展，蔚为壮观。

威严壮观的"民族之家"为砖瓦结构的建筑，屋顶呈"人"字

天安独立纪念馆"太极旗广场"

形，长 126 米，宽 68 米，层高 45 米。其右侧山谷铭刻着韩国第一任总统李承晚博士的遗训——"团结则生，分裂则亡"。在首尔梨花庄李承晚总统铜像下也能看到这句名言。沿路的石刻上镌刻有爱国先烈的名言、语录、遗志。

来到"民族之家"大厅中央，依稀听到同胞们的呐喊。"不屈的韩国人"雕像屹立堂中呼唤着民族独立，右墙上饰以巨大的无穷花图案与左侧墙上的太极旗交相呼应，激发人们强烈的爱国之心。雕像为花岗岩质地，以立体雕刻的形式呈现了韩国独立战争的群像。民族之家有 7 个展览厅。独立纪念馆内有祈愿统一的铜像园、拆除旧朝鲜总督府遗留材料（从旧朝鲜总督府拆下的材料）、爱国先烈追思处、广开土大王碑复制品、丙子胡乱时三学士碑复制品以及北关大捷碑复制品。

北关大捷碑（国宝第 193 号）

北关大捷碑立在第一展馆和第二展馆之间。朝鲜王朝中期，1591年，义兵将郑文孚任咸镜北道北评事。1592年，壬辰倭乱，汉阳沦陷。在日本将领加藤清正的带领下，2万2千多名日本军势如破竹，攻占咸镜道。咸镜道局势动荡，北边的女真族趁机南侵。郑文孚1592年10月组织义兵，铲除了3名叛乱军将领，平定了咸镜道的叛军；经过数次交战，击败加藤清正的军队，收复了咸镜道。

北关大捷犹如燎原星火，使苦难的历史告一段落。在壬辰倭乱中，韩国损失惨重，人员伤亡，良田荒废，古代宫殿及各种建筑物都遭到破坏。在当时的韩国，珍贵的史书、历代实录、各种书籍、雕塑品等许多文物被迫流失海外。

北关大捷碑是由朝鲜肃宗时期（1709年）北评事崔昌大和咸镜道人民建在咸镜北道吉州郡的修建的战功纪念碑。北关大捷碑的全称是"朝鲜国咸镜道临溟大捷碑"，石碑高187厘米，宽66厘米，碑上刻有汉文约1500字。1905年，俄日战争时期（1904年~1905年），北关大捷碑被侵入咸镜道的日军掠回日本，存放于东京靖国神社内，2005年10月被归还给韩国。韩国政府于2006年2月送回朝鲜。现保存在独立纪念馆的是北关大捷碑

北关大捷碑

的复制品。独立纪念馆中有白莲池，周边的石头和树林成了游客的休憩之处。走进独立纪念馆，再次感受到日本人的残忍天性。

2006 年 2 月，我与丈夫的同事们到日本鹿儿岛的知览武士村旅游。日本的神风特工队招募的是十几岁的青年人，他们在第二次世界大战末期的太平洋战争中担负着自杀性袭击的任务。现在，我还记得在武士村看到的队员照片、手迹和誓言、语录或日记、向战机招手的女学生的照片、特工队员的帽子、眼睛、简易的一次性小飞机。国际政治学专业的丈夫有时会在饭桌上表达对日本安倍首相的不满和愤怒，也提到日本的《和平宪法》。而今天，当年那些交谈的内容仿佛更加清晰地回荡在我的耳畔（1946 年 11 月 3 日颁布的日本宪法）：

> 日本国民衷心谋求基于正义与秩序的国际和平，永远放弃以国权发动的战争、武力威胁或武力行使作为解决国际争端的手段。（第九条第一项）为达到前项目的，不保有陆海空军和其他战争力量，不认可国家的交战权。（第九条第二项）

太平洋战争与日本战败

丈夫曾说过，"太平洋战争是日本犯的大忌"。日本攻击夏威夷珍珠港，惊醒了沉睡中的狮子（美国）。二战时，美国舆论界本来倾向于孤立主义，反对参战。然而 1941 年 12 月 7 日日本袭击了珍珠港，使美国舆论转向了参战。就此，美国总统罗斯福当即向日本、德国、意大利宣战。

日本引火烧身，致使美国向日本（广岛和长崎）投放原子弹（1945.8.6，1945.8.9）。1945 年 8 月 8 日，苏联向日本宣战，两天后进驻朝鲜半岛。日本无条件投降。丈夫时常在大学课堂上讲到这些便火冒三丈。如果今天他和我们一起来到独立纪念馆，愤恨之词的长度可堪比万里长城之长。走进天安独立纪念馆，想到日本对韩国犯下的滔天大罪，我心中的怒火一触即发。

柳宽顺烈士遗址

柳宽顺（1902~1920）烈士的遗址（史迹第 230 号）位于忠清南道天安市东南区竝川面塔院里。20 世纪 70 年代中期，开展历史遗迹评定工作的时候，在此树立柳宽顺纪念碑，在 3·1 运动烽火遗址上建筑了烽火台和烽火塔，在每峯山山麓上设招魂墓（假墓），烈士故居旁修建每峯教会，还修立了柳宽顺烈士铜像。20 世纪 80 年代中期，增建追慕阁——柳宽顺祠。柳宽顺 100 周年诞辰，设立了柳宽顺烈士纪念馆（2003 年 4 月 1 日开放）。纪念馆前的院子里有为（纪念）柳宽顺 200 周年诞辰制作的"时间胶囊"。

柳宽顺烈士纪念馆用展品和影像讲述了从她出生到入狱，再到殉国的事迹。柳宽顺生于忠清南道天安市，父母膝下有三儿两女，她是小女儿。1916 年，得到美国基督教监理教的女传教士艾丽斯·沙佩的举荐，插班进入梨花学堂初等部读书。1919 年"3·1 运动"爆发的时候，她是梨花学堂高等部公费生。

1919 年，首尔爆发独立运动，日本帝国主义发布"休校令"，柳宽顺回到故乡。她奔走于教会、学校和周边区域，宣传首尔的运动。在这里，她将即将开展的"独立万岁运动"告知给当地村民和有识之士，并在竝川圩日组织敢死队，筹备"独立万岁运动"。运动前日，他们在山坡丘陵上点燃烽火，在礼拜堂里连夜赶制太极旗。

示威当天，柳宽顺在示威队伍前面高喊"独立万岁"。市场附近有日本竝川宪兵队驻扎地。日本宪兵队闻声出动。日本宪兵队下令解散示威队伍，但是示威队伍并不屈服，日本宪兵队便朝示威队伍开火。示威队伍中有青年学生、教会教士、有志之士以及市民们。日本宪兵队枪杀了宣读独立宣言的勇士，用刀枪残忍地杀害了其家属，还向群众扫射开火。柳宽顺的父母都惨死在示威现场日本宪兵队的枪口下。

柳宽顺作为示威带头人被捕，被押送至公州监狱，1919 年一审中被判 5 年监禁；柳宽顺不服，提起上诉，二审被判服刑 3 年，移送西大门刑务所。在狱中，她继续抗争，高喊独立万岁，因此备受严刑拷打。1920 年 9 月 28 日，柳宽顺在西大门刑务所中殉国，享年 19 岁。柳宽顺纪念馆再现了示威当天的情景。在游览纪念馆时，不时传来"独立万岁"的呐喊声。童谣《柳宽顺歌》中第一节是这么唱的："静静仰望三月天，想念宽顺好姐姐。狱中声声万岁哟，心怀苍天献了身。"

纪念柳宽顺烈士的追慕阁

柳宽顺的追慕阁建在高高的山脊上。我在追慕阁上俯瞰纪念馆，开始寻找纪念馆里柳宽顺手举太极旗高喊独立万岁的雕塑。当我再次登上山脊时，体力不支，无力造访追慕阁。只好用水服下一粒镇痛药。坐下休息片刻后，心想来到这里，不能不进追慕阁看看。这时，仿佛听到了柳宽顺的呐喊声：

> 撬了我的指甲，割了我的耳鼻，砍了我手脚，这样的痛苦我都能咽下去。但是面对亡国之痛，我不能忍气吞声。我能献给国家的，只有生命，这是我这姑娘家唯一的悲痛。

我手脚并用地爬上陡峭的台阶，好不容易来到追慕阁前行了个礼，才得以释怀。丹斋申采浩老师曾说过，"欲激起国民爱国之心，必先让其了解完整的历史。"他还指出，因为柳宽顺烈士得到美国基督教监理教女传教士的帮助进入梨花学堂学习，"而将柳宽顺的事迹从教科书中剔除，这是歪曲历史（的行为）"。以下是载于 2014 年 8 月 28 日《朝鲜日报》的日本京城裁判所"关于柳宽顺案件"复审（二审）判决书的摘要。

　　被告柳宽顺"违反第一号收押令，私制旧韩国国旗"；被告柳宽顺高呼万岁时，引来宪兵向群众开火，导致 19 人当场死亡，30 人重伤，（中略）"要光复祖国，应当采取正当的方式，奈何柳宽顺动用军火杀害本民族同胞。"现判处被告柳宽顺、柳重武、赵仁元各服刑 3 年。查获物品中含一面旧韩国国旗，是为被告柳宽顺第 1 条罪名的证物，予以没收处置。

　　　　　　　　　　　　　　　（《朝鲜日报》2014 年 8 月 28 日）

柳宽顺追慕阁

1919年农历3月爆发的竝川市场"3·1独立万岁运动"，柳宽顺率领数千名群众高喊独立万岁，她是发起3·1运动的主要成员之一，也是具有象征意义的代表性人物。但是，韩国现行高校国家历史教科书八种中有四种（高校采用率为59%）都没有记述柳宽顺烈士的事迹。因此绝大多数学生不了解的柳宽顺的光荣事迹，柳宽顺烈士纪念事业会如是指责到。

以下是2014年8月22日《朝鲜日报》朴正勋专栏中的副标题为"诽谤李承晚，杀死柳宽顺的左派历史学者们"的新闻：

> 3·1独立运动时期，柳宽顺在美国传教士建立的梨花学堂读高一。由于监理教会公州教区的美国女传教士举荐，学校免除了柳宽顺学费。柳宽顺入狱后，梨花学堂的美国传教士前来探监照料她，直至柳宽顺牺牲后为她收尸。……因而，郭定铉分析指出，教科书编者有反美倾向，有意剔除与柳宽顺有关的内容。……无独有偶，北朝鲜在课堂上也不教授柳宽顺的相关内容。

游览了柳宽顺遗迹，我们来到天安站搭上401号公交车。我们途经竝川市场，市场里有许多小店出售名声在外的竝川米肠。天安有著名的"核桃点心"。天安核桃点心的总店就在天安车站前，车站里也有核桃点心店。我买了一袋核桃点心，拖着疲惫的身躯登上开往首尔的"无穷花号"列车。从车窗外，天安市轮廓闪现而过！这是国家实现产业化与民主化，给子孙后代带来的恩泽。而今，韩国的子民是不是忘了为夺回主权而牺牲的先烈们呢？窗外，夕阳染红了秋天的原野。

（2）石庄里旧石器时代遗址

今天，与我一同前往忠清南道公州、扶余游玩的 20 多对夫妇是与我丈夫以前在 Y 大学的同届同学。

2013 年 9 月 30 日早上 8 点，我们在首尔瑞草国民会馆前坐上事先包好的班车。前天开始下起了秋雨。天气预报说，从前天开始一直持续到今天周一的秋雨天气将影响到全国。班车刚驶出首尔，会长就给大家分发南瓜糕和矿泉水。放眼望去，窗外是金黄的稻海，还有未披秋色的树木。2013 年的夏天格外地炎热漫长，秋天仿佛被绊在了远方，未能如期而至。

在乘车去公州石庄里的途中，我们顺便沿着世宗特别市的世宗政府大楼转了一圈。促进国家在发展计划上出现了问题。2002 年，卢武铉还是总统候选人时，就提议将世宗市建设成为新的行政首都。卢武铉政府 2003 年 4 月正式组建新行政首都建设促进企划团。2012 年 7 月设立世宗市，根据第一阶段中央行政机关迁移方案，将 5500 多名公务员迁到世宗市办公。国会分院而治、办公环境差、基础设施缺乏、文化设施欠缺等一系列问题日益凸显出来。特别是，公务员们早晚上下班高峰期间进出世宗市，造成严重的交通拥堵，大家都苦不堪言。在世宗市上班的公务员们还要不时赶往首尔参加各种会议和活动，工作起来效率很低。世宗市的公务员怨声载道，抱怨自己是被流放或者发配到了边缘地区。我们的车绕过世宗市行政园区，穿过新建的道路和隧道向石庄里开去。

班车临时停了一小会儿，上来了一位经营"珍岛郁金农场"中年男子。上车后，他就向我们介绍姜黄：姜黄是印度咖喱粉的原料，可以入药，食用，做染色剂。从姜黄类似生姜根茎中提取的黄色汁液（姜黄素）是一种对治疗癌症、老年痴呆、痴呆、糖尿病、高血压、慢性关节炎、慢性消化不良等有一定功效的药材。中年男子邀请我们去珍岛做客，还给了我们用姜黄染色的黄色根须，一袋试饮的姜黄汁，然后下了车。

公州锦江畔的石庄里博物馆

上午 10 点半左右，我们一行来到了位于忠清南道公州锦江边的石庄里博物馆（史迹第 334 号，于 2006 年开放）。锦江从石庄里博物馆前流淌而过，江边环绕着低矮的小山和郁郁葱葱的树林。据说 1964 年洪水的冲击让部分河岸崩塌，外国学者艾伯特·摩尔就在地层里发现了史前石器。这些史前文物是延世大学孙宝基教授的团队从 1964 年至 1992 年间经历 13 次主导挖掘出土的文物。石庄里的原野上复原了史前时代的棚屋模型，由此可以推测当时人们以狩猎、打渔为生。

展厅里收藏着史前时代（约 3 万年前~1 万年前）的文物，为韩国历史最久远的出土文物。共有出土文物 3000 余件，有刮片、刺刀、剪刀、斧头、刨子以及各种打制石器。人们还发现了史前人类的棚屋地基、用火的遗迹、烤过的谷物及居住地。在这里能够了解到人类进化的过程和当时是如何制作工具的。

我们一行先来到孙宝基教授纪念馆参观。我们队伍中的男士都毕业于延世大学政治外交专业。在孙宝基教授担任延世大学博物馆长的时候，我的丈夫在那里当教授，与他共事过。丈夫跟我提过，孙宝基教授热衷于收集石头，而且很执着。展厅里有两张很显眼的照片：一张是孙宝基教授和学生们在文物挖掘现场的照片，另一张则是 1989 年孙教授领取"石工奖"的照片。

忠清南道公州石庄里史前遗址

　　石庄里博物馆里同时展出了题为《日本旧石器时代的开始——岩宿遗址》的展览（展览时间 2013 年 7 月 15 日~2014 年 2 日 2 日），共展出了 29 件日本旧石器时代的文物。这些文物是 1945 年日本群马县岩宿首批出土的文物，证实了日本列岛在旧石器时代就有人类活动。在日本，旧石器时代的遗存都被列为国宝，这里展示的是日本明治大学（东京）博物馆的藏品。参观完石庄里博物馆，我们就前往公州市公山城。

（3）公州市（熊津，熊码头）公山城

　　公州市旧称熊津，韩语意为"熊码头"。我们要去的是公州公山城。城墙周长 2.6 千米，绕上一周大概需要 1 个小时。我们集团的会长就出生在这个地方，他担当起了我们的向导，和蔼可亲地给我们讲解了今天的游览路线。1971 年，在忠清南道公州市松山里发现了百济

第 25 代国王武宁王（462 年~523 年）的陵墓和他王妃的陵墓，墓中出土了金冠、金制首饰等 2900 余件文物，其中大部分收藏于公州国立博物馆。

百济全盛时期是第 13 代国王近肖古王（346 年~375 年在位）执政的时候。当时，百济的领域覆盖今天的京畿道、忠清道、全罗道、江原道、黄海道。百济因高句丽 3 万大军的侵扰，公元 475 年将都城从河南慰礼城迁到公州。

公山城锦西楼

公山城（史迹第 12 号）西面的城门门楼叫锦西楼（1993 年复原）。通往锦西楼的道路左侧有几块花岗岩和乌石纪念碑，上面刻录了牧使、观察使、右议政、钦差大臣等的政绩，别具特色。从首尔出发前的两三天看到这么一条新闻，今年夏天公山城的石墙因多雨的天

公山城锦西楼

气出现松动，偶有石头坠落。果然，来到锦西楼就看到里面张贴着劝告游人不要入内的告示。据说每周六、周日，锦西楼都会有守城卫兵交接仪式。

公山城建在海拔 110 米的山脊上，锦江从城北流过。据《东亚日报（2014 年 4 月 2 日）》的报道称，公州公山城是座土城，城砖是用泥土夯成的，部分墙体出现倾塌。公山城始建于百济圣王时期（538），朝鲜王朝（善祖和仁祖时期）完成了大部分土石建筑工程。朝鲜王朝的时候，公山城是战略要塞，城内储藏着军粮和武器。

公山城各方向都有城门（锦西楼、镇南楼、拱北楼），城内至今保存有用于瞭望的挽河楼，莲花池，临流阁，光复楼，"丁酉再乱"的次年善祖为感谢三位明朝将军而树立的"明国三将碑"，建于朝鲜世祖时期、壬辰倭乱时僧兵操练的灵隐寺。有推测称高地上原来有双树亭和寺史碑，山丘下的空地则建有宫殿。

武宁王陵址门旁的熊津包饭

通向公山城锦西楼下路口处正在举行"公州栗子祭"，有公州特产、生栗子、栗子仁、烤栗子、蒸栗子出售。同期举行的活动还有第 29 届百济文化祭。庆典舞台设在山城近郊的野外，搭了棚子，老乡们坐在凳子上等着看表演。古代百济的歌谣从音响里传来，在秋风里飘荡。

结束公山城的游览后，我们在山城脚下的熊津包饭餐馆吃午饭。餐品十分丰盛，有烤黄花鱼、烤肉、野菜。扶余地区自古粮食产量丰富，当地人厚道善良，民风淳朴。当地的栗子酒口味香醇，大家都很喜欢。

我们告别了公州前往扶余，张罗这次旅行的会长指着纪念体育馆所处的位置告诉我们，公州是运动员朴世莉、朴赞浩的家乡。我们的车沿着锦江行驶，透过车窗能看到锦江畔上漫山遍野的波斯菊和各种小花田，如梦境一样美轮美奂。

（4）扶余泗沘城

我们离开公州前往百济最后一个都城——忠清南道的扶苏山城（史迹第 5 号）。扶苏山城是百济最后的王城，百济的时候叫"泗沘城（106米）"。山城的游览路线长 2.2 千米，游览一圈大约四五十分钟。山城的游览小道由方形的石头铺装而成，道路宽阔。沿途风景优美，山林茂盛，绿荫葱葱，空气清新怡人。在城墙上俯瞰，城外美景一览无余。

出了扶苏山城，右边的山坡有纪念百济末年义慈王时期的三大忠臣（成忠、兴首、阶伯）的三忠祠，祠外建着义烈门。来到这里，我又想起了三位忠臣的事迹：成忠因直谏义慈王的政务，被贬流放，惨死狱中；兴首被流放，仍然一片忠心，向义慈王进谏；阶伯将军威风

泗沘城泗沘楼

凛凛，在黄山伐一战中英勇抗争。

　　阶伯将军在黄山伐（论山）率领 5 千名战士对抗新罗大将金庾信的 5 万大军。大战四个回合后，阶伯将军战死沙场。当时，唐朝大将苏定方率领 13 万大军与新罗组成联合军团。阶伯将军出征前亲手了结了妻子和女儿的生命。他觉得与其让妻儿沦为奴隶为敌人当牛做马，不如死在自己手里，而就是这样的阶伯将军三次击退了新罗军。

　　迎日楼（日出楼阁）兀立在鸡龙山上。走在从前百济的道路上，走着走着，天空越来越蓝，山色越来越青，也会看到销售纪念品的小店。山上还保存着从前贮藏军粮的"军仓址"和半月楼。山顶上有泗沘楼（106 米）。泗沘楼是在颂月楼的原址上建起的。从前，人们在颂月楼上赏月商议政事，周边风光宜人。我们在泗沘楼歇歇脚喝喝饮料，便前往落花岩。

百花亭 · 落花岩

　　我们来到泗沘城的东西部，落花岩下的绝壁上有百花亭，据说修建于 1929 年。周边的地面是大岩块垒成的，大石块上布满古树苍劲的根茎。百花亭和落花岩一带风景优美。落花岩被写进歌谣和诗文，广为传唱。如今，亲眼见到的落花岩没有想象中的壮观。

　　新罗唐朝联合军团的入侵使得百济国运衰落。众多诸姬（宫女）从王浦岩坠崖自杀。我想，"落花岩"和"三千宫女"的说法大概时间久了，有些添油加醋的成分吧。落花岩边设了围栏，俯身可见山崖（60 米）下的景致，黄帆船悠悠然漂在波光粼粼的白马江上。江水无言，见证了永恒。江水滔滔不息，如风一样自由的奔向未来。我们散着步，隐约传来皋兰寺的钟声，陷入遐想之中。

皋兰寺 · 山泉水

皋兰寺（忠清南道文化遗产目录第98号）位于扶苏山落花岩下，白马江畔。落花岩通往皋兰寺的路由石宽大阶砌成，阶台之间距离大，很陡峭，但一路上景致很美。下午3点半，我们经由扶苏山城，前往皋兰寺后的皋兰井。先抵达目的地的会长取了一瓢井水。大概是传说的缘故，泉水分外清甜。人们说，喝口皋兰水年轻三岁。泉水上方，标示皋兰草位置的箭头指向三个方向。石缝里只要一小簇皋兰草就能生长。关于皋兰泉，有这么一个神话传说。

从前有一对恩爱的老两口，他们膝下无子。道士告诉女人，喝了从生长皋兰草的绝壁里流出来的泉水可以包治百病，"一口三年少"，让她丈夫喝下皋兰泉的泉水就可以了。男人出门去喝泉水，去了很久都不见回家，女人便到泉边寻找她的男人，她发现泉边丈夫的衣服里躺着一个幼童。莫非是因为她没有明确地把将道士的警告告诉给丈夫才这样吗？——每喝一口就会小三岁。女人只好把孩子抱回了家，从此好好养育。（源自扶余郡旅游宣传资料）

站在皋兰寺山坡上，俯身望去，白马江黄布帆船的渡口清晰可见。佛堂前没有院子，左边有寮舍斋（僧侣居所），右侧为钟楼，寺庙后面有山泉。建立皋兰寺的时间无从考证。有人说是百济历代末年建立的，有人说是百济国王建立的，还有人说是高丽时代为慰藉百济宫女们亡魂而建的。

白马江黄帆船

我们在皋兰寺前合了影，便下山来到搭黄布帆船的地方。丈夫扶着我跟跟跄跄地前行，我开玩笑说，"要是推我就一下就玩完了"。"出来玩得好好，你一句话说得都没心情了。"丈夫说着，大笑起来。"是吗？那挺好的。"我说道。我想，读者们也会和我们一样，沐浴在皋兰寺里的阵阵清风里，喜笑颜开。

下午 3 点左右，秋日的阳光洒在白马江上，江面波光粼粼。我们大家在古德来（地名）码头登上帆船，游了一趟白马江，花了 15 分钟左右。扬声器里传来古老的曲调，传唱着白马江、落花岩、皋兰寺的故事，歌声悠扬，乘着江风飘扬到远方。我们一行老人家头发花白，眯缝着眼，瞭望远处的江畔。我想起了年轻时候听过的歌，歌名叫作《梦中的白马江》。

白马江黄布帆船

月夜江鸟鸣江上，遗失过往依旧伤。

艄公摇起舟一叶，落花岩下放声唱。

皋兰寺里钟沉响，钟声九曲断肝肠。

江上哀叹谁人晓，岩上还是旧月光。

白马江畔山丘延绵。9月的最后一天，树木葱郁，尚未换上"秋装"，让人联想起夏日的光景。攀到临江的峭壁上，方才我们颠簸跋涉过的扶苏山城、兀立的百花亭、游客云集的落花岩犹如一幅山水画，展现在我们眼前。或许暂时远离平日的喧嚣，反而可以成为带给现代生活的改变契机。我想，晚年能与老伙计们一同游山玩水，应该算是修来的福气了。

（5）百济历史文化园

中午过了许久，我们才到达百济文化园。秋天的阳光照射着大地，空气闷热。园区两旁设有停车场，方便有客人入园游览。一进园区，就可以看到空旷的广场。百济文化园位于扶余郡窥岩面，占地面积约330万平方米，从1994年至2010年历时17年建成，共投入6904亿韩元，复建了百济王宫泗沘宫、建国初期的都城河南慰礼城、在原陵山里寺址上建立皇家寺庙陵寺、古坟公元、可以窥见百济时代各阶层生活状况的生活文化村。此外，还有百济历史文化馆、韩国传统文化学校以及民营的乐天扶余度假村。

泗沘宫的正门是正阳门，过了正阳门就是通向王宫正殿的天政门。天政门两侧有回廊。中宫（正殿）为天政殿，国王登基大典、新年庆典、各种国家仪式都会在这里进行。东宫是百济国王管理朝政的地方，设有群臣议政的空间，西宫为将帅武臣议政办公的地方。天政殿台阶下设有巨大的宣传栏，其上展示了百济文化的瑰宝——《薯童谣》，分外引人注目。

现存艺术水平最高的乡歌《薯童谣》

《薯童谣》是现存的历史最久远的乡歌。《薯童谣》讲述了百济的第 30 代国王武王和新罗第 25 代王真平王的三公主善化公主之间的爱情故事。相传，听闻真平王的三公主如花似玉的薯童（武王乳名）把自己打扮成僧人来到新罗京城庆州。武王虽然出生王族，但登基之前生活贫困，靠卖红薯为生，故名"薯童"。薯童给皇宫附近孩子们分吃的，教他们唱童谣："善化公主娘娘偷情郎，夜抱薯童大人去上床。"童谣传到了宫里，善化公主被逐出了王宫。而薯童早早候在路旁迎接公主，他们回到百济，成为国王和王妃。写到这里，我想起从前学习古文的时候饶有趣味地学习《薯童谣》的情景。

扶余百济文化园里的 5 层木塔

百济第 27 代国王威德王为在于新罗打仗时战死的父王圣王祈福，在陵山里（地名）修建了 5 层木塔和用于祭祀的陵寺。陵寺保存在百济文化园区内。5 层木塔做工精美，装饰繁杂，给人以刻板印象。新罗的木塔石塔淡雅简约而庄重，百济的木塔及其他建筑结构复杂，华美富丽。

新罗修建开国寺庙或者佛塔时都会招募百济的工匠。庆州的佛国寺和庆州黄龙寺的 9 层木塔就出自百济石匠阿斯达和阿非知之手。

朝鲜半岛传入日本的文化艺术

三国时代，僧侣和学者们将从中原地区传入先进的文化艺术，完完整整地传播到了日本。在百济京城还是泗沘的时候，百济的佛教达到了鼎盛。据史料记载，百济向日本传播佛教的同时，还带去了天文学、遁甲之术以及各种方术。高句丽画僧昙徵到日本传授儒学，教人习画，还向日本带去了毛笔、纸张、烹饪方法。慧慈高僧也到日本弘扬佛法，使日本圣德太子（574 年~622 年）皈依佛门。圣德太子大力推动日本佛教发展，创建了法隆寺。昙徵为法隆寺创作了"金堂壁画"。

在三国之中，百济与倭（日本）两国关系亲密，两国相互援助。百济近肖古王时期，阿直伎成为日本太子的老师，教授汉文；王仁博士到日本传授《论语》和《千字文》，还给日本太子和群臣教授汉字、经史典籍。武宁王时期，五经博士（通晓四书五经的学者）、医学、天文学、物理学的博士们纷纷前往日本，构建日本儒学的基础。

公元 660 年，新唐联军入侵百济，京城泗沘城沦陷。公元 663 年，百江战斗失利。有人推测，百济亡国后，多达 20 万的百济人怀着亡国之恨流亡日本，定居大阪的枚方，建立了"小百济"。1852 年，在当地发掘了百济寺庙、祭祀百济国王的神社。百济义慈王之子善光王逃亡到了日本，获赐姓"百济王"，定居大阪。（《东亚日报》2015 年 7 月 7 日）众所周知，壬辰倭乱时期，被绑架到日本的南原陶工、走私贩卖到国外的文物、儒教典籍、活字与印刷术等极大地提升了日本的学术文化思想水准。公州公山城、公州松山里古坟群、扶余官北里遗迹、扶苏山城、扶余定林寺址、扶余陵山里古坟群、扶余罗城、益山王宫里遗址和弥勒寺遗址等百济遗迹被收录于联合国历史遗产名录（2015.7）。

扶余有家餐厅的辣味鲇鱼汤很出名。我们在那简单地吃了晚餐，我们点了烤鳗鱼、辣味鲇鱼汤，还喝了一两杯"清河（韩国发酵酒品牌）"酒，早早赶回首尔。今天，秋高气爽，会长尽心尽力地为我们做向导，我们游玩得很尽兴，也很有意义。会长的故乡就是公州的，离开公州的时候，他送我们公州的大栗子。有的朋友还分给大家紫菜锅巴和银鱼脯。我将久久珍藏这段和老同学们一起游览百济遗址的美好记忆。

（6）丹阳八景

丹阳八景位于忠清北道的内陆山岭地区，全域84%都是山岭。白头大干（白头山山脉）的小白山脉间南汉江沿着山势流淌，两岸山势险峻奇特，一派胜景。忠州湖是由于1985年修建忠州坝而阻塞形成的人工湖，连接着忠州市、堤川市、丹阳郡，湖畔有忠州码头、丹阳码头、清风码头、长淮码头，湖光山色十分怡人。

1991年5月来到这里的时候，草木犹如吸收了宇宙万物的精华，葱葱郁郁，十分茂盛。Y大学特殊研究生院的夫妻教育项目在青州市水安堡开展。担任着特殊研究生院院长的丈夫和我都受到了热情的款待。昨晚，研究生们的研讨会结束后，互动时间，大家要求我朗诵诗歌，我就朗诵了符合五月格调的《游山歌》。《游山歌》是朝鲜末年草根歌谣的代表作，其中运用了大量拟声词，读来饶有趣味。不过，早知道今天安排了坐船游览的活动，我就诵读中国宋朝诗人苏东坡的《赤壁赋》了。

"忠州号"游船

我们搭上清州号游船。五月天清气爽，蔚蓝的天空上挂着几片薄如面纱一样的云，日光映射在水面上，发出波光粼粼的光辉。走进山谷里，沐浴着五月清新的江风。迎接我们的导游小姐温柔和善，她说会陪我们到新的丹阳码头。舒适地靠在椅子上，侧耳聆听浪花轻轻拍打船头的声音，打开被城市生活压抑许久的心扉，荡尽杂念邪思。

　　在城市里我们感受不到四季的差异，来到这里我们终于感受到了五月自然万物欣欣向荣，一派生机的景象。五月，蓝蓝的天空、绿绿的草地、清清的江水，好似自然王国举行一场盛大舞会，而我们是多么荣幸成为这场舞会的嘉宾，面对着如梦如幻的景致，即便不是诗人也能作出诗来。

　　游船经过保存着南汉江畔史前遗迹、文化遗址的清风码头，导游向我们介绍这是以前高句丽与新罗频繁交战的古战场。这见证了人类血雨腥风的历史的江水依旧如澄澈明镜，映着云霞与山色，无言地流向大海。

　　我们一抵达"岛潭三峰"，导游便开始给我们讲解："丹阳八景"的第一景就是岛潭三峰是三块耸立在南汉江中间的大岩石，最大的岩石叫将军峰（6米），分立两边的较小的岩石分别是妾峰和妻峰。听着导游的解说看过去，妾峰似乎深情凝望着将军岩，颇具娇态；再看向另一侧，妻峰看着有点吃醋的模样。大家一边听解说一边看，笑开

岛潭三峰岩

了花。将军峰上的六角亭兀立在水中大石上，别有一番景致。

导游说，岛潭三峰原是江原道旌善郡的三峰山，被洪水冲到这里。因而每年都给旌善郡上税。而三峰郑道传说"三峰山并不是人为从旌善郡搬下来了。它堵塞了水路，带来很多弊端，不如还回去吧"，此后三峰地区不再向旌善郡交税。我们听得津津有味。三峰郑道传曾辅佐太祖李成桂，是朝鲜朝的开国元勋。他的故乡正是此地。郑道传年幼的时候常到岛潭三峰，他在这里研习汉字，培养远大的抱负，形成了醇厚的品格。

朝鲜王朝性理学大师退溪李滉就任丹阳郡守的时候，做了首诗盛赞"丹阳八景"赛过中国的"潇湘八景"。

> 山明枫叶水明沙，
> 三岛斜阳带晚霞。
> 为泊仙斜横翠壁，
> 待看星月涌金波。

退溪先生于公元1548年（48岁）赴任丹阳郡守，任职9个月，迁丰基郡守。在这短暂的任期里，退溪先生与杜香（官妓）结缘，留下了流传千古的佳话。杜香对退溪先生满怀敬意，一片痴心。杜香花容月貌，擅长玄鹤琴，赋诗丹青无不精通。两人分别后无缘再会。杜香在曾与退溪先生漫步的降仙台下、南汉江畔修建了小茅屋。她始终不改对先生的爱慕。相传，杜香听到退溪先生辞世（69岁）的噩耗，毅然投南汉江自尽。杜香庙原址因忠州湖的建设被淹没了，如今迁至降仙台以左。

"石门"是"丹阳八景"的第二景。石灰岩洞已崩塌，现存的部

龟潭峰

分形如拱桥，从江面上仰望看去，犹如挂在天上，真是鬼斧神工之作。有陡峭险峻的怪石形如乌龟，故名龟潭峰。还有松树扎根在绝壁岩缝之间，真是不可思议。玉笋峰色泽白如碧玉，形如竹子，笔直耸立。我们坐在游船上观览丹阳第三景、第四景，不由发出赞叹。

舍人岩高达 70 米，崖壁险峻，松树葱郁，其下清泉涓涓流淌，景致优美，让人联想到海金刚（旅游景观名）。千姿百态的奇石犹如开品评会一样聚在此地。高丽时代的儒学大师禹倬先生担任辅弼君主的"舍人"一职。禹倬先生告老还乡，在丹阳栽培门生。他非常喜欢舍人岩一带的景致。朝鲜王朝圣祖时期的丹阳郡守为缅怀禹倬先生，将山命名为"舍人岩"。平日里，我很喜欢禹倬先生的一首诙谐的时调《一手执杖》：一手执杖一手握荆，欲以荆棘挡岁月，白发如枷爬上了头。白发必定知道了捷径。我思绪万千的时候，我身后的一位研究生摇了摇我的肩膀，轻声对我说："师母，这首时调与昨晚您朗诵的《游山歌》一章相似。"

我们的船经过旷阔的沙滩，一只水鸟孤零零地飞过。偌大的江边怎么会有形单影只的水鸟呢？山林茂盛的山谷里，为何没有喜鹊和杜鹃鸣叫的声音呢？想到这里，脑海中萦绕着了 Rachel Carson 的《经济的春天》。我觉得，人类应该更爱惜大自然。江上五月天，清风送来清香，绿波荡漾的江里鱼群悠然地游着。丹阳五月天，江上奇石千姿百态，野旷天低。我们像是金色的鲫鱼，成群结队地畅游江中。

（7）舒川山茶花·马梁里八爪鱼祭

我和东洋的朋友一起到西海岸的舒川春游。我们的今天日程有参观山茶花群落、游山茶花亭、体验马梁里八爪鱼祭。首先是到开心寺赏山茶花。2011 年 4 月初，上午 7 点，数十辆大客车齐刷刷地停在在首尔站前，外出春游的人们非常多，人山人海的。客车驶过了西海大桥，我们也从日常的羁绊中解脱出来，准备尽情地享受游览的乐趣。然而，车窗外还像冬天一样，田野上没有四月天该有的景致。山麓、旷野都没有一丝春光。目之所及，只有树木干枯的枝条、黯淡的落叶。

本以为忠清南道南部地区的山茶花应该开放了，然而，事实不随人意。去年的（2010 年）9 月 2 日，台风"圆规"袭击了忠清南道泰安郡、瑞山市、鸿诚郡、保宁市。忠清南道 30% 的稻田遭受"白穗"的损害。在台风"圆规"经过朝鲜半岛短短的四五个小时里，韩国 5 人失踪、112 人受灾，财产损失达 1670 亿韩元。首尔的街头，树木被连根拔起，阻塞了交通，供电受限，地铁一度停运。以至于去年秋天，白菜创造了单价纪录，单棵售价高达 15,000 韩元。人们为了抢购一袋三棵装的白菜，清晨 5 点就得起床排队了。那一年，韩国从中国进口了大量的白菜。

从去年冬天开始，暴雪一直都不消停，今年（2011 年）3 月韩国各地还是冰天雪地。本应该是春暖花开的阳春三月，今年分外黯淡。昨天是 4 月 5 日韩国的植树节。首尔奥林匹克公园举行植树活动，人们栽下 2 千 5 百多株苗木。听说，这些苗木中有能抵御台风的橡树和绣线菊。在汝矣岛上，我住的小区里有 25 株参天大树被台风"圆规"连根拔起。从前，小区院子里绿树成荫，清晨小区居民可以在树下散步。今年春天，小区里凋敝不堪，已没有往日的光景。

脑筋急转弯

我们的客车司机看着年纪挺大的。他提议大家一起玩脑筋急转弯。他提问道，"斑鳐烤得香喷喷，什么都能往回奔？"我们一群老太太仿佛回到了小学时代，异口同声地回答道："离家出走的媳妇！"司机看到大家积极配合，气氛很活跃，说道，"这个问题太简单了。"他又提问道："什么事情做成，人就死了；做砸了，就能活命？"话音刚落，有几个人回答说是自杀。

司机接着卖关子说，谁能答出下一个问题就能得到 35000 韩元的奖金。老太太们发出"哇"的呼声。到底谁能获得今天的奖金呢？大家的好奇心都被勾了起来。司机说道："不要再爱了，打一个字。"好像有人知道答案，车里到处是咯咯的笑声。但是没有人站出来揭开谜底。

司机吃定了大家就算知道答案，也难以启齿，又催大家给出答案，强调奖金有 35000 韩元。有人用蚊子叫一样的声音说了声"滴"，车上满是窸窸窣窣的笑声。大概是因为没有年轻人在，老人家们可以尽情地打趣开玩笑吧。

马梁里海边章鱼餐厅

我们来到马梁里海边章鱼餐厅的时候将近 12 点了。家家都摆放着满满当当的八爪鱼，我们在小吃店门前下车。小章鱼、花蟹、蛤蜊、海鞘等西海的新鲜海产品在水桶里攒动着。八爪鱼属于章鱼类，连脚算在内身长约 25 厘米，有八只脚，肉质比章鱼和鱿鱼更厚实，口味甘甜。八爪鱼的产卵期是每年春天四五月，我们来得正是时候。它们生活通常在韩国和日本海域的浅滩。

我们一起旅行的有一对夫妻是丈夫的老乡。我们买了八爪鱼、蛤蜊，还有几只花蟹。卖鱼的中年男人手艺超群，他穿着长筒胶靴站在木制砧板前。活鱼挣扎得水花四溅，男人三下两下就帮我们把海鲜杀好了，还送了我们 4 只海鞘。我们来到餐厅二楼，还没到 12 点就有好多人围坐在八爪鱼火锅旁。这间餐厅大约有 50 坪，视野开阔，西海岸空阔的海滩仿佛是它的庭院。三面是敞亮的大型玻璃窗，里面一侧墙挂着大型的绘画，画上斑鳐成群，印有"斑鳐烤得香喷喷，出走媳妇都能往回奔"的字样。我们想起刚才的脑筋急转弯，脸上不禁挂了微笑。一筐生龙活虎的八爪鱼被端上了我们的餐桌，顿时觉得西海的珍馐都浓缩在这个筐子里了。我们举起清河酒，庆祝这次旅行。坐在对面的朋友的眼里闪现着西海水天相映的美丽画面。

存活了 500 年的马梁里山茶花林

马梁里山茶花林（天然纪念物地 169 号）位于海边 30 米高的山丘上，有 85 株 500 岁的山茶花树。通向山上冬柏亭的道路由大石块砌成。山茶花通常在早春开放，而现在已经是 4 月中旬了，还只是露出了花骨朵儿，看样子还要过很长时间才能开放。今年都到了这个时候，树木还沉寂在冬天黯淡光景里。

每年正月初，人们都会在冬柏亭举行"丰鱼祭"，祈祷打到许多的鱼，渔船平安无灾无难。冬柏亭是舒川一景，可观览日出日落，在上面西海上大大小小的礁石可以一览无余。

象王山开心寺

忠清南道有四大寺庙，其一就是瑞山的开心寺。到了春天，山花烂漫。象王山（海拔 307 米）的山麓上建有开心寺，寓意为"能开启心扉的寺庙"。我们在通往寺庙的路口下了车。在寺门口，远远地就能感受到寺里蕴藏的力量。开心寺由百济义慈王（654 年）慧鑑国师创建，1475 年因火灾被毁，重建于 1484 年朝鲜圣祖时期。开心寺的大雄宝殿是文物第 143 号。一路上挂满的莲花灯告诉人们佛诞节降至。从一柱门往前走约 500 米，就能到了通往开心寺曲折小道，小道的阶梯由天然石块铺成。沿途上映入眼帘的有赤松林。山谷里的林间

从冬柏亭远眺舒川的西海岸

小道迂回曲折，别有一番景致。

快登上象王山的山顶时，我已经筋疲力尽了，膝盖疼得不行，与同行的朋友们穿过山谷后，艰难地走完三分之二的登山路程。山间小路的路边满是赤松。4 月的风吹过松林，送来缕缕松香。大概是受到台风灾害的影响，山坡上到处有连根拔起的松树。我们坐在倒下的树干上休息，尽情地感受松林里的清风。下山的坡路旁有小溪流淌，我把手放进溪水里，感觉心灵被涤荡了一般……

到开心寺的一行人中，没有人提到"开心寺的大樱花"，可能是因为大樱花干枯了，没了茂盛的草绿色枝干。我们一行人按照原计划下午 5 点离开了瑞山。上车之前，我买了两袋鲜嫩的马蹄菜，并把其中一袋给了同行的朋友，希望我们的情谊像野菜的香气一样，淡雅纯净，日久天长……

（8）大芚山摩天台

与我同乡的 7 名朋友携老伴，一起到全罗南道横跨完州郡和锦山郡大芚山（海拔 878 米）踏青。2008 年 4 月 25 日早上 7 点 30 分，我们从首尔站前出发，并先后在蚕室站和竹田站接朋友。旅游车载客量是 45 人，天气预报说有雨，来搭车的只有 20 人。

汽车驶离城中心，我们开始吃早餐，车上的早餐有饼、泡菜、红烧鱼。昨天下过了雨，车窗满是四月的新绿。我带着旅行的激动与兴奋早早起床，虽然不是山珍海味，但是能与朋友在一起，所以也吃得津津有味。

丈夫的朋友们大多年近古稀。常言道，三十而立，四十不惑，五十知天命，六十耳顺，七十从心。年纪到了 70，即便有想做的事情，也有所顾虑，不会为所欲为。"七十古稀"之说出自中国唐代诗人的诗句"人生七十古来稀"。随着人们生活水平的提高，医疗技术的进步，韩国人的平均寿命远比 20 世纪 50 年代时候的长。从前，常有青黄不接饿肚子的时候，很少有人能活过花甲（60 岁），所以家中有花甲老人就会设宴庆祝。从前，偶然也会有老人过喜寿（77 岁）、伞寿（80 岁）、米寿（88 岁）、白寿（99 岁），那些老人虽然长寿，但是精神状况不佳，算不上一件喜庆之事。我正沉浸在万千思绪中，旅行社把我们带到了"韩鹿苑养鹿场"。

养鹿场与高丽人参

旅行之所以可以用低廉的团费招徕顾客，是因为从养鹿场这样的单位收了补偿费。游客们即便不情愿，也得配合配合。听说韩鹿苑养鹿场的老板是退休的老师。大家都是半截身子入土的老人家，感觉会很投缘。养鹿场老板教我们如何辨别韩国鹿茸和外国鹿茸，还介绍了鹿茸的功效。他还说，现在人们喜欢整容，捯饬皮肤，一不小心就会弄得人不人鬼不鬼的。他劝我们不要去整容，聪明的人应该注意在平日里防止老化。大家听了都笑了。养鹿场老板为了把鹿茸和其他补药卖给游客，可谓是煞费苦心。然而游客们反应冷淡，导游见了，露出尴尬的神情。

杜鹃花盛开的大芚山山麓

时过正午，我们向大芚山出发，途中经过柿子之乡——阳村里。忠清南道论山市的阳村面出产柿饼。导游告诉我们，到了秋天到处都是熟透的柿子，游客可以随意采摘随意吃。没有人看管柿子树，游客也可以摘了带走。这一刻，想起从前食不果腹的时候，到了秋天就把刚熟的柿子裹上秸秆，放在盒子或木箱子里，等到熟透变成红柿了，再拿出来孝敬父母。我们也会用盘子盛几个红柿来招待左邻右舍。我的思绪纷飞，想起童年的田野，想起我的家乡，想起了父母。

2008年4月25日，因为春旱严重，江流和小溪都见了底。沿江的山谷里有许多旅馆和民俗。有一家旅馆的外围开满了杜鹃花，美得惊艳。中午饭点的时候，我们来到大芚山山麓的公共停车场。附近有公园管理办公室，还有不少餐厅、小卖部。我们午餐在"大芚山大田餐厅"吃了野菜拌饭。拌饭里有清香的马蹄菜，还有我第一次吃到的生菜秧，味道真不错。即使没有山珍海味，但是能和朋友在异乡一起吃顿饭，饭桌上依然充满欢声笑语。

大芚山道立公园涵盖完州、论山、锦山。观光缆车设在完州境内。下午2时30分左右，我们乘上缆车，缆车沿着铺装道路延伸的方向向上攀爬。道路两边有一簇一簇的杜鹃花，紫红色的、桃红色的、藏蓝色的，开得非常娇艳。所以说，韩国处处风景如画。在山坡上有卖野菜的老太太，她们眼里是淳朴的目光。我在偏远的山区里出生、成长，所以每到春天，泥土散发着清香，听到春天的诗篇的时候，我的心里就泛起涟漪。此刻，我不觉吟诵诗人金相沃的《思乡》：

静肃沈潜目，曲多草原游。
涧溪潺潺潺，溯水路边流。
扉蔽白杨掩，草家群集留。
贤良鲜丽众，山菜采将援。
乐日家家食，嚼春住住村。
眼开追忆脱，怀抱复元怨。

大芚山缆车及其最高峰的摩天台

大芚山里奇石绝壁与芳草树木相映成辉。这里山势险峻，素有"小金刚山"之称。1990年，道立公园所在的这个山麓设置了50人乘坐的大型缆车。乘缆车上山需要6分钟，成年人的往返费用是6,000韩元，每年接待65万旅客。售票处所在的是一个综合性建筑，为方便游客，设有小卖部、洗手间，还有阁楼和可供休息的空间。缆车渐渐攀升，缆车外的景致美不胜收：大芚山山谷、远处迂回的山间小路、形如波浪的山脉、山巅的奇石、绝壁上的遒劲的苍松。

下了缆车，爬上曲折陡峭的阶梯，映入眼帘的是横跨君主岩和立石台之间的红色大铁桥——锦江云彩大桥（高81米，长50米）。大桥之雄伟，让人叹为观止。瀑布从岩壁之上飞流直下，为大桥的景色锦上添花。可惜，今年春天有大旱。天气预报说今天首尔地区会打雷下雨，但是依然迟迟不见春雨的到来。

在云彩大桥上仰望摩天台的最高峰，红色铁桥阶梯的坡度超过60度（实际值为51度）。台阶如天梯一般，似乎能通向云端。在台阶上回头往下看，来登山的游客人头攒动，但坚持登顶的人屈指可数。站在大桥上，依稀能看见绿意盎然的山谷里有石头垒起来的窄窄的登山道。这里从前没有缆车和大桥，是一片人迹罕至的山谷，人们进山必定要走那些羊肠小道。我过了大桥，手脚并用地爬上一段台阶，就到了立石台。想起三年前，不知道我从哪里来的劲，竟用了整整8个小时登上了中国安徽省黄山（海拔1860米）的西海大峡谷，也许正是那股劲儿鼓励着我今天来攀登摩天台吧。

东学党农民起义最后的战场

我来到立石台，恰好有位僧人从一坪宽的岩石空隙间徐徐走来，嘴里还念着佛经。他像赵芝薰《僧舞》诗中的僧人，一头乌黑的短发，却带着莫名的忧伤。大岩石上有一尊 20 厘米高的佛像。僧人年纪不到 40 岁，似乎是来祈福的。他是为往来自于大芚山的众生祈求平安吗？还是为经过临空大桥，在与官府军队和日军作战中惨死的 25 名东学党农民起义军的领袖祈福呢？我想他此行一定有深意。东学党农民起义军的领袖们在这里安营扎寨了八个月（1894.11~1895.1），直至结束最后的抗争。东学党起义军呼吁依法惩戒行为不端的贵族，废除奴隶卖身契，改善平民待遇，去除非法的苛捐杂税，严惩日本汉奸。当时的韩国朝廷联合清军来压制东学党起义军，中国清朝签订《天津条约》（1885 年）后，日军趁机进入朝鲜半岛，东学党农民起义军由兵变夺权转而参加了中日战争。

韩国的高山雄伟壮观、山谷幽深，特别是大芚山怪石嶙峋、森林茂密，美不胜收。用"锦绣河山"来形容韩国的风景再贴切不过了。我们乘缆车下山，来到八角亭逗留了一会儿。时至下午 4 点，天空布满厚厚的云层，清凉的春风从山脚吹来。大家看到这番美丽的景色，让我朗读一首诗助助兴。大芚山风景优美，有着"小金刚山"的美誉，所以我朗诵了郑飞石金刚山游记《山情无限》的最后几句。为什么会有苍凉空寂的感觉？是因为想起了东学党农民起义军吗？"千年社稷犹如南柯一梦。麻衣太子辞世至今又过了千年。在亘古流长的岁月河流之中，千年只不过是须臾罢了！人生不过短短几十载，遍尝喜怒哀乐，死后不过是一抔黄土，而我不过是一介过客，心中黯然萧索。"

在下山的路上，看到大芚山山脚有人在卖野菜，有位同伴说马蹄菜正鲜嫩清香，买了两袋，送了我一袋。本来是我要买来送给他的，但在我问价格的时候，他就掏了钱，买下来送给了我。身边的朋友都很照顾我，我欠了不少人情呢。

江景海鲜酱菜市

　　江景属于忠清南道论山市的管辖范围。在朝鲜王朝时期，江景港与元山港并称"两大港口"。江景是大型内河港，码头水深 400 米，可以停靠大吨位的船舶，几十米的大型船只可以自由出入。江景是连接忠清南道公州与扶余、长项与群山的水上交通枢纽。据说，在日本帝国主义强压时期，许多日本人进驻江景，设立了市场、商铺、金融机构。

　　江景的海鲜酱名声在外。我们来到经营海鲜酱商铺和餐厅"黄山海鲜酱商会"，里面展示着各种美味的海鲜酱。现在的海鲜酱比从前含盐量少，可以尽情享用。上好的鳀鱼的价格只要首尔的三分之一。我们大家都忙着给孩子们带鱼干和海鲜酱。

　　我们的晚餐有明太鱼汤，汤里有萝卜和豆腐。用虾酱汤调味增鲜，汤汁非常鲜美。热乎乎的白米饭就着海鲜酱，别有一番风味。晚上 7 点，我们离开江景。夜里 9 点，回到首尔，空中洒下几滴小雨。我带着朋友送的野菜、明太鱼干和海鲜酱，乘出租车回汝矣渡。白天没下雨，我们春游玩得很尽兴，又在江景市场买到物美价廉的美食，真是一石二鸟。

（9）泰安半岛万里浦正西津

　　2007 年 3 月末的一天上午 9 点，丈夫学校的三对夫妇和我们一起乘面包车到忠清南道泰安半岛游玩。泰安郡有大大小小的 70 多个岛屿、海水浴场，海边还有松林苍翠的海岸国立公园。那天，天气有点阴沉，光线不够明亮，山色与海水沉浸在朦胧写意的氛围之中。

　　走出郊外，山巅到山谷都未褪却冬天的颜色，但是金达莱花、连翘花、木莲花已经从冬眠中醒来，悄然绽放。牙山湾和南阳湾淡淡地勾画海滩与海水的交界线，若隐若现，好像在玩捉迷藏一样。气温约15摄氏度，雾气里透出春日的光辉。潮水退去，露出辽阔的湿地。雾气迷蒙，隐隐识得远处海水的水平线。

　　西海岸高速公路有西海大桥（长7.3千米），它体现了雄厚的国力，是韩国的骄傲，也是韩国现代建筑的典范。大桥设计能抵御强风、里氏六级地震；桥墩高182米，桥墩间距470米，5万吨级的货船可以自由航行。我们到行淡岛休息处歇脚，一边喝咖啡一边欣赏美景。

　　我们抵达瑞山看月岛时，乌云密布，似乎要下大雨了。我们来到了提前预约的"味之山"农家乐。商店在山坡上，有一个巨型的广告牌。我们来到二楼，透过敞亮的玻璃窗，大海与沙滩、松林与山丘、通向海边的小路都可一览无余。整面墙上贴满了介绍"味之山"的图片。中午12点，还没到用餐的时间，店里人很少，我们在靠窗的地方坐了下来。

　　餐桌上有让人垂涎的牡蛎饭、凉拌鳐鱼、葱香牡蛎饼、清酱汤、辣牡蛎酱。我们举起装着"百岁酒"的杯子，庆祝难得的相聚。我们吃的清酱汤没有难闻的味道，它的配方获得了发明专利。我们吃着吃着，窗外下起倾盆大雨，一时间沉郁吞噬了大海和山林，窗外一片漆黑。

　　我们吃完午饭，雨停了，雾气也散了，春晖灿烂，洒满大地。一派春回大地的景象，海边的风景更是美到了极致，叫人流连忘返。大自然让我们远离都市喧嚣，变得诗情画意。看着汹涌的波涛和美丽的沙滩，我浅吟低唱起高丽时期的民谣《青山别曲》。我的S大学的学长朗诵这首诗比我朗诵的荡气回肠。

> 居兮居兮，住兮住兮，我欲居于茫茫青山。食山葡萄，啖猕猴桃，我欲居于莽莽青山。鸣兮鸣兮，啼兮啼兮，泣兮泣兮，鸣鸟泣兮！鸣兮啼兮，鸣鸟泣兮，醒来而泣，鸣鸟泣兮。悲思愁怨，比我更胜，醒来而泣，鸣鸟泣兮。鸣兮鸣兮，啼兮啼兮。……居兮住兮，依海而居。食草啖鱼，依海而居。
>
> （省略）

我们在去万里浦的路上途经休闲之都安眠岛。我们到临大海的海洋城堡酒店（Ocean Castle）里喝了几杯茶，聊了会儿天，而后便启程去了泰安半岛的万里浦。

万里浦正西津

忠清南道泰安郡正西津是韩国版图最西边。与之相对的是江原道的江陵，被称为"正东津"。小路的尽头就是大海，靠海的地方有一块孑然守望西海的石碑。那是石碑促进会为赞美万里浦而树立的"万里浦恋歌"之碑。石碑旁的乌石上刻有"大韩民国最西极正西津"的字样。再旁边有"万里浦情歌碑"。说到"最西极"，莫名有种伤感和孤独的感觉。天气有点阴，我们迎着猛烈的海风齐声朗诵石碑上正西津的赞歌。石碑无言，而作为韩国国民，我们朗读正西津的赞歌是对无言的诗碑致敬。下面是《万里浦恋歌》的一部分：

> 远方有远方的美。
>
> 每当干涩的海风拂过胸膛，要来这里眺望万里浦的大海……

万里浦正西津纪念碑

乘一只陈朽的木舟，怀着梦想的万里浦人哟，

用强壮的臂膀捞起火红的太阳。

千年之前大海也是如此的蓝。（诗：朴美罗，字：林成万）

诗写得真美。三小节的歌词倾吐着对大海的深情厚谊。读完诗歌，环视西边的大海，不见一只海鸥，倒见海里层层浪涛。灯塔孤独地立在远方迎着云雾风雨，苍翠的悬崖山谷在清凉的春风里颤动着。下午 5 点左右，我们告别了韩国三大日落观赏地之一"正西津"，前往南塘里，心里有一丝不舍。天气晴好，真是观日落的好时机。我们来到"展望台鱼生店"，晚餐吃了海鲜火锅。晚上 7 点多的时候，我们启程回首尔。那天是周一，路上车不多，我们的车开得还挺快。车外下起了毛毛细雨。

（10）泰安"千里浦植物园"

闵丙灏博士的秘密花园

2010年8月中旬，我与5位同乡的朋友通过旅行社的组织来到忠清南道泰安半岛的海边，参观了"千里浦植物园"。这次旅行是当天去当天回的一日游。过去30年里，植物园只面向植物学研究者或者赞助会的会员开放，2009年3月才开始向大众敞开大门。"千里浦植物园"因创立者而得名。

千里浦植物园的创建者是从美国回到韩国的闵丙灏（Carl Ferris Miller，1921年~2002年）博士。1945年韩国解放，他作为驻韩美军的初级将校第一次踏上仁川的土地，此后57年都居住在韩国，倾尽家产建立了这座国际级水准的植物园。1962年开始购置土地，1970年开始栽培苗木。园区约有20厘米至30厘米的地表土层混入海盐，土壤肥沃。听说，当时这里没有通电，没有电器、电话、给水，闵博士自己安装了发电机。

植物园里遵循自然法则，让植物自由生长，最大限度地减少人为的干涉。植物园里有植物14915种，居韩国植物园之首。2000年，被国际植物学会评为"世界美丽植物园"。2012年被韩国观光公社评为"韩国人不可不去的100个境内景点"之一。

千里浦植物园的一大特点是临近千里浦海水浴场，面朝旷阔的西海海岸，视野开阔。海水每天潮起潮落，一天可以看到两次滩涂。千里浦植物园里，静心用树木组成了8座体验馆。海松屋、冬青屋、百日红屋、柏树屋、柳树屋、芳草屋、樱花屋。通过网上预定，一家人就可以留宿体验。生态教育馆也是面向公众开放的。生态教育馆有巨大的落地玻璃窗，可以观赏到植物四季的变化，这里适宜举办研讨

千里浦植物园夏季全景图

会、大型会议、教育项目，也是亲子游的好去处。

我们的导游是一个豪爽的中年女性。她特别嘱咐我们不能在植物园里采摘植物、收集土石，不能带宠物入内，拍照不能用三脚架，因为这些行为都会给植物的根部带来伤害。入园之前，导游还特意告诉我们园内禁止宗教活动、团体活动、饮酒、吸烟、饮食、丢弃废弃物品。

8月天朗气清，西海岸边水波粼粼，大地渐渐燥热起来。我们听着导游的讲解，沿着长长的椭圆形线路参观了千里浦植物园。美丽的植物园依狭长的西海岸而建，是大自然的馈赠。我在中国和日本旅游参观过一些植物园，但没有一处像千里浦植物园建造得这么用心。

站在西海展望台上，能看到触手可及的地方就有人迹罕至的小岛。正值春天，坐落在西海边上的千里浦植物园分外美丽。花草树木与大海融为一体，可谓世间美景。我们沿着游览路线走着走着，来到了植物园创始人的胸像前。

千里浦植物园的创始人闵丙濩博士建立了这个总面积 17 万坪，核心区域 18500 多坪，由 7 个大的主题板块组成的大型植物园。七大主题园区分别是水生植物园、茶花园、绣球园、紫芒园、岩生植物园、冬青园。1999 年，千里浦植物园被美国冬青荆棘植物学会认证为冬青荆棘植物园。

千里浦植物园成为 G20 首脑峰会（2010 年）指定的旅游胜地，2009 年从韩国山林厅获批韩国首个"植物园专家教育课程"项目。千里浦植物园是韩国植物品种最多的植物园，它的一大使命就是保护国内外诸多濒临灭亡的植物。

我们游览了一圈，走进"闵丙濩纪念馆"的院子。里面出售栽有各种开花植物幼苗的盆栽。价格实惠，花儿也很新鲜。纪念馆的墙体全部是玻璃制成的，玻璃墙上展示着纪念馆四季的照片供游客观赏。无论春夏秋冬，来到这里都能欣赏到美丽的景致。一面墙上安装了巨大的电视屏幕，游客们可以通过丰富影像资料观赏千里浦植物园的美。这是纪念馆的一大亮点。身处纪念馆，能深深地感受到闵丙濩博士对韩国炽热深情。我觉得这是一个可以教育大家热爱植物的好地方。

万里浦海岸和自愿服务带

我们一起前往万里浦。2007 年 12 月 7 日，建造仁川大桥的三星重工旗下有一艘船，叫"三星一号"。三星一号牵引驳船驶向庆南巨济的时候，驳船的牵引绳断裂，撞上了停靠在距万里浦西北 10 千米的油船"河北精神号"。撞击导致"河北精神号"三个油舱的原油泄漏，流向附近海域。

政府发表声明，将忠清南道的泰安郡、保宁市、舒川郡、瑞山市、洪城郡、唐津郡一带划为特别灾难地区，在当地设置了救援指挥部。这场事故致使泰安郡的作物种植区、渔场共计8000多公顷的区域受到原油污染。海鱼和候鸟成群成群的死亡。而潮汐和强风加速了原油扩散，扩大了污染范围。事故发生后，新安郡、灵光郡、午安郡都受到了这次原油泄露的影响。

志愿者工作全景图

123万名来自韩国各地的志愿者们放弃了年末的休假，来到泰安半岛拯救西海岸。到了周末，志愿者很多，有时还会导致交通堵塞。12月，正值寒冬，志愿者们戴着胶手套，穿着胶鞋，冒着刺骨的海风，拿着报纸、旧衣物、树干到海边清理遗留在海滩上的原油。他们浑身沾上了油污，也没停下来。放眼望去，海岸上慢慢布满了一列列装了原油的铁罐。12 月，强风暴雪，凛冽刺骨，志愿者们聚集到泰安海岸，一头扎进满是油污的沙滩和礁石间，一干就是好几天。正是众多志愿者们的付出终于使泰安海岸恢复原貌。当国家面临危机的时候，韩国人民团结一致，众志成城！我想，韩国人的 DNA 里传承了先祖们的爱国精神、护国热忱。

泰安万里浦有一块石碑，上面刻着诗人朴东奎的《是谁携黑海的手相望，拯救生灵》。同时，还有"西海的奇迹"摄影展。我朗诵了诗的一部分：

千百年来和睦安逸的你和我，被一声巨响震落。
犹如海上日出般，厚实的手，担着桶的肩，哼着小曲的嘴，
123 万个生命的尊严哟，揽住泰安乌黑的大海，
荒废的沙滩，光滑的礁石。

寒风刺骨，暴雪纷飞。
手牵手投身阻挡黑色的油污。
是谁拯救我们民族亘古的大地，是谁涤净墨色的沙滩
找回没有痛苦的世界。

2007 年 12 月 7 日，原油泄漏事故中，受灾最严重的就是泰安万里浦海水浴场，那里直至 7 个月后的 2008 年 6 月才重新开放。纵观古今东西，国难当头的时候，国民无私奉献，团结协作，拯救国家于危机之中。泰安万里是大自然的馈赠，眺望湛蓝大海里的浪花，犹如倾听着一支支优美的赞歌。9 年前，泰安国立公园经历了一场噩梦后，成了被世界自然保护联盟（IUCN）认证为泰安海岸"国立公园"。

（11）保宁暮山诗人手迹公园

2006 年 11 月 10 日，正值暮秋时节，空气飘浮着淡淡的薄雾。我与 15 位诗歌爱好者从忠清南道西海岸边前往"暮山韩国现代肉笔诗（诗人手迹）公园"。这个公园建于 2005 年 7 月，由代表韩国现代诗坛的"肉笔诗保存会"的 45 位元老级人物和重量级人物创建，公园内保存有已故诗人徐廷柱、朴斗镇、具常等 9 位以及 12 位当代诗人的诗碑，这些诗碑的材质是保宁市南浦特有的乌石。当中有诗文学研究班指导教授黄松文的诗碑。2006 年的时候，大约立了 200 块诗碑，未来会再添 500 块诗碑。

保宁市的南浦乌石色泽乌黑，刻在其上的诗文经历千年风雨也不会腐蚀磨平，鲜明可见。中国广东有端溪石砚，韩国南浦有乌石砚。

保宁市位于忠清南道西海岸的中段，"长黄线"和西海岸高速公路南北贯通而过，是重要交通枢纽。大川海水浴场、有着 1.5 千米海岸线的武昌浦海水浴场。每年 7 月，都会有"保宁泥浆节"。

看着车窗外忽闪而过的旷野和晚霞，我想起了画家米勒的《晚钟》和《拾穗者》。落叶的法国梧桐枝头上有喜鹊窝，那是喜鹊遮风避雨的、温暖的家。12 点半左右，我们到了保宁市。从山坡上向下望，美丽的保宁市一览无余。路边种着黄澄澄的银杏树，碧绿的青松外芦苇丛翻腾着波澜，歌唱着秋天的美。今年气候异常，枫林的颜色普遍不够艳丽，然而今天保宁市的枫林这位端庄的女子，为迎接我们这群远道而来的客人，特意换上了秋天的盛装。开化艺术公园坐落在 5 万多坪的盆地上，四面环绕着低矮的山丘。气温大约 12 摄氏度，清爽的秋风轻轻拂动我的衣领。

暮山韩国肉笔文学（作家手迹）公园的入口左侧，朴斗镇《天空》的诗碑正守望着天空，旁边是诗文学指导教授黄松文《石》的诗碑安详地立着，再往旁边就是金春洙的《花》。《天空》《石》《花》和气融融，呢喃细语。诗歌爱好者们欢畅地齐声朗读教授的《石》：

> 熊熊烈火之中修炼千年，化身山贼又苟且投生了千年，萧瑟秋风里拾起了念珠。
>
> 在水中迷茫地滚过一千年，终成永生之石辗转不休，整理被出卖的声音站起。
>
> 神仙峰花潭先生化作鸲卵，藏身千年云雾之中，
>
> 率贼子降落俗世，只留佳作一篇而辞世。

黄松文教授的诗碑

为什么在众多诗作之中选择把《石》刻在石头之上？黄教授花甲之年出的诗集中也有《岩上花》的诗篇。土地暗喻生命与诞生，石头象征亘古不变。引用一下提倡"石头美学"的诗人赵之熏的文字：

> 于无八美之处品鉴至美，静寂岿然之中传来霹雳轰鸣之声，感受石头的美仿佛闭着眼弹奏没有弦的玄鹤琴。……笑看生命无限的伟力莫过于石头。石头之美就是永恒的生命之美。
>
> （省略）

黄松文诗的特点

我在老年文化中心里黄松文教授的诗歌创作班学习了几年。黄松文教授出生于全罗北道的樊树，其作品带有浓郁的乡土气息，描绘大众的形象。他将韩国历史中的阴暗曝光于昭昭白日之下，用纪实的笔触描写了百姓的苦难生活，揭露现代社会统治阶层的腐败。他的许多作品从老百姓的角度反映阶伯将军出战的黄山伐、壬辰倭乱、韩国战争带来的历史的伤痛，以及社会的黑暗。

我曾经有一段时间沉迷于中国唐朝"李杜"的诗文。李白擅长用隐喻夸张手法、奇思妙想，而杜甫的诗多反映劳苦大众的生活。杜甫用诗反映人民生活的贫困，因而被称为"诗史"。杜甫的诗作《三吏》《三别》《自京赴奉先县咏怀》广为传诵。杜甫长诗中有这么几句悲叹："朱门酒肉臭，路有冻死骨。荣枯咫尺异，惆怅难再述。"我觉得黄松文的诗风与杜甫有相似之处。

黄松文以《留鸟食》的思想与《煤灰》的诗论闻名韩国诗坛。煤球可以温暖漫长的冬天，散在路面上可以防滑。《留鸟食》讲述了在瓢里给鸟儿留下的种子到了第二年春天发了芽，歌颂了为爱牺牲的伟大爱情。下面的诗句摘自《留鸟食》的第二联和第三联：

冒着夏天狂风骤雨，滋养秋天甜美的金子，
孕育老树圈圈层层的年轮。（摘自第二联）
酱曲腐化酵出酱味，涩涩的柿子经历风霜愈发甘甜，
我们也将苦尽甘来。（摘自第三联）

下面是摘自诗集《湖南平原》中《墓中的眼睛》的文字：

眼前是坟头，我侧耳听，
仿佛传来老妇人纺车的声音。
日军征兵掠走了青黛一样的儿子，
纯洁如玉的女儿饱受精神的摧残，
孤魂野鬼的山头上引燃了炮火，
火辣辣的硝烟里，云霞也失魂哭泣。

黄松文很关注中国的朝鲜族文学，抱以热诚要把朝鲜族文学介绍给韩国文坛，曾出版了《中国朝鲜族诗文学变化情况研究》。还将韩国的诗歌和中国朝鲜族音乐家的歌谱、朝鲜族歌唱家的歌曲融合在一起，制作了唱片集《爱与生命的留鸟食》。他一生共著有诗集、诗选、小说、散文、论文著作共78本。

刻着诗、书、画、歌的诗碑

我们参观了形态各异的诗碑。有的诗碑上画有"四君子"，有的附了乐谱，有的有作者的自画像，还有的配上了插画。儿童文学家李元寿的石碑上刻着他的创作的歌曲《故乡之春》，上面附了"我曾生活故乡是鲜花遍野的山谷，桃花、梨花、嫩嫩的金达莱花"的乐谱。儿歌童话作家尹克荣的《半月》(即，朝鲜族儿歌《小白船》)也附上了乐谱。我们走到诗碑前，齐声唱道："蓝蓝的天上银河里，有只小白船。船上有棵桂花树，白兔在游玩。……晨星是灯塔，照呀照得亮。"

诗人尹东柱是自由战士，他的《序诗》和《数星星的夜晚》广为传诵。尹东柱的《数星星的夜晚》是我每逢秋天常读的诗篇。公园里都是著名诗人的代表作，都是我们平时爱读的诗，几乎没有陌生的。我们在公园里游览了一圈，一首连着一首地朗诵诗歌，唱童谣，好像回到了小时候一样。

肉笔诗公园入口丝瓜藤下有石凳，绿荫葱葱的步行道，还有荷花池，景致美丽，仿佛艺术品一样。荷花池里密密麻麻的荷叶，在秋风中显露出哀伤的颜色，等到了夏天它们就会绿意盎然地仰望天空了。我们来到荷花池后面，石头上刻着历代总统和君王的手迹、遗训，以及韩国学者、思想家、高僧、文人、书法家的代表诗与各种书法作品。这些诗带有浓郁的韩国传统气息与韩国的灵魂，是韩国子民们的精神支柱，传达韩国人的心声。

公园里有中国的大诗人陶渊明、诗仙李白、诗圣杜甫、王维的诗，中国书法家有王羲之、颜真卿以及韩国的书法家秋史金正喜、韩石峰、申师任堂的手迹。过去30年里，我学习文人画的时候经常接触这些作品，今天在这里偶遇它们，心里非常欢喜。

午后过了2点钟，我们离开了肉笔诗公园，前往海边。我们来到一家生鱼店，坐在大窗户的旁边，面对着大川广阔的大海。阳光微微斜射，照进这家叫作"午餐时光"的餐厅，餐厅里很安静。清凉的晚秋，旷阔的海滩仿佛为了迎接远道而来的客人，昨夜里下过一场雨。大家肚子饿了，大快朵颐地吃着生龙活虎的墨鱼腿，相互敬了几杯黑豆酒。那天，一位爱好文学的朋友带来几大瓶满满当当的酒。大川大海上弥漫着雾气，其间隐约看到几块礁石和海鸟。

黄松文教授今天给我们这些学生准备了早餐和中餐。午饭过后，我们在海边合唱了几首歌。大约下午4点左右，我们起程回首尔。我想，如果诗人们在那里读他们的诗篇，那么他们的声音将如天籁和声，响彻开化艺术公园，永存后人心中。

（12）诗人郑芝溶故居

2008年3月28日上午9点，我和诗歌创作班的朋友们乘坐25人的专车从首尔舍堂站出发，前往忠清北道的玉山洞和报恩郡，探访诗人郑芝溶与他弟子吴章焕的故居、文学馆。我们出发之前，下了一场春雨，阳光普照大地，天朗气清，春意融融。朋友们喜笑颜开，笑容美丽得就像青罗山（地名）坡上的草色。

同行的诗人池昌英（音译）曾发表了对郑芝溶的研究成果。他提出，郑芝溶是韩国现代文学史的一座高峰，对青鹿派诗人有着深远的影响。现在，知道吴章焕的人不多，而池昌英却对他的文学世界进行了研究。这些研究对今天的文学之旅很有帮助。

我们的车刚驶离首尔市中心，一位朋友就将装着为大家精心准备的紫菜包饭、点心、水果、饮料的袋子分发给大家。诗人李炳勋给大家带来了黑豆酒和美味的下酒菜。老金和老尹在《文学世界·2008年春季号》发表了诗作，进入了诗坛，他们为了"留鸟食"文友会的发展慷慨解囊。

郑芝溶诗碑《乡愁》

上午11点20分左右，我们来到了郑芝溶的故居，当地导游已早早到场等候我们了。郑芝溶故居是1996年复原的，刻有《乡愁》的诗碑在入口迎接我们。我平时很喜欢读《乡愁》，今天在诗人故居前读到这首诗，心里颇有感触。

> 朝着东方一望无垠的原野尽头，涓涓溪水蜿蜒在古老故事的脉络里，
>
> 斑斑驳驳的黄牛在落日的金辉里慵懒哞叫的地方，
>
> 这方热土又怎么忍在心梦中遗忘？（省略）
>
> 小泥炉的灰烬渐渐冷却，夜风呼啸在空寂的旷野里如跃马疾驰，
>
> 睡意渐浓的年迈父亲正枕着草枕的地方，
>
> 这方热土又怎么忍心在梦中遗忘？（省略）
>
> 如同传说之海上翩然起舞的夜的波涛，乌黑鬓发飘逸的小妹
>
> 和我那平凡而朴实的妻子，一年四季赤脚的妻子
>
> 背负着酷热骄阳拾稻穗的地方，
>
> 这方热土又怎么忍心在梦中遗忘？（省略）
>
> ——摘自郑芝溶的《乡愁》

诗人故居前有潺潺溪水流过。石墙、柴扉，茅草屋，旁边还有

郑芝溶故居旁的《乡愁》诗碑

间小磨坊。诗人故居的房间里分别展示了图文并茂的《乡愁》《故乡》《湖水》《流星》，到处充满了诗歌的气息。故居右侧立有郑芝溶的铜像，铜像后面是文学馆。导游让我们环视郑芝溶故居四周的山势。她说那是玉山邑延绵十里的一字山，山谷中有小溪潺潺流淌。她又指向东边，像我们介绍陆英修女士的故居。导游说，这里人杰地灵，走出了不少名人。

同行的诗人金演河（音译）是杰出的摄影师。我们文学爱好者们举行活动的时候，他总能用专业眼光敏捷地捕捉到精彩的瞬间，为我们拍了很多具有纪念意义的照片。今天他关注的地方与大家不同。今天也是由他为大家拍摄参观文学馆的留影。我们约好吃过午饭后又去拜访郑芝溶文学馆，然后去了"田螺主题餐厅"。于是，午饭结束后我们又走进了郑芝溶文学馆。

青鹿派诗人都是通过《文章》杂志登上文坛。这份杂志只有十来页。这么一份薄薄文艺杂志能名垂诗史，是因为杂志所收录的诗人和作品都很优秀。诗人郑芝溶号是"池龙"，曾执教于徽文高等普通学校，1929年日本京都的同志社大学英文专业毕业，之后回到韩国母校徽文高等普通学校教英文。吴章焕就是在这时期向郑芝溶学诗的。

郑芝溶与金永郎一起供职于《诗文学》杂志，在担任《天主教（青年版）》的编辑顾问时，发掘了李箱。1939年担任《文章》杂志的推荐委员，他又挖掘了朴木月、朴杜镇、赵芝薰。曾任《京乡新闻》的编辑局局长，韩国解放后在梨花女子大学担任教授，给学生们讲课。据说，韩国解放后，郑芝溶枉被左翼文学团体的牵连。他的作品被归为"越北诗人"的作品，只到1988年才被解禁。

郑芝溶很敬重尹东柱。尹东柱后来也去了日本，在京都的同志社大学进修。尹东柱就读于延禧大学的时候就认识郑芝溶了，他们经常在一起讨论诗歌。现在东京同志社大学的校园里，郑芝溶和尹东柱的石碑并肩而立。

文学评论家朴泰尚（音译）博士在《郑芝溶的一生和文学》中评价郑芝溶"总能打破传统，开辟新世界，是一位勇于尝试的艺术家"。文人们大都评价郑芝溶有细腻敏锐的语感，为艺术做出了许多贡献。我读高中的时候，读到国语的课文《大海2》的时候，湛蓝的海上波涛汹涌，波光粼粼，犹如千万只身手敏捷的蜥蜴在大迁徙。"大海哟，大浪滔滔。犹如青绿蜥蜴千万条，四面八方地奔跑。"郑芝溶的小诗赋予了海浪鲜明的形象。在郑芝溶之前，有金素月、韩龙云，但郑芝溶有着透彻的观察力和充满乡土气息的文风，无人能及。

郑芝溶的汉拿山游记《白鹿潭》中有这么一段话："越靠近山顶，

大花蓟看着更加低矮了。再上一层山脊，连山腰都消失不见，放眼看去山梁上只见花蓟的脸庞，看不见长穗的茎。像是刻在版上的花纹。"当时，人们偏爱古时调，郑芝溶的诗语彻底颠覆了传统。

我们了解到，这个文学馆与我们之前餐馆的郑芝溶文学馆有区别：资料齐全，设施完善。我觉得，文学馆内那尊郑芝溶的蜡像坐在凳子上，是在欢迎喜欢诗文的学生们。文学馆内还有《郑芝溶诗集》和《白鹿潭》。很可惜，这位天才诗人早早别世，无法为韩国诗文学创作更多的不朽之作。下午 2 点半，我们动身去俗离山法住寺。

（13）俗离山报恩法住寺

我们一大群诗文爱好者浏览了位于忠清北道玉山的郑芝溶故居，用过午餐，来到坐落于忠清北道报恩郡俗离山（海拔 1058 米）山脚的法住寺（史迹第 503 号，旅游胜地第 4 号）。忠清北道看不到大海，但是山清水秀，溪流众多，山峰叠翠，美不胜收。俗离山有九个高峰，在从前被称为"九峰山"。

我们抵达法住寺的时候，映入眼帘的是路旁一棵 600 岁的参天古松"报恩俗离正二品松（天然纪念物第 103 号）"。正值阳春三月，日过三杆，古松的枝干像犯了春困低垂着，而怀揣古树的气节，苍劲毅力。世祖十年（1464 年），世祖来法住寺祭祀，轿子经过松树的时候，松树慢慢撑起枝干，世祖一班人马平安地通过。古树树冠形似雨伞，苍翠浓郁。1993 年，台风挂掉了一面的树干。这里日夜穿行的车辆发出振动，带来了尾气。我很担心古松还能存活多久。

湖西第一伽蓝法住寺

我们把车停到停车场后，迈着轻快的步伐向法住寺走去。天空晴好，俗离山松林里的清风猝不及防地吹到男女老少的心坎里。松枝饱受风吹雨打，无法化身成龙飞上天，于是有了萧索、遒劲、怪异的姿态。树木还没披上新绿显得清瘦，正适合画家们提笔写生。

通往法住寺的山路并不崎岖，我们登山的脚步很轻快。山路（2~3 千米）旁是郁郁葱葱的大树、小溪，心情豁然开朗。我们来到一柱门前，一柱门上有"湖西第一伽蓝法住寺"的字样。我们在法住寺门口与景点的导游汇合。"法住寺"寓意留住佛祖的法旨。相传，新罗真兴王 14 年（553 年）义信祖师到印度取经。他带回一匹驮着佛经白色驴子，在这里建立了寺庙。史书记载，法住寺建成于新罗圣德王时期（720 年），高丽王朝和朝鲜王朝时期有过修缮、重建。

走进法住寺，寺门右边有巨大的铁臼，大得和小湖一样。据说，从前这里是供养着 3000 名僧侣的伽蓝。转身回望，庭院左侧靠西边

俗离山法住寺大雄宝殿

的地方有一尊东亚最大的弥勒大佛铜像。

东亚最大的弥勒大佛铜像

根据法住寺的相关记录记载，新罗惠恭王时期（776年）铸造了这尊金铜佛像。高总的父亲兴宣大院君为重建景福宫筹集资金的时候，没收了这尊佛像。1990年，主持月诞高僧复原了这个主体高8米，花岗岩基座高25米，重达160吨的青铜弥勒佛像。2002年，成功地举办了韩日世界杯，开始把铜像改成金像的工程。

眺望着端庄威严的弥勒佛，我陷入了沉思。弥勒佛掌管者极乐世界。观音菩萨心怀慈悲，普度众生，如来佛祖治愈人们的身心疾病。如来掌管现世，弥勒佛掌管来生。他的作用是教化劳苦大众忍受今生的苦难。而现在的人们更重视活在当下，希望现世获得物质上的安逸富足，而不在乎来世的福。

导游介绍说，法住寺存有国宝级文物3件，文物13件，忠清北道有形文化遗产24件。导游带我们参观国宝，并介绍了它们的珍贵之处、重要意义和艺术价值。八相殿（国宝第55号）是壬辰倭乱后重建的。双狮石灯（国宝第5号）是统一新罗时代的作品，两只狮子相对而立，后脚着地，前掌高举过头顶，捧着石灯。石莲池（国宝第64号）是统一新罗时代的作品，将整块花岗岩雕刻成半开的莲花。石莲池里注了水，水面上开着莲花。新罗时代的佛教艺术作品大多有着简朴素雅而宏伟壮阔之美。

弥勒佛与弥撒亚

我们的行程安排得很紧，很快就搭上班车前往吴章焕文学馆。在行驶的车上，我闭上眼，脑海中浮现法住寺弥勒佛的金铜像。佛经里的弥勒佛和《圣经》里的救世主弥撒亚有什么关联？他们都是人类面临灭亡危机时，普度众生。我想人类信仰宗教的形态各异，东西方存在差异，弥勒佛是不是东方的救世主呢。

通往高高山顶的登山路线有好几条，而山顶只有一个，条条山路通山顶。我们从山脚不同的点出发，朝着不同的方向，最终抵达了山顶。我想人们也要走出认为自己所信仰的宗教是唯一宗教的偏见。

（14）诗人吴章焕的故居

诗创作班的朋友们为探访忠清北道玉山的郑芝溶故居和报恩郡吴章焕（1918 年 ~1951 年）的文学馆，于 2008 年 3 月 28 日上午搭上 25 人的专车从首尔出发了。途中取道去了趟俗离山的报恩寺，到吴章焕文学馆的时间比预计的晚了些，差不多晚上 6 点了。早春三月，太阳下山下得早，气温还有点凉，天不一会就黑了。

通往吴章焕文学馆的路口围墙上有巨大的向日葵壁画和童诗《向日葵》。"篱笆遮住了太阳，见不到日光。向日葵为了见到太阳努力生长。"我学画画的时候，有一段时间最爱画向日葵。大概是因为如此，见到这面墙分外欣喜。

诗人故居入口的路标石上刻有"诗人吴章焕故居"的字样。在路标后面迎接我们的是朴素的草屋和几株还没发芽的柿子树。2006 年，吴章焕故居前建了文学馆。吴章焕的诗《我的歌》的第一联：

> 我的歌声停止的那天，我的心中绽放出美丽的花。
> 新建的庙里，旧泥土芬芳，而我一次也哭不出来。

走进文学馆，文学馆的女向导穿着清新淡雅的新式韩服，印象亲和，言行举止像绸缎一样优雅。文学馆里陈列着精心收集的珍贵资料陈列。馆中有先进设备，游客可以通过影像资料欣赏诗歌。这里陈列着我们并不熟知的天才诗人吴章焕的诗集。文学馆里还收集了与吴章焕交好的朴斗镇、李忠燮、郑芝溶、李陆史、徐廷柱、金光均等诗人的照片，以及吴章焕与他们的往来书信。这些资料反映了在韩国民族动荡的 30 年代文人从事创作的情况。

吴章焕出生于忠清北道的报恩郡，14 岁进入徽文高等普通学校，师从郑芝溶，学习诗歌。16 岁在《朝鲜文学》报上发表诗歌《浴室》，并步入文坛，正式创作诗歌是在为《诗人部落》《浪漫》《子午线》等诗歌杂志工作的时候。吴章焕与李庸岳、徐廷柱并称 30 年代后半叶的"三大天才诗人"。

吴章焕的诗《石塔之歌》被选入 1947 年中学国语教科书中，长诗《患病的首尔》被提名"解放纪念朝鲜文学奖"。吴章焕创作这首诗的时候，年仅 28 岁，因肾病住院，在医院里度过了 8·15 光复节。以下是《患病的首尔》中的一部分：

> 8 月 15 日的夜晚，我在病房里哭泣。我知道，高兴都是你们的，我知道留给我的只有泪水，那些弥天大谎。日本天皇的广播，多么喜悦的消息，而我却听不到。我这患病的孩子若在寡母死去会羞愧怨愤。（省略）患病的首尔哟，我看在眼里。
>
> 每次经过你这条街道，都让我泪流满面，今天你更是显露出比禽兽更肮脏的居心 / 街上满是两眼冒光甚是猖狂 / 某本部、某本部，某党、某党的汽车 / 弄得路人身上一身是灰。
> （省略）

摘自吴章焕《患病的首尔》

　　吴章焕诗人解放后活跃在"朝鲜文学家同盟"中，1946 年流亡朝鲜。每每读到吴章焕的《乡愁》都会流泪。他出版了许多诗集：包括《城墙》（1937 年）、《献词》（1939 年）、《患病的首尔》（1946 年）、《我生活的地方》（1947 年）。流亡朝鲜后，于 1950 年出版了诗集《红旗》。1951 年，34 岁的吴章焕因病去世。文学家们评价吴章焕的诗中充满绮丽的想象，表达方式也很直接。1988 年，韩国解禁了 100 多位越北文人的作品，包括郑芝溶、吴章焕、李庸岳、白石诗人的作品，现在韩国人可以欣赏到他们的诗篇。不仅如此，文学界开始重新评价吴章焕诗人的文学作品。1989 年，《创作与批评》杂志社出版了《吴章焕全集》的第一卷和第二卷。

　　吴章焕还写了不少可爱的童诗，现存的童诗有《纸飞机》《大雁》《大海》等 40 多篇。下面是 1934 年《儿童》上刊登的《大海》：

　　眼泪和海水一样咸，

　　大海又是谁的泪呢？

全新的吴章焕文学馆

　　文学馆内有吴章焕的故居全景图。吴章焕的雕像坐落在全景图前的木椅上，看着非常英俊。这是我们第一次参观吴章焕文学馆，文学馆门口展示着吴章焕的诗集和纪念品，供游人购买。在这里可以买到 2014 年都钟焕编写的吴章焕童诗集《害羞的猫头鹰》《细读吴章焕诗》《吴章焕全集》。每年九十月份，会在这里举行吴章焕文化节。

　　厨房里香喷喷的红薯已在等待着我们的到来。我们未能准时到达文学馆，心里有些过意不去。尽管如此，人家还盛情款待我们，真是万分感激。太阳落了山，阳春三月的夜晚还有些许凉意。我们离开文学馆时，向导说"下回要用菜地里种的各种绿色蔬菜给我们做午餐，一定要再来。"向导的心善良明澈得就好像夏雨初霁的湖水。

晚上 7 点刚过一点，我们起程回首尔。我们的车在原野和山谷里迂回着，颠簸着。报恩郡地区有许多景色优美的山谷。韩国八景之一的俗离山有着美丽的自然风光，是难得一见的净土。今天我们一群诗文学爱好者的心中，都装满了俗离山法住寺的松风、郑芝溶和吴章焕文学的芳香。悲惨的天才诗人呀！"我的诗歌绝响的时候，我们坟头将会开满美丽的花。"这一诗句一直萦绕在我脑海里。

吴章焕文学馆

第五章
全罗道多岛海·海上国立公园

光州广域市和全罗南北道合称为湖南地区，从地理位置上来看，位于锦江下游的南部。全罗道北边的小白山脉将湖南地区与岭南地区隔开，蟾津江流经小白山脉尾部的智异山东南部，成了和岭南地区间的一个天然界限。全罗道西南海岸低矮的丘陵和平原占了朝鲜半岛三分之二的面积，是有着像湖南平原和罗州平原般广阔沃土的天然谷仓，因此不断地遭到倭寇的侵略和掠夺。

　　这里至今还留有从史前时代开始就在西海岸地区形成部落聚居的痕迹——支石墓群落地。从地理上来看，全罗道和汉阳（首尔）陆路交通不便，离中央政府较远，因此地方官吏中贪官污吏很多，这种生活环境让地方官吏们齐心协力搞起了地方保护，也随之形成了对抗不义的浓厚风气。全罗道的东学农民革命、光州学生抗日运动、波及珍岛和济州岛的高丽时代的三别抄抗蒙斗争、壬辰倭乱时期的抗日义兵、6·25战争时期以智异山为据点开展的斗争以及为了对抗军事独裁而发起的5·18光州民主化运动等开化的思想跟不义进行了对抗。

　　百济在4世纪将势力扩张到了忠清道和全罗道地区，到了近肖古王时期已经控制了全罗道大部分地区，百济文化在全罗道盛极一时。朝鲜时期，全罗南道成了南道文化艺术的摇篮。潭阳一园楼亭和园林的歌辞文学建立了韩国诗歌的金字塔。茶山丁若镛在被流放到康津的18 年时间里集实学之大成，孤山尹善道在海南、莞岛、甫吉岛等地集时调文学之大成。因此，全罗道被称为义乡、艺乡和味乡。

（1）光城——光州广域市

光州广域市被称为义乡、艺乡和味乡，而这一句话就可以将这个地区的历史概括出来。光州西中学是光州学生独立运动的发祥地。1929 年 11 月 3 日，韩·日中学生间的冲突在 11 月 12 日演变成了光州广域市学生示威活动，12 月经汉城扩散到平壤和咸镜道以及中国东北平野的间岛。1954 年光州一高（前身：光州西中学）筑了光州学生独立运动纪念塔，1997 年建立了学生独立运动纪念历史馆。我的公公历任光州市教育厅长的时候曾带孙子孙女进行过实地探访。

1980 年光州民主化运动牺牲者们长眠的望月洞陵园和国立 5·18民主墓地分别位于光州广域市北区民主路和北区云亭洞，1987 年学生民主抗争时期牺牲的延世大学李韩烈的墓也位于望月洞。这里是由义兵、东学、3·1 运动、光州学生运动、4·19 革命、光州民主化运动、统一运动等 7 个历史事件组成的民主圣地。

位于光州市北区龙凤洞的光州双年展于 1995 年 9 月首次开馆，隔年举行的光州双年展可以欣赏到最前卫的现代美术，民俗音乐、舞蹈、戏剧等发布会也同时举行。光州市是印象主义绘画的先驱者吴之湖画伯先生和涉猎山水画、四君子以及书法的南宗画大家毅齐许百炼先生集大成所在地。光州市和全州市被称为美食之乡，因丰富的海产物和土特产而形成的饮食文化非常发达，与各色各样的海鲜腌菜饮食文化一起，每年 10 月份还会举行"光州泡菜文化节"。

光州市的象征——无等山

光州市的象征无等山（1187 米）跨光州广域市、和顺郡和潭阳郡。发源于无等山的水流形成了枫岩川、光州川和证心寺川。无等山脚下历史悠久的寺庙以及歌辞文学摇篮——亭子和园林文化遗迹密布在潭阳一带，无等山还是义兵们修炼身心的地方。

我的婆家在光州广域市。一辈子在全南从教的公公为了做克己训练，暑假时顺带着孙子孙女们踏上了无等山的登山之旅。登山队员有在光州生活的外孙子孙女和从首尔来的孙子孙女，大都是小学一年级和还未上初中的小孩子。1979 年暑假，婆婆精心准备好了便当和美味的零食，做好一切准备后，登山队员们气昂昂地出发了。但是这些登山队员们并不明白登无等山的意义所在，他们走了一会儿就觉得无等山是一座无趣、没劲儿的秃山。

小家伙们想的是能够半路坐下来吃点心、喝饮料，坐在磐石上唱歌，看看歪歪歪曲曲的老松和瀑布、躲在石头后面的野花和从枝头上

光州无等山瑞石台

飞来的小鸟。但就孩子们的承受能力和他们之前的期待值来说，爬无等山是一个不切实际的计划。爷爷虽然竭力说服孩子们再忍耐一下就能看见立石台、瑞石台的柱状节理带等神奇的美景，但是孩子们却不能体会爷爷的意思。立石台、瑞石台的柱状节理带形成于七千万年前，高20-30米，宽40-120米，从规模上来看，在韩国屈指可数。就像是把海金刚的一头移到了无等山顶一样，这里春天满是杜鹃和金达莱花，秋天布满了紫色芒草，冬天则成了雪国，勾勒出神秘景致。

登山的这个过程对孩子们来说就是无趣、疲惫的，登山之路显得又长又难。一两个孩子开始发起了牢骚，祖父母们从孙子孙女的表情就能知道他们的那点小心思。最终，爷爷举了"白旗"，中途放弃，35年前的这段回忆在记忆的长河中犹如点点萤光，摇曳闪烁。光州无等山在2013年成了国立公园的第21号景观。

（2）潭阳的亭子和园林

2014年3月下旬，我在首尔龙山站搭乘6点20分开往光州的KTX高速列车，目的地是有着竹林之乡美誉的潭阳，打算去参观潭阳的潇洒园和歌辞文学馆、环壁堂和松江亭。说到潭阳，就会令人想到竹绿苑和其作为古代全南书生们辞官返乡后修建亭子和园林、谈论政治、吟诵自然风光、以文会友的楼亭文化的发源地。

受16世纪朝鲜王朝士祸的影响，以性理学理念为界限，东人和西人对立，因朋党政治引起了血雨腥风。朝鲜中期燕山君时期开始，直至明宗继位的约50年时间里，接连发生了戊午士祸、甲子士祸、己卯士祸、乙巳士祸，从19世纪开始，名门家族（安东金氏、丰壤赵氏）推崇势道政治。

潇洒园

潇洒园（名胜第 40 号）位于全南潭阳郡南部地谷里，是朝鲜时期修建的亭子。"潇洒"寓意晴朗、干净，潇洒园的主人梁山甫是静庵赵光祖的门生。赵光祖将儒教的王道政治视为根本，主张"伪勋削除"，即应该剥夺靖国功臣中无功者在功臣录上的财物和爵位，和勋旧派对立。己卯士祸时期，领导士林派的老师赵光祖被赐死，梁山甫因此大受打击，抛弃名利，返回故乡，在潭阳修建了潇洒园。

一来到潇洒园的入口，道路两边茂盛的竹林像是在欢迎我们，密布的竹林遮住洒向地面的阳光，形成大片的青竹荫，就像是进入了另一个天地。继续往里走，草亭和寓意等待凤凰的楼台——待凤台映入眼帘，这是迎接客人的厢房吗？

潇洒园独木桥下流水潺潺，带有异色风情的围墙下，宽阔的夹心岩就像桥一样排列着，大概是为了让下面的溪流流过吧。在过独木桥

潭阳潇洒园

前，入口几米处有一堵覆盖着瓦片的土石墙，紧挨着"爱阳坛"寺庙，没有大门，只有低矮的围墙，但是雅静温馨。土石墙是冬天用来挡北风的呢？还是为了美观而修葺的呢？这名字真是娇媚。

过了独木桥，对面低矮土石墙壁上还刻着尤庵宋时烈所写的"潇洒处十梁公之庐"几个大字，意思是梁山甫潇洒居士居住的寒舍。尤庵宋时烈还写了一块名为"齐月堂"的匾额，意指在檐廊就可以赏月。里面还有一个寓意充满阳光和微风的"光风阁"，这条路走下来，宛然神仙们的仙游洞。

尤庵宋时烈作为受人尊敬的一代性理学家，曾教导过当时身为王世子的孝宗和显宗，任世子讲院设书一职。政治立场上，他属西人一派，老论的领袖。晚年因反对将张禧嫔的儿子景宗立为世子，惹怒肃宗，在流放地被赐死。但是正祖国王非常尊敬宋时烈，称宋时烈先生为一国之师。

宋时烈在流放的路上痛叹：

我全心全意地相信你
现在你又要将曾经对我的爱移到谁的身上呢？
一开始就厌恶的话，现在也不会这么伤心
如果一开始就彼此疏远和厌恶，那么现在也不会这么伤心

金璘厚为了纪念潇洒园建成，写下了赞扬潇洒园周边美景的《潇洒园48咏》，松江郑澈写下了《潇洒园题草亭》，齐峰高敬命也写下了《梦游潇洒园》一诗。除此之外，宋纯、奇大升等当代名人也纷纷作诗赞扬潇洒园，由此可见潇洒园是一个备受当代文人政客喜爱的交游的场所。梁山甫给后世子孙留下了"决不能将潇洒园卖给他人"的

遗言，正如他的遗言所说，潇洒园在 15 代子孙手中世代相传。

竹影摇曳，在小道上投下斑驳的影子，真想在竹林里的亭阁坐下，仰望天空。我想了一下今天的日程，转身前往《韩国歌辞文学馆》。走出潇洒园的小径时，我又回头看了好几次，这是一个值得留在记忆里的美丽的地方。

韩国歌辞文学馆

从潇洒园出来沿着道路往右走 10 分钟就能到达全罗南道潭阳的韩国歌辞文学馆。一块刻着"韩国歌辞文学馆"的大石头立在路边，售票处的一个年轻人对我说我可以直接进去。歌辞文学馆前院的小莲花池里有一个水碾，还有一个牧童坐在黄牛背上吹笛子的大铜像。这正是松江的《星山别曲》中描写的"宽阔的原野上传来的牧童的笛声，平郊牧笛"的场景。这让在农村长大的我觉得像是坐着时光穿梭机回到了童年的原野。

韩国歌辞文学馆入口

　　走进歌辞文学馆，里面很安静。虽然已过 12 点，但除了我没有其他的游客。一个看起来温顺文静的中年女子热情地接待了我，让我慢慢观赏，给我解说展览馆相关事项。为了文化遗产的继承、保存和现代化传承、发展，从 1995 年开始积极筹建韩国歌辞文学馆，于 2000 年 10 月竣工。

　　歌辞文学馆二楼地分为 1、2、3 三个展览室，整理得非常好。展览室里保存着俛仰宋纯的俛仰亭、潭阳的历史、歌辞文学馆、松江的著作和遗墨集。遗墨、亲笔、匾额，还有宣祖赏赐给松江的银杯和玉杯。另一间展览室里陈列着许均姐姐许兰雪轩的闺怨歌、闺房歌辞、潇洒园和历代歌辞作者一览表以及手抄本。还可以看到关于石川林亿龄、潇洒处士梁山甫、河西金磷厚、栖霞堂金成远、齐峰高敬命、眉岩柳希春等人的资料，还有映像室和藏书室。在歌辞文学馆的入口还有相关书籍销售。潭阳作为湖南文学的代表性地区，构筑了能够浏览查询关于全国楼亭各种信息的网页。

玉杯和酒杯的故事

　　走出韩国歌辞文学馆前的门厅旁边只摆放这一种宣传册。打开宣传册，里面记载着《玉杯和酒杯的故事》，还附有两个酒杯的照片。内容如下：

　　　　宣祖赐给嗜酒成痴的郑澈两个酒杯，宣祖和郑澈两人从小一起长大，对彼此都很了解。

　　　　宣祖赏赐酒杯（银杯，玉杯）给郑澈的同时，还下了节酒令。"只允许你用这个酒杯每天喝一杯酒。"皇命不可违，郑澈不得不从，辞说时调《将进酒辞》就记载了他以酒阐述人生无常。

松江在宣祖时期任大司宪一职，壬辰倭乱时期受皇命扈从御驾到义州。我跟歌辞文学馆的人说，我在聚会的时候经常用松江的《将进酒辞》助兴，从松江的《将进酒辞》到中国诗人李白的《将进酒》，她只是微笑。"我今天来到了松江郑澈先生的文学馆，为了留下这美好的记忆，应当吟诵《将进酒辞》再离去，这样才能尽兴。"我这么一说，她一脸不解的神情。心里可能在想"居然遇见了一个这么奇怪的老太太"吧？不过没关系，我照样吟诵了松江的《将进酒辞》：

喝一杯吧，一杯再一杯，折花数酒，无尽畅饮
此身死后会是被草帘包裹、绳子缠绑着拉走
还是会被流苏宝帐，万人因我而痛哭
走进茂密的芒草、锉草、橡树、白杨丛中
黄色的太阳，白色的月亮，细雨绵绵，大雪纷飞，阴风起，
又能有谁邀我共饮？
墓前冷风起时再悔悟有什么用呢？

吟诵完《将进酒辞》，陪同我的人赞美道："吟诗的声音怎么能如此优美呢？""因为我经常吟诗为乐，所以才会这么流利。"我有点不好意思，所以有点答非所问。想和读者们一起分享，所以就将这件事记下了。我对陪同的这位中年女士说，她能在文学浓厚的氛围中工作、奉献自己，真的是很难得的一件事。表达完羡慕之情，我走出了文学馆。

环壁堂

走过歌辞文学馆前面的一条大道，就能看到溪流上架着的小桥，走过小桥就看到了通往环壁堂的山路。环壁堂是宣祖时期歌辞文学的发源地，湖南歌坛的摇篮。楼亭和园林都集中在一个地方，省时间，走着探访也很方便。

环壁堂是宣祖时期沙村金允悌修建的，是一座正面 3 间、侧面 2 间的八作屋顶楼亭。"环壁堂"寓意四周绿色环绕，周围还有很多古树。走到环壁堂后面的院子里，看到那里竖着一个小烟囱，非常小巧可爱，是冬天用来给房间供暖的。

这一带用堤坝拦住了源自无等山北部的甑岩川（苍溪川），1976 年还建了光州湖，是水流流向光州湖的入口。以下是"无等山古道"指示牌上面的一节内容：

环壁堂周围是距离光州市中心 11.3 千米的无等山历史古道定点。

环壁堂全景

16 世纪初（朝鲜初期）因士祸和党争盛行，文人们或宁死不屈或被政治斗争所连累而流放继而返乡，心中不忘孝、忠、节、义、志，逐渐形成了湖南儒学和乡村的士林文化阶层并迎来了中兴时期，是凝聚着文人们风骨的地方。

要到位于光州广域市北区光州湖上流苍溪川边小山上的环壁堂，必须要爬一段非常高的石梯。"环壁堂"匾额是用行书体写的，笔力浑厚，还有落款——尤菴（宋时烈）。环壁堂廊檐上坐着男女两名学生和一位老师，"文章应该要这样写，反而因为用这样的表现形式，文章的力量……"，从这几句话可以推测他们应该是正在上文学课。松江和息影亭主人栖霞堂金成远应该就是在这里成了金允济的弟子并听他的文学课。

通往环壁堂的小巷、光州湖边有一个生态公园，形成了一个以湖水为背景的绝伦景致。在环壁堂对面可以看见息影亭和星山，潇洒园、醉歌亭、智实村、歌辞文学馆、环壁堂、息影亭等都在这附近。松江的《星山别曲》就是以这一带为背景。

环壁堂主人沙村金允悌在 31 岁文科及第，先后担任过要职。乙巳士祸发生，他便辞官返乡，在环壁堂修建亭子，收徒授学，安度晚年。这里一直流传着金允悌认识松江的传说。

金允悌夏日午休时，梦见了一条龙在屋前的小溪盘旋。梦境太过真实，金允悌醒来后到屋前小溪一看，一个少年正在溪边洗澡。少年看起来气度不凡，金允悌问了许多问题，这个少年就是松江郑澈。松江 15 岁成为金允悌的门生，学习学问和诗歌，17 岁时和金允悌的外孙女结婚，并充分活用了金允悌的人脉。松江在 27 岁时文科别试状元及第，步入仕途。

在通往环壁堂的上坡路上，可以看见郑澈《星山别曲》中的句子以古语体刻在苍溪川边的石头上。"两棵老松立钓台，小舟随波逐流，不觉已过红蓼花、白频洲，船至环壁堂龙沼"。从中可以看出他小坡下垂钓，泛舟游览山水的轶事。试想一下，每到 9、10 月份，石蒜花（又名相思花）就会把环壁堂周围都染成红色的美丽秘境。

松江亭

走出环壁堂，来到大道。加油站就在生态公园旁、休息所前面的大道边，我就在加油站叫了辆出租车。来的时候搭的是公交车，但是我在这里并没有看到开往松江亭的公交车路线。沿着光州湖往上走一会儿就可以看见息影亭（名胜第 57 号）和星山，但是必须要找可以吃午饭的地方，所以没能顺便去看看。息影亭、环壁堂、潇洒园一带非常美丽，在这个美丽的地方，松江写下了《星山别曲》。在前往松江亭的路上，出租车司机将这个地方的来历告诉了我。我问他年轻的时候是不是学习过历史或文学，他只说出于兴趣爱好读了点历史书。看来他对潭阳这个地方充满了自豪感，对文化也非常感兴趣。

松江亭位于潭阳郡古西面院江里山 1 号，建在了连接淳昌和光州广域市、曲城和长城方向交通要塞的东山上。通往松江亭的入口处有一个长长的石梯，登上去自然别有一番韵致。司机亲切地告诉我，不要走中间那个陡峭的石梯，右边有一个比较平缓的石梯。按照司机说的，我走的是右边的路，非常方便，竹子和松树长势茂盛。

松江因为和王族家庭的关系，小时候经常进出王宫。父亲郑惟沈被赦免流放后任敦宁府判官，松江的母亲贞敬夫人是大司谏安彭寿的女儿，松江的长姐是仁宗后宫的贵人郑氏，二姐是王族桂林君的夫人。所以松江小时候就可以自由进出王宫，和王子们关系也很亲近。又因为和王族家的姻亲关系，每当士祸发生后，松江的父亲就会也被牵连流放。松江来到祖坟所在地潭阳生活，25 岁左右写下了《星山别曲》。

从竹绿亭到松江亭

郑澈 27 岁时在文科别试中状元及第，步入仕途。宣祖 12 年（1579 年）返乡，第二年被任命为江原道观察使（1580 年，松江 45 岁）。当时他在关东地区和海金刚一带旅行，《关东别曲》里赞扬的就是《关东八景》的美景。松江因为受到了东人的弹劾而下乡（1585 年），建了竹绿亭，并在此隐居 4 年，写下了独白形式的《思美人曲》和对话形式的《续美人曲》。《思美人曲》和《续美人曲》都是阐述恋君之情的作品，比喻男女之间的爱情。学生时期，我在国语科目考试时背诵的情景依然历历在目。其中《思美人曲》的一节内容是：

即使来十名扁鹊神医又如何，还是不能治愈我的心病。
啊，我的病都是郎君你的错，我宁可我化为凤蝶。
停留在每一颗花树的树枝上，带着留有花香的翅膀，停留在你的身上……

以下是《续美人曲》中的一节内容：

请听听我的倾诉吧。我的容颜和心意都是你喜欢的样子。
我全心全意地相信你，别无他想。是我有太多的媚态柔情了吗。
欣喜的脸色为何与以往不同？……思君心切，梦中相见……
潸然泪下。情怀不得抒，哽咽心间。夜半鸡鸣未入眠。

潭阳松江亭

　　松江就是以这样哀切的方式表达恋君之情。通过历史，我们可以知道，到达权力的顶峰后泰然退场，这比让瘾君子戒掉毒品还难。

　　现在的松江亭是1995年重新修葺过的，在旁边还立了一个思美人曲诗碑。松江亭是一个正面3间、侧面2间、八作屋顶的雅致的小亭子，还悬挂着一个刻有诗文的匾额。从小坡上俯视，南边是发源于无等山的甑岩川，北边是经潭阳流往罗州的荣山江汇流处延伸出来的平野，是一个很美丽的地方。

　　作为一个文人，松江郑澈有着细腻的情感和浪漫情怀。但作为一个政治人，松江还会受到不一样的评价。朝鲜宣祖时期，发生"郑汝立谋反事件"时，松江被提拔为右议政，这也是因为他是执行国文的刑文负责人的缘故。"郑汝立谋反事件"扩大至"乙丑狱死"，无数东人被押上刑场。1593 年，松江因为东人的污蔑而辞官寓居在江华的松亭村，于 58 岁辞世。我坐在松江亭的檐廊环视四周，翻开了陈旧的历史的篇章。

在松江亭往下看，一眼就能看见停车场，公交车在这里往返，还有一家"牛肉饼"餐馆。将近下午 4 点，我点了一份春野菜拌饭，居然上 8 种小菜，善良亲切的店员还亲自帮我把拌饭拌好了。从首尔坐早班车过来，我已经饿了一天了。透过餐馆的玻璃窗，可以看见松江亭。我喝着用纸杯从咖啡机里接来的咖啡，静静地望着松江亭。

松江亭处在交通要塞，但是通往市区的公交车只有 84 路（终点站），车次间隔一个小时。望着松江亭，想到几个小时前独自陶醉于韩国歌辞文学馆的魅力，情不自禁地吟诵出了松江的《将进酒辞》，忍不住笑了出来。文学馆里的那个中年女人在背后看着我，心里会想了些什么呢？是觉得这世上怪人还真是多啊，还是觉得我是个患了痴呆症的老太婆呢？这一次潭阳的文学探访将会成为我记忆中独具异色的美好回忆。

（3）群山市仙游岛

群山市是位于全罗北道西北部的港口城市，是拉动西海岸发展的中心地带。群山平野是由被锦江河口和万顷江河口围绕的沃沟半岛和西海岛屿组成的，得天独厚的天然冲积土，土壤肥沃，是我国四大谷仓之一。

2006 年 5 月 3 日，西海岸高速公路两旁的新绿向我招手，我搭车前往全罗北道北西部群山近海的古群山群岛。这是冬柏（音译）旅行社计划的背包旅行一日游，我先生的三对夫妇朋友也同行，我们早上 8 点从首尔出发。和我们共乘的还有一些面带灿烂笑容的 20 多岁的年轻人们。出了市区，导游介绍了日程后，还提供了热乎乎的拌有野菜的糯米饭，我一大早就从家里出来还饿着肚子，这顿早饭吃得格外香。

去的路上经过忠南的一个鹿场，补充了一下关于"鹿茸"的常识，尝尝药膳茶，稍微活动一下筋骨也是很不错的体验。我去过新西兰和中国等地，也听过"鹿茸"，但是每次听到，都觉得鹿是非常神奇的一种动物，它神奇的"鹿茸药效"也让人心存怀疑。一天之中要接待好几批客人的营业员根据购买对象的年龄层，说的话和开的玩笑也不同。对着年轻人就强调精气神儿，对着老年人就强调长生不老，这种幽默式的解说简直和陈旧的念珠一般圆滑。

营业员们看穿了老年人们的心理，对老人们的经济状况和购买欲有着非常敏锐的判断，从歌德的"凡不是就着泪水吃过面包的人是不懂得人生之味的人"讲到千祥炳的诗《幸福》，来引出健康的话题，强调"鹿茸药效"。虽然是为了卖东西才说的这些话，但是听起来却很真诚。销售员背着千祥炳的诗，让以颂诗为乐的我听起来却也不觉得厌烦。

正在解说鹿茸药效的销售员突然问前排的游客们："你幸福吗？"再问别人，被问的人也都只是笑笑不语。他突然问我："您觉得活得有滋味吗？"我大声说道："有。"话一说，所有的人都笑了。大家都说活得没滋味、对生活没有热情，这样他才能把鹿茸卖出去……我却自信满满地说活得有滋味，那还需要吃什么鹿茸啊！

说到诗人千祥炳（1930 年–1993 年）就会想到他的诗——《归天》，"远离俗世，回归天上。"他是我知道的诗人中最经常写诗的，以毫不修饰文章和不添加隐喻法而闻名。听了销售员所吟诵的千祥炳诗人的《幸福》，所有的游客都笑了。

> 我是世界上最幸福的男人。和妻子经营茶馆，生活无忧。上了大学，该学的也学了。作为诗人，名声也有了。有漂亮的妻子，再没有别的念想。没有孩子，也没有后续担心，房子也有了，多好啊。妻子会买我喜欢喝的米酒。我还有什么不满意的呢。我相信上帝，世界上最强大的人就是我的后盾，还会有什么不幸可言呢？

古群山群岛 · 仙游岛

到达全罗北道群山，在旅行社指定的生鱼片店吃了午餐后，在群山乘快船45分钟后就能看见仙游岛。古群山群岛位于距离群山市50千米的南西部，以仙游岛为中心，由12个有人岛和46个无人岛组成。最近的巫女岛和壮子岛跟仙游岛之间以桥连接，年轻人都喜欢骑着自行车去连岛桥。

气温6-25度，微风，向着仙游岛前进，在5月的大海上漂了将近1个小时20分钟，看到了许多岩石岛。看着跟着我们的船飞来的海燕和大大小小的岩石岛，心里十分爽快。在古群山群岛沿近海可以抓到黄花鱼、虾、鲅鱼、鳐鱼和带鱼等，岛屿地带贝类、海带、紫菜等养殖业盛行，海岸地带还有盐田。仙游岛附近多鱼，非常适合垂钓，很容易就可以抓到石斑鱼、班头六线鱼和鲈鱼等。

仙游岛上两个山峰相对着的望主峰是一座海拔152米的岩石山，据说每逢下雨就会出现很多条临时瀑布。传说，壮子岛"壮子奶奶石"的形状就像是一个老奶奶背着一个孩子。去参加科举的丈夫变心了，她一直等着丈夫归来，最后成一块望夫石。还有这样的一个传说：女子对着壮子奶奶石求姻缘的话，一定会愿望成真，如果变心的话就会变成石头。听了这个故事再一看那石头，还真的像是一个老奶奶背着孩子遥望大海的样子。

仙游岛大约住着 400 多户人家，500 多口人，是一个低矮的岛山。据说每年都会有大约 45 万名的游客来访，但是因为还没得到开发，和它的响亮的名字不同，显得很简陋。在码头周围并没有看见任何一家可以边喝茶边遥望大海的茶店。找了一下，只找到一个民宿和兼卖生鱼片的地方，路上没有看见一个招牌和一个商店，也没有可以坐着游玩一圈的车辆。只有私人经营的面包车和几辆由摩托车改造的可以搭载几个人的、用塑料做成的挡棚车在拉客。砍砍价，一个人大约只需要 5000 韩元就可以大致沿着岛兜一圈，只需约 20 分钟。

面包车司机向我抱怨，因为新万金开拓事业，市里面对这里一点都不上心。据说这里盛产蕨菜，悬崖上草丛里的野花都开了。虽然已铺好了路，但只能勉强通过一辆车，没有侧轨，所以往下看一下都会心里不安。对面有车过来的话，就必须要在转角停下，等它通过。

"明沙十里，平沙落雁"说的就是咸镜南道元山干净的沙滩，因为仙游岛的海边风光非常美丽，才特地用这句话形容她的美吧。仙游岛的海水浴场——白沙场（距离 1.5 千米），虽然小，但是十分干净。退潮的时候，形成滩涂，带着锄头和网兜的话，还可以抓到蛤仔章鱼。

据记载，仙游岛是高丽时期高丽和中国宋朝之间开展贸易往来的寄泊港。朝鲜太祖时期为了对抗倭寇的侵略，在这里派驻水军部队万户营。宣祖时期设立府衙，派水军节制使常驻。壬辰倭乱即将结束时（1597 年），李舜臣将军在鸣梁海峡以 12 艘船大败倭寇的 133 艘船，

群山仙游岛

奇迹般地取得了胜利后，在仙游岛停留了 11 天，上呈了关于鸣梁海战的报告书——状启。

新万金防潮堤（33.9 千米）

"新万金"取得是万顷平野的"万"字和金堤平野的"金"字以及新扩张的"新"字。新万金事业（1991 年 –2006 年）是将西海岸的滩涂和大海填充为陆地的开拓事业，修建了连接全罗北道群山市、金堤市和富安郡前海的防潮堤，防潮堤内围里的面积约为首尔汝矣岛的 140 倍。新万金开拓事业时期，祭杆信仰、民俗信仰和环境保护团体都针对新万金事业进行了强烈的反对示威，甚至东南亚和澳洲、新西兰等南太平洋岛国人民也参与了反对示威。祭杆指的是在酱缸台或石柱上安放一个用木头或者石头做成的类似于鸟的造型物，并将其视为一个农村信仰的对象。将可以在天地间自由飞翔的鸟儿视为可以把人们的灵魂（愿望）引导到天国的使者。

滩涂是由潮流带来的沙子和黏土经过长时间的累积而形成的地形，可以净化从许多河川流入的污染水质，是无数海洋生物栖息的温床，还可以起到减缓台风威力的缓冲作用。我国的滩涂 80% 以上都集中在西海岸，滩涂是候鸟的天堂，从西伯利亚和沿海州等地经过我国西海岸，飞往东南亚、澳洲的候鸟中约 500 万只中有 100 万只是飞往西海岸的。预期在 2008 年第一期完工后，巫女岛、壮子岛、新侍岛、仙游岛连成一片，建立"古群山国际海洋观光地"。

回来的时候，我们坐在船的最前头，看着 2006 年 4 月一期完工的世界最长的新万金防潮堤，不由自主地对我们民族感到叹服。对话中，我的先生还提到，候鸟群成为传播流行性病毒的媒介时，将会难以控制。所以，很久之前在国际法上最先提及的就是关于候鸟的移动

新万金防潮堤

路线问题，并受到了关注。为了更好地管理跨国流动的河川（国际水路），国际法是很有必要的。

防潮堤的收尾阶段，全国人民都守在电视机前关注消息，是现代建设劳工们的劳动成果。收尾工作尤为艰难，劳工们要用卸货车往水深超过50米的海里依次倾卸石笼网、石块和土沙，用挖掘机在海里施工。现在重新审视新万金防潮堤，还能感受到当时那激动的瞬间和强烈的情感。海上万里长城！夕阳落在新万金防潮堤上，海水泛着蓝色光泽，不知不觉间灰白的雾霭笼罩在水平线上。海鸥像是不想回头似的，悠闲地翱翔在天空中，同伴们看起来也是一副悠然自得的样子。

（4）智异山青鹤仙苑三圣宫

2006年9月初，早上8点从首尔出发，和同乡的知己夫妇们一起开始为期两天一夜的秋游，计划探访庆南河东郡、智异山（智异山，

三圣宫

1915 米）青鹤洞三圣宫和全罗南道顺天市曹溪山仙岩寺、松广寺以及
小鹿岛。

　　一直到智异山半山腰海拔 800 米处的青鹤洞三圣宫入口的这一段
兜风路线非常奇幻。坐落于小白山脉南段的智异山以主脊梁为中心，
南江和蟾津江流经，形成了多个潭和沼还有瀑布，其中包括了青鹤洞
秘境，用一句话形容就是：清溪白波。巍峨的高山，幽深的溪谷，清
澈的溪流，溪谷中竹林和松林茂盛，简直就是神仙的理想国。越过主
脊梁就能看到三圣宫，规模宏大。三圣宫的官方名称是智异山青鹤仙
苑三圣宫，在青鹤洞道人村山谷西部脊梁重现了三韩的苏涂。三韩指
的是青铜器时代（公元前 1500 年 – 公元前 300 年）位于朝鲜半岛中
南部的三国时代以前的马韩、辰韩和弁韩，苏涂是三韩时期向上天祈
祷不要发生灾祸和疾病的神坛。日后的朝鲜时期，祈祷国泰民安和丰
年的祭天活动中的三神制度应该就是源于苏涂。

通往三圣宫入口的门就像是从石山通往地下洞穴一样，是一道小小的门。入口挂着一个招呼守门人的锣，敲三下，等一会儿就会有一个类似于修道僧的人出来引导我们进去，给我们介绍三圣宫。从前，苏涂设立讲堂，以"弘益人间"为教育目标，让学生研习五常（忠、孝、信、勇、仁）和六艺。由此可见，这里还是修炼身心的修道场。

来到径内，不禁发出"哇"的一声感叹，像是乘坐时光穿梭机从现代回到了古代般的景象展现在我们的眼前。里面矗立着类似于冰柱一样的数百个石塔，在这里石塔被称为圆砾祭杆，是智异山山脚下的用石头创造出来的石塔世界。到处都是石头做的塔，用瓦片摞起来的路，砧石嵌在地上铺出的路，各种形态的牧场城上布满了青苔，仿佛带远古的神秘感。能看得见的全都是石塔、石潭和石阶，宫殿也是建在高处，位于石头将轴高高立起的地方。在三圣宫，每年都会举行一次开天大祭。

出生于智异山默溪里的一叶仙师姜民周先生于1983年复原了"苏涂"，修建了供奉我国民族圣祖桓因、桓雄和檀君的圣殿，这个圣殿就是三圣宫。唤醒我们倍达民族精神和民族之源，重申"弘益人间"的建国理念，是可以体验历史和文化的场所。"弘益人间"意为"将好处弘扬与人间"，与民主主义、基督教的博爱、佛教的慈悲、儒教的仁寓意相通。听了守门人的解说，学习到了很多。

青鹤洞云峰书堂将"三伦五常"思想视为教育训诫，对成长中的学生们施行人性教育。三伦是指爱、守礼和学习三大品德。在这里，年轻人们可以通过韩文、茶道、游戏、传统武艺、国乐等传统学习体验，陶冶心性，接受人性教育和礼仪教育，我认为这是非常难得的一件事。暑假的时候，我一定要带孙子孙女们再次来到这一神秘的道场。

青鹤仙苑神秘石塔

（5）顺天乐安民俗村

2006 年 9 月初，和同乡的知己夫妇一起探访了庆南河东郡、智异山（智异山，1915 米）青鹤洞三圣宫，为期两天一夜。在前往全南顺天市曹溪山仙岩寺的途中，顺路探访了顺天市乐安邑城的民俗村。站在民俗村的入口，就像是来到了 20 世纪 50 年代的故乡一样。草屋和柿子树，石墙上的南瓜，葫芦瓢藤蔓，墙下的凤仙花和鸡冠花，菜地里的红蜻蜓等……生平以吟诗为乐的我在不由自主地吟诵了古诗人们的山村礼赞诗歌，是诗人丁熏的《远方》：

在深山腰中建一所小房子，在菜地里种上大葱、辣椒，其周围种上豇豆。白色葫芦花盛开的黄昏，一起遥望天边的云。

我还想到了朴木月的作品《大山将我围绕》，诗中写道："大山将

乐安民俗村使无堂

我围绕，叫我播种、开垦。"正想念一念卢天命的《成为一个无名的女子》时，丈夫见一行人都在静静地观赏风景，就我一个人在自言自语，觉得有点尴尬，问我能不能别念了，我点头答应，没有接着念下去。这时在旁边听到我们对话的一个朋友说，听着诗，能让人描绘出记忆中曾被遗忘的故乡的房屋，还让我多念几句。

沿着道路两边排列着的民俗房屋可以随意进去参观，这是一个非常棒的点子。院子里和厢房等地方展示的古时候家庭里使用的家具、道具、刀械、轿子等，唤醒了记忆中沉睡的乡土情怀。消失的和被渐渐遗忘的都是美丽的吧？一件件物品让我想起了逝世已久的奶奶和妈妈，还有故乡的家，对面巷子里还会卖此地出产的干野菜和杂谷。如果说我们的行程已结束，正在踏上回程之路的话，我想买的土特产有很多。但是明天还有观光行程，我就只能看看了。

顺天市乐安民俗村重现了3·1运动纪念塔和朝鲜时代地方官衙使无堂。我还参观了SBS电视剧《爱情与欲望》的拍摄场地和3·1运动纪念塔。朝鲜时期地方官衙的院子里，一个被绑着的罪人跪在地上被昭示罪名的场面都是按照真人大小来做的。

松风溪谷的仙岩旅馆

我们一行人从乐安民俗村来到了位于湖南名山曹溪山（884米）东边山脚仙岩寺下的仙岩旅馆。如果探访顺天市一带的游客是历史学家或者佛教信徒的话，肯定会先去探访耸立在顺天市中心的、位于曹溪山的仙岩寺和松广寺；如果游客是摄影师的话，那么他肯定会先去看顺天湾S形水路上的落照；如果是画家的话，那么他应该会望着全国最大规模的芦苇群——顺天湾，竖起画架。位于全罗南道东部的顺天市，白云山脉从它的北东部延伸到南西部，包括市中心高耸的曹溪山在内，还有很多其他的山遍布在每个角落，是一个非常美丽的地方。

凉爽的松风和溪谷的水声欢迎我们的到来。昏暗的傍晚，我们一行人坐在餐桌前，桌上是以这里卓绝的料理手艺做出来的美食，都感到非常满足和幸福。美味之乡全罗道！全罗道饮食在我国饮食界中，手艺是最棒的。大概是食物的模样和味道比起其他地方来，都显得高级和有品位吧。从朝鲜时期起，士大夫们大都被流放到南道，因为从地域上来说，这里有最丰富的农产品和新鲜的海产品。菜的种类和色泽，还有味道都非常之棒。

山寺的夜渐渐深了，弯月挂在中天微笑着，溪谷的水声和蛐蛐的合唱已达到了高潮。坐在仙岩寺庭院的大平床上，和知己夫妇们一起谈论生活和明天要去的小鹿岛，朗诵韩何云的诗，等等，享受了一同畅聊的时光。松风凉爽的夜晚，如果有一大碗米酒的话，真想以月光为友，大醉一场……我们背离了源远流长的山寺溪谷、挂在中天的多情温柔的月亮，为了明天的行程，走进了深蓝的夜雾中。

（6）太古丛林"曹溪山仙岩寺"

2006 年 9 月初的凌晨 6 点，我和我的先生，还有知己夫妇一起在晨雾中向着曹溪山仙岩寺前进。太古丛林仙岩寺位于全南顺天市昇州邑曹溪山。导游要求我们吃早饭前快去快回，所以我们一行人各自选择了方便的时间。在前往仙岩寺的路上，周围都是树龄很大的树木，非常茂盛，幽深安静，景色非常美丽。宽宽的土路和林中溪谷的水声被柔柔的薄雾覆盖着，就像是沉浸在梦境之中。曹溪山仙岩寺作为文化遗产，是屈指可数的古刹，而且作为大河小说太白山脉的作者——赵廷来作家的出生地广为人知。

架在仙岩寺前的溪谷上面的昇仙桥（昇仙桥，宝物第 400 号）是用花岗石建成的一座半月形的石桥（虹霓桥）。据说是朝鲜肃宗时期，虎岩和尚用 6 年时间建造的，景观非常美丽，甚至让人联想到仙女们在这里沐浴后飞回天上的传说。昇仙桥（长 14 米、高 4.7 米、宽 4 米）架在曹溪山溪流上，底部铺有天然岩石，跟虹霓桥溪谷后面的 2 层八作屋顶楼阁——降仙楼一起，合成一幅奇幻的美景。国内的建筑家指出，这是最为美丽的一座石桥。江水缓缓流过，昇仙桥倒映在水中，影影绰绰。高僧走在这座彩虹石桥上，会是一幅什么样的景象呢？瞬间我想到了一首诗里描写的"影子映水中，桥上僧人过，问其何处去，遥指白云处（作者不详）。"诗里面的僧人，会是自由漂泊修行的云水僧吗？如果是在月夜下看这座昇仙桥的话，似乎会显得更加梦幻。

仙岩寺昇仙桥

抵达一柱门之前，有一个叫作三印塘的椭圆形小莲花池，僻静的路边草坪里有一座下马碑。是很久以前立的指示牌，意思是"不论身份地位高低，从这开始都要下马走着进来"。仙岩寺一柱门旁边有一片野生茶地，据说是道诜国师种的。看来在新罗末期，禅和茶一起传进了我国。仙岩寺后面的山坡一带还有一大片野生茶地。

过了曹溪山仙岩寺的一柱门，有一个用行书体写着"梵钟楼"的匾额，运笔生动，下面还有一块写着"太古丛林曹溪山仙岩寺"的匾额。仙岩寺有一道一柱门，过了一柱门之后没有天皇门和金刚门，据说是因为仙岩寺后山主峰就是曹溪山最高峰——将军峰。曹溪山仙岩寺（史迹第 507 号）是新罗末期道诜国师（道诜国师，827 年 –898 年）开创的，高丽时期大觉国师义天（义天，1055 年 –1101 年）将其壮大，朝鲜肃宗 24 年（1698 年）重新修葺。"丛林"指的是具备经

曹溪山仙岩寺大雄殿

典教育机关——讲院、参禅修行专门道场——禅院等的寺庙中，很多僧侣们可以一起修行的道场，是兼容禅和教的大本营。

仙岩寺大雄殿（宝物第 1311 号）佛堂里供奉着释迦牟尼佛，佛堂前面两侧花岗石 3 层石塔（宝物第 395 号）是典型的新罗时代样式，被推测为 9 世纪建筑物。万岁楼、说禅堂和寻剑堂等建筑物都在内院。

我们发现佛堂前面被大型字体的竖幅和禁绳围着，不禁感到惊讶。不知道其原因究竟是什么，但我希望问题能够尽快得到解决，让这座历史悠久的古刹里的风声、木铎声和木鱼声能够隐隐传开。

佛教净化谕示

仙岩寺是大韩佛教太古丛林，大韩佛教太古宗是有妻儿的带妻僧，即承认已婚僧侣制。相反，出家的单身僧侣则被称为比丘僧，他们创立了大韩佛教曹溪宗。我国的已婚僧侣制源于朝鲜后期抑佛政策的实施，事判僧试图掌管古刹的生活和财产，已婚僧侣制度由此产生。据说日本帝国主义统治时期，带妻僧受到日本佛教的影响，所以在解放时，我国佛教的已婚僧侣比单身僧侣要多。

1954年5月，李承晚总统指出，"带妻僧"是日本帝国主义残余，并下了指示：在佛教界，"带着妻儿的人，都要离开寺庙"。从这一时期，已婚僧和比丘僧之间便产生了纷争。已婚僧侣中有很多都是抗日运动的指导者、曹溪宗僧侣的祖师和佛教教育者。但是在未给出任何解决方案的前提下，李承晚总统又下达了第二、第三次指示，已婚僧和比丘僧之间的纷争持续了很长时间。

我国第一位带妻僧是新罗的元晓大师，被尊称为"我国最早觉悟的僧人"和"元晓圣师"。抗日运动的先驱者万海韩龙云也是一位带妻僧人。

据法宝新闻报道，仙岩寺内保存着包括国宝和宝物在内的约1800件文化遗产。为了寺庙文化遗产的安全保管和展示，仙岩寺住持指墟大师主持修建了2层木制韩屋建筑——圣宝博物馆（2001年开馆）。

凌晨时分，参观完仙岩寺出来的时候，晨雾随风消散，掠过溪谷。我们谈论到著名的仙岩寺的洗手间（解忧所）。著名的建筑家金寿根（金寿根，1931年－1986年）曾经说过，仙岩寺的洗手间底部很深，没有异味又通风，是最大最好的厕所。俗话都说要离亲家和厕所越远越好，但是如今人们的里屋旁边就是厕所。从这一点能切实感受到，随着岁月流逝，人们的意识构造和生活方式都发生了很大的改变。花木繁多的仙岩寺和周围秀丽的景观，轻轻地抚慰着承受各种苦痛、坚强生活的芸芸众生。凌晨往返于仙岩寺，路上非常安静，景色宜人。

（7）僧宝宗刹 "曹溪丛林松广寺"

2006 年 9 月初，初秋天气宜人。我们一行人在仙岩寺吃过早餐后，乘坐专车前往顺天市曹溪山的松广寺（名胜第 65 号，史迹第 506 号）出发。僧宝寺庙松广寺和陕川海印寺、梁山通度寺并称韩国的三宝寺庙，以前又被称为大吉祥寺和修禅寺。

仙岩寺和松广寺相距 6-7 千米，导游说两地之间的中间地段还有著名的曹溪山大麦饭店和传统茶园。如果不是跟着旅游团的话，和朋友们一起步行探访曹溪山也是不错的。但是我们一行人都年龄偏大，而且下午已经有了计划好的日程——参观小鹿岛。

通往曹溪山松广寺的道路以茂盛的扁柏树林闻名。看着向着天空高耸的树枝，心里的杂念似乎也消失了，我想正是这大自然的美丽净

松广寺位置和分布图

化了人们繁杂的心绪吧。我马上想起了印度思想家甘地说过的一句话。甘地认为圣地巡礼是苦行，所以连接圣地的道路不应该修整得太方便。林间路上有鸟鸣声、风声和水声，还有阳光拨开树叶照下来投出斑驳的影子，显得格外幽静。这里也有一座下马碑，细竹随风晃动，像是不知名处传来的某位僧人的咳嗽声。

过了一柱门，在通往曹溪山大乘禅宗松广寺大雄殿的入口处有一条河沟，曹溪山溪谷水缓缓流入，还建了一个莲花池，上面还架着一座用石头做的彩虹模样的霓虹桥，桥上还有一个类似于楼阁的羽化阁。开川、虹霓桥、羽化阁和周围的古木浑然天成，给我留下了深刻的印象。

据记载，新罗末期，慧璘禅师在曹溪山北边的山脚修建了一个庵，这就是吉祥寺的原型。此后，普照国师知讷扩建吉祥寺，先后派出了 16 名国师，最后形成了僧宝宗刹。松广寺是融合了禅宗和教宗的曹溪丛林，还有外国僧侣修行的国际禅院。松广寺里有很多僧人们修行用的僧房和寮舍寨，寺外山中也有很多庵，这是松广寺的特色。僧人们修行的地方是不允许外人进入的。

松广寺国师殿（国师殿，国宝第 56 号）

松广寺里还有一个国师殿（国师殿，国宝第 56 号），里面供奉着16 位为国争光的大师的肖像。国师殿修建于高丽恭愍王时期（1369年），是一座前面 4 间、侧面 3 间的人字形屋顶建筑。普照国师知讷大师为了振兴衰落的高丽佛教，通过拥有正确禅定和慧根的僧人们的修心地——定慧结社，继承了韩国佛教的传统。知讷大师后来培养出了 15 名解除的大师，本道场就是松广寺。

松广寺大雄宝殿于 1988 年重新修葺。大雄宝殿是一座正面 7 间、

松广寺国师殿

侧面 5 间的亚字型八作屋顶建筑。彩绘多用绿色，营造出神秘感的同时显得非常华丽和精致。大雄宝殿供奉着代表过去的燃灯佛、代表现在的释迦佛和代表着未来的弥勒佛——三世佛。

僧宝殿是一座正面 3 间、侧面 3 间的单层八作屋顶建筑物。外面的 3 面墙上绘有寻牛图，寻牛图是由牧童找牛的 10 幅图组成。松广寺是我国规模最大的寺庙，包括佛经书和松广寺下舍堂（宝物第 264 号）在内，还有很多朝鲜时期的建筑物等宝物。

导游对松广寺有名的名胜进行了解说。松广寺天子庵里有一棵树龄 800 年的双香树（双香树，天然纪念物第 88 号），这棵树还流传着一个传说。据说 1724 年，这里有一个用胡枝子树做的木造容器，叫作胡枝子槽，可以盛 4 000 多个人的饭。松广寺的整体氛围和林间道都被视为是对洗心的一种祝福。如果能在这山脚下的某个地方停留一周的话，似乎就能远离俗世。我以松广寺为背景拍了照片，以抚慰内心的不舍。应该不会再重游此地，探访松广寺的意义就在于参观国师殿，参观当代最高学僧和修行僧们居住和修道的庵。我再次意识到了团体旅行的不自由。我们一行的日程早已计划好了，下一个目的地是小鹿岛。

（8）小鹿岛

2006 年 9 月，初秋明媚的阳光洒下来，让人觉得火辣辣的，我们一行人离开松广寺，搭乘前往小鹿岛的渡轮。位于全南高兴半岛尾部的鹿洞港是多岛海海上公园中景色最漂亮的地方，也是连接居金岛和金日岛的要塞。小鹿岛就横亘在从这里乘船只需 5 分钟（相距 400 米）路程处，会游泳的人都可以游过去。从高处俯视小鹿岛，形状就像是一头小鹿，因此得名。

日本帝国主义统治时期，为了隔离汉森病 (HanSen) 人，特意设立了慈惠医院（1916 年）。即使对面就是自己幼年时期经常玩耍的大平原，麻风患者们也不能踏出小鹿岛半步。所以，小鹿岛是一片充满哀怨的地方。诗人韩何云在《大麦笛子》一诗中写道："人寰的距离，思念人间事，嘀哩嘀哩哩哩"漂泊四方。

我在写这篇文章的时候也看了有关汉森病（Leprosy，麻风病）的资料。以下内容摘取自天主教会医科大学附属汉森病研究所所长崔圭泰教授访谈。因为我们对汉森病的错误认识，让我们一提到汉森病，心里就只有恐惧和不安。汉森病菌是通过皮肤和呼吸器官传染的一种传染病。这种病菌主要是破坏低温皮肤、眼睛、手、脚的感觉神经和运动神经。根据麻风病专家所说，即使是身患麻风病的患者，只需要服用 600 毫克的利福平 (Rifampin, 4 颗) 一次，就能使体内麻风病菌丧失 99.99% 的传染力。即使家族里有麻风病患者，240 万名中才会有一个被感染。患有麻风病的孕妇也可以生下健康的孩子，因为麻风病菌不会通过胎盘传染给婴儿，但是婴儿出生后会马上进行隔离。现在可以通过组织病理检查诊断麻风病。

通往小鹿岛村子的入口两边种着茂盛的赤松，路边还有一个写着"愁叹场"的木牌。在以前，汉森病患者生下孩子后，还没来得及看一眼，孩子就要被送到未感儿保育所隔离。被隔离的孩子每月一次会被放在离父母 5 米处，让父母们看看孩子，父母甚至不能抱一抱或是摸一下孩子。因此而得名"愁叹场"，有人们对这条路的叹息、悲伤的寓意。我想起了将麻风病称为天刑的韩何云诗人的诗句：

我错误地存在这天地间，是一朵蘑菇，一朵蘑菇。
只是像一朵蘑菇一样，像一朵蘑菇一样罢了。
即使历经万劫，还是有许多惩罚未降临。

——摘自韩何云的《我》

过了愁叹场再走几分钟就看到了一栋白色建筑，是国立小鹿岛病院，是在 1910 年旧韩末改新教传教士们设立的私立麻风病疗养院的基础上建立的，1916 年朝鲜总督府正式将其更名为小鹿岛慈惠医院。中央公园前面的监禁室、检尸室字样的木牌依然留着那里，还留有着那时痛苦的记忆。

1965 年到小鹿岛赴任的韩国人院长为了让岛上的居民们实现经济独立，提议居民们从事水果种植业和家畜饲养业。有天主教堂、改新教会、原佛教寺庙，还配备了小学和分校等教育设施。环视一圈周围的街道，仿佛看到了那犹如小鹿的眼神般清澈明亮、没有任何罪恶的灵魂曾经恳切祈祷的模样。

小鹿岛中央公园是这里的居民亲自建设的欧式庭院，非常美丽。椰子树、扁柏树、栀子树、松仙树等风景树非常茂盛。中央公园一个转角处有一个小莲花池，莲花池里竖着一个耶稣的十字架，前面种有月桂和象征着复活的树木，我们沿着这条路走进去。一个白色的塔耸立在庭院中央，名为救癞塔，上面还刻有"治愈汉森病"几个字，看起来就像是一面灵魂和肉体一起飞向自由的国度的旗子。塔的上面，一个张着翅膀的天使正在安抚悲痛的灵魂，仿佛暗示着向着高处自由飞翔。

救癞塔后面的山坡有一块大石头，上面刻着韩何云的诗——《大麦笛子》。导游站在诗碑面前说让人大声吟诵一遍这首诗，同行的人让我试一试。我念完后，游客中有人说道：再念一遍前往小鹿岛时读的诗吧。我吟诵了《大麦笛子》《全罗道之路》《蓝鸟》。去小鹿岛时读的诗就是《全罗道之路》，在吟诵这首诗时，我的声音尤其显得嘶哑。

救癞塔

没有尽头的赤色黄土路，令人窒息的炎热。

见到陌生的朋友，麻风病患们欢欣不已。

过了天安三岔路，夕阳已经西下。

没有尽头的赤色黄土路，顶着令人窒息的炎热，一瘸一拐地
走着。

——摘自韩何云《全罗道之路》

　　我们参观了资料展示馆，从慈惠院设立开始，关于小鹿岛的历史
和生活状况资料在馆里都能看到。"治愈汉森病"这样的信念创造了
奇迹，现在汉森病已经不是什么可怕的病了。经常能看见小鹿岛居民
坐着类似于轮椅的车子行驶在隐隐飘着赤松香气的小路上，海边白沙
场的"哀怨的追慕碑"无意中呼唤着路人，似乎是要路人在赤松树下
休息，倾听那悲痛的往事。

　　现在每隔 10-15 分钟就会有一趟船往返，连接鹿洞港和小鹿岛的
连陆桥（小鹿大桥，1160 米）工程已经进入完工阶段，2009 年 3 月 3
日完全开通，现在再也没有了铁条网和愁叹场，可以很平静地谈论那
如传说般的过去，随心所欲地往返小鹿岛，现在病愈的汉森病人也可
以离开小鹿岛。"变成蓝鸟徘徊着的灵魂们，可以宇宙天地间尽情地
享受自由和祝福"的话语在回来鹿洞港的渡轮上响起。我们坐在渡轮
上看着连陆桥工程和在碧蓝天空下自由飞翔的成群的海鸥。

（9）南原广寒楼苑

　　全罗南道南原以忠、孝、烈、艺闻名，谈到南原，就会想到广寒
楼和小说《春香传》，脑子里已经浮现出它是盘索里故乡这一印象。

"南原"一名源自统一新罗时期南原小京设立之时，被称为古典小说的代表作《春香传》《兴夫传》和《卞钢铁打令》的背景就是南原地区。春香歌也叫作"烈女春香守节歌"，我国最早的韩文小说《洪吉童传》里的义贼洪吉童的原型就是朝鲜燕山君时期全罗道长城人士。

南原不仅代表了古典小说和盘索里，还是我国遭逢国难时无数官军民为了国家而牺牲的我国民族的圣地。高丽末叶，全罗道、忠清道、庆尚道频繁遭到倭寇的入侵和掠夺，形势严峻。1376 年，崔莹将军击退倭寇。1378 年再次入侵的倭寇涌入智异山，驻扎在南原，即将入侵至开城，李成桂将军在南原取得了荒山大捷（荒山大捷，1380 年）。

丁酉再乱时期南原城战斗中牺牲的万余名官、军、民的万人义塚也在南原，南原还是甲午更张（甲午改革）时期东学军的占领地、乙巳条约和韩日合并、独立运动时期涌现无数爱国志士的地方。

广寒楼（广寒楼，湖南第一楼）

朝鲜太祖（1419 年）时期，黄喜丞相被流放到南原时修建了一座名为广通楼的楼阁。世宗时期，河东府院军郑麟趾游览此处风光，觉得这个地方和月宫的清虚府一样美丽，将其更名为"广寒楼"。丁酉再乱时期广寒楼被烧，现在的广寒楼（宝物第 281 号）是仁祖时期（1638 年）南原府使重新修复的，附属的建筑是正祖时期修建的。宣祖时期，南原府使引进寥川水修建了莲花池和乌鹊桥，经过南原府使历代的修缮，成了"湖南第一楼"。2008 年这一园被称为广寒楼苑（名胜第 33 号）。据说广寒楼内墙上有 80 余句诗文，但是为了保存文物，禁止游客进去观赏。

用广寒楼莲花池底挖出的泥土在池边建成了须弥山，在池子里修

南原广寒楼

建了三神山蓬莱、方丈和瀛洲三个小岛，池中种上睡莲。以前文人雅士们泛舟池中见到的楼阁和倒映在水中的楼阁影像，构成了美丽的仙境，半圆形的乌鹊桥倒映在水中，简直就是秘境。现在湖水周围的古木因为年岁久远，变得歪歪斜斜。径内可以看到很多像是女高中生的日本游客。

广寒楼苑内有春香祠堂、春香馆、春香母亲月梅住过的房子、春香坐过的秋千、体验传统游戏的院子，到处都有以春香和李梦龙为原型做的玩偶，还有可以穿着春香和李道令（李梦龙）的衣服照相的地方。供赏月用的亭子——水中楼阁玩月亭是 1960 年代此地被开发成观光地时新建的。

广寒楼和平壤浮碧楼

我坐在莲花池边的石头上，抚着感到不适的膝盖，脑海里描绘着成春香和李梦龙感人爱情的画面。在我初高中的时候，关于南原府使卞学道要求春香伺候被拒后，他表现出来的残酷无情被人传说，也被拍成电影，脍炙人口。朝鲜平壤大同江绝壁上的浮碧楼中，描绘了李守一、沈顺爱、金重培的三角恋的赵重桓的探案小说广为流传。

成春香是守护珍贵爱情和贞节的女子，而沈顺爱被有钱有能力的金重培所迷惑，背叛了贫穷但是深爱她的未婚夫李守一。春香传是朝鲜时期的原创作品，"李守一和沈顺爱"登场的爱情故事是发生在日本帝国主义统治的殖民地时期，原作是日本作家尾崎红叶的《金色夜叉》。

就像是经常听到成春香和李梦龙的故事一样，我小的时候也常常听到"李守一和沈顺爱的故事"，所以能够模仿里面的几个对话情节。想到这里，我又有了另一个想法：即使南北统一并非一朝一夕就能实现的，但是南北间能够实现文化观光交流，能够去朝鲜参观一次历史遗迹地和景区的话，那该多好。

春香馆

成春香是全罗道南原妓生，去荡秋千的途中遇见了使道的儿子李梦龙，两人结下了姻缘。春香传在朝鲜后期以盘索里的形式传唱，后被从盘索里说词改编成小说，作者和年代不详。进到春香馆，就看到春香和李梦龙的照片，春香馆内挂着记载了春香传故事的大型图画，还有李梦龙的《御史诗》和春香狱中写的《狱中诗》：

金樽美酒千人血

　　　玉盘佳肴万姓膏

　　　烛泪落时民泪落

　　　歌声高处怨声高

　　　　　　　李梦龙《御史诗》

　　　去岁何时君别妾

　　　昨已冬节又动秋

　　　狂风半夜雨如雪

　　　何为南原狱中囚

　　　　　　　春香传《狱中诗》

　　参观完广寒楼苑后，向着春香村主题公园走去。以蓼川为界，春香主题公园就在约 1 千米处，春香桥（蓼川桥）连接两地。蓼川经南原市中心流入蟾津江，蓼川桥上的绳子上挂着青纱灯笼，还有许多写着愿望的小纸条挂在上面，随着秋风招展。为了让过桥的人都能写下自己的愿望挂在绳上，桥中间的地上放着一个篮子，还有纸和笔之类的东西。这还真是个奇怪的点子，我禁不住笑了出来。蓼川上还漂着一个雕塑，是两个书生在小船上垂钓。

东学农民运动纪念碑和盘索里名唱纪念碑

　　蓼川江边竖着东学农民运动纪念碑，据说 1861 年，东学的创始人崔济愚在南原的一个庙中写出了东学思想的理论体系——东经大全。东学农民运动时，无数的东学农民被日本军屠杀。东学农民军的妻子们传唱着民谣"雀儿、雀儿、绿豆雀儿，不要在绿豆田中停栖，绿豆花落下时，绿袍将领会哭着离去。"来抚慰内心的伤痛。绿豆雀就象征着穿着绿色军服抗击倭寇的东学农民军代表全琫准。

在通往春香主题公园的江边路上，立有包括盘索里歌王宋兴禄在内的宋光禄、宋万甲等宋氏一家的名唱纪念碑。这里的盘索里属东便制，从南原、求礼、谷城等地传承而来，雄壮洪亮，技巧和修饰较少，偏男声。在南原还有这样一个传说，之所以出现这么多盘索里名唱家，是因为受到了智异山雄壮有力气概的影响。2003 年 11 月，盘索里 5 大代表作《沈青歌》《春香歌》《水宫歌》《兴夫歌》和《赤壁歌》被记入联合国教科文组织人类无形文化遗产。

春香村主题公园

春香主题公园位于德阴山脚下，四周风景秀丽。主题公园入口就竖着一扇大门，上面写着春香村。这里还有个售票处，我享受的是敬老优惠，直接就进去了。主题公园占地 115,500 平方米，分为 5 个场所：相识的场所、海誓山盟的场所、爱与离别的场所、狱中生活和考

春香主题公园

验的场所，大团圆结局的庆祝场所，还有电影外景场地和游戏体验场所。里面还有可以了解到南原地区历史的"乡土博物馆"和"沈寿官陶艺展示馆"。沈寿官前院还有春香传里主要人物卞使道、婢子、李道令、成春香、香丹、月梅的画像和附有说明的物件，周围缓缓传来盘索里的曲调声。

日本萨摩陶瓷的发源地南原

沈寿官陶艺展示馆里面挂着历代沈寿官陶艺名匠们的照片和"萨摩陶瓷的起源"来历一书。第 15 代沈寿官于 2011 年将第 12 代到第 15 代所处作品中的 13 件作品捐献给了南原市。南原市为了促进韩日交流，2011 年设立了陶瓷展示馆并正式开馆。

丁酉再乱结束（1598 年），包括南原出身的沈寿官家的第一代沈当吉先生在内的 80 余名朝鲜陶瓷器工匠被曾是萨摩藩主的岛津义弘强行带回了日本，同时日本军还掠夺了朝鲜的白土和釉药。到了日本萨摩的陶瓷器工匠们度过了漫长的充满遗憾怨恨的岁月，到了第 12 代的时候，萨摩陶瓷闻名世界。1998 年 10 月第 15 代子孙（沈一辉）采掘了祖国南原市的"魂火"，在"萨摩陶瓷 400 年祭"庆典上点燃了"韩日友好火花纪念石塔"。

我在 2006 年 2 月去日本鹿儿岛旅行时，探访过美山沈寿官陶窑地。针对"日本鹿儿岛沈寿官陶窑地"所写的旅行记的鉴赏文在我的拙作《有趣神秘的亚洲旅行记》中就有记载，所以此时心中更是深有感触。走出陶艺展示馆，沿着路继续走就到了挂"爱情锁"的地方，那里设有许多爱心模样造型的雕塑。对面还有定下爱情誓约用的短刀，年轻的情侣们都喜欢在这里手牵手拍照留念。在爱与离别的场所里，有拦着李梦龙去路的春香和牵着马的婢子、春香传电影拍摄场地和象征着春香一片丹心的丹心亭。体验场里再现了春香被拷问和跟李梦龙狱中相见的场面。这倒不失为一个可以生动活泼地学习历史知识的教育场地。

（10）南原城战斗和万人义冢（史迹第 272 号）

我在春香村主题公园入口搭乘从主题公园出来的出租车，前往万人义塚（史迹第 272 号）。万人义冢位于南原市乡校洞万人路，距离春香村主题公园不远，但是我却没有看见往返于两地的公交车。万人义冢是丁酉再乱时期南原战斗（1597.8.12-8.15）中牺牲的万余名官军民的联合墓地的所在地。

丁酉再乱时期，58,000 名倭寇集中攻掠朝鲜的下三道，倭寇将在地理上连接全罗道和忠清道的南原视为要塞，对南原发起了总攻。全罗兵使李福男和南原府使任铉等民、军、义兵 6 千余名共同坚守南原城。这时，明朝副总兵杨元率领 3 千余名军士来到南原。朝鲜和明朝的联合军发射胜字铳筒和飞击震天雷击退敌军。但是正式开始激战的时候，南原市被包围了。和敌军相比，南原市兵力处于下风，南原城部分沦陷，城内展开了激烈的肉搏战。官军民 1 万余人激战到最后，结果南原城还是陷落了。

战争结束后，避难回来的居民们将战死的人们合葬在一起，光海君 4 年（1612 年）建忠烈祠，祭享 8 大忠臣。万人义冢最初是在南原驿附近，被民居包围，1964 年迁到现址。万人义冢的整理工作从 1974 年开始直至 1979 年 10 月完成。

走进万人义冢广场，就能看见红箭门后正面高坡上供奉牌位的忠烈祠，广场左边有一座"万人义士殉葬塔"。过了忠义门（外三门）和内三门，忠烈祠还立有万人义冢净化纪念碑，祠堂后面就是万人义

万人义冢纪念塔

冢墓地。每年9月26日都会在忠烈祠内举行万人义冢的祭祀活动。秋天的时候，万人义冢广场还会举行中小学生作文和绘画大赛。

参观完万人义冢后，我想去南原站看看，但是没有公车往返，而且出租车也不常去。我想要跟人共乘一辆出租车，所以即使看到载有客人的出租车我也会招手。一位善良亲切的司机师傅打开车窗，示意这里交通不方便，游客们遇到困难的话就跟他说。幸好，我和人拼车顺利来到了南原站。南原站始建于1933年，1950年韩国战争时期被烧毁，1986年12月重新修建驿舍，2004年12月修建了全罗线从以前的驿舍迁到了这里，距离原来的驿舍2千米。

过了下午3点，我想在南原站附近吃一顿迟来的午饭，南原站周围没有什么商店、餐馆，根本没有充饥的地方，南原站内也没有买三明治或者是紫菜包饭的地方。进了站内的小卖店，我就问店员，南原也算得上韩国少有的一流文化遗迹地，但是为什么车站里面就没有可以简单充饥的地方呢？店员回答说，南原站迁到这里已经有 10 年了，游客也很少，生意也不好做，即使店里定了紫菜包饭一天下来也卖不出多少，所以退货是常有的事，干脆就全都不卖吃的了。我凌晨就在首尔搭车，还以为今天能在南原的某个小巷里吃一碗美味的泥鳅汤呢……

收起心里的失落，我坐上了开往首尔的木槿花号列车。感觉到疲惫，便闭上眼睛休息。我再次认识到，临近智异山的南原，独有的自然风光和无数文化艺术遗物、史迹、痛入骨髓的历史痕迹充斥着每一个角落，是一个历史悠久的地方。我希望它能成为湖南第一观光都市，迎来更好的发展。

（11）务安会山白莲池

提到"务安"，就会想起半年前这里因泰安半岛游轮漏油事件（2007.12）而成为重灾区。全南和海南半岛因为地理位置突出，因此距离事发地点 100 千米的灵光、务安、新安、咸平、珍岛等地损失严重。我想起了 2008 年 7 月末，在前往全南一带观光的路上，看到了很多志愿者们戴着红色手套，戴着口罩抵御海风的兄弟姐妹们和被冻得红彤彤的一张张脸蛋。

务安会山白莲池是一个战地 346,500 平方米、湖水呈白色的莲花地。怀着激动的心情和 6 名朋友乘坐面包车，早晨 7 点出发前往全南务安会山白莲池。今天我们一行人打算参观务安白莲池，顺道参观一下咸平蝴蝶公园。据天气预报报道，全国范围内阴转雨，南边大约会有 5-30 毫米的降水量。听着雨水打在宽宽的荷叶上的声音，倒也很浪漫。从前的文人墨客们就喜欢听雨水落在书斋前的芭蕉叶或者梧桐叶上、池塘边荷叶上的声音。

中伏天，雨将下未下，车窗外掠过的风景一点也不晃眼，真好。梅雨季节，碧绿的山野和水稻生机勃勃的水田，似乎我的心情也被染成了绿色。高速公路边随处可见开着花的百日红，成三问曾作诗"作夕一花衰，今朝一花开，相看一百日，对尔好衔杯"。百日红旁边有朱鹮从水田出飞来，绿油油的平原后边的小山坡，像棉花般胀得鼓鼓的高积云似乎正在吟诵着夏日的诗句。

行淡岛休息站的早餐——喜面和咖啡

早上 8 点 30 分，曾一度宣传说要开发的行淡岛仍然没有什么动静。中伏天，假期迎来了高峰期，因为游客们的到来而显得拥挤。我们一行人的早餐是喜面和咖啡，梅雨的季节，我们的友谊也在生长吧。久违的和朋友们一起的早餐显得格外美味，我们自己准备的年糕和点心使咖啡更加香醇可口。我们驱车沿着 15 号国道向南。务安莲花洞村入口的路边，大碟子大小的深紫色、粉红色和白色的芙蓉花列队欢迎我们的带来。和木槿花、蜀葵相似的芙蓉花，花语是纤细之美，但是以灿烂笑容迎接我们芙蓉花，给我留下了大气华丽的印象，招人喜爱。

占地 346,500 平方米的亚洲最大的白莲花地，我们止不住惊叹。日本帝国主义统治时期还是农业低产地，但是 60 多年前，在这片农业地产地附近生活的居民栽种了 12 株白莲，白莲地由此而来。这里白莲的花和叶子比其他地方更大，据说还可以通过调节水的高度和施肥让它们提前开花。莲花花期是从 7 月到 9 月，8 月初是开得最盛的时候。一张荷叶就足以遮住一个人，还可以当伞用。

绿波荡漾的白莲湖水！虽然说印度和埃及才是它的原产地，但是总觉得全南务安才是它的起源地，长得非常茂盛，让人叹为观止。湖

会山白莲池

面上铺着盘子大小的荷叶，圆圆的荷叶上躺着睡莲。荷叶生机勃勃，
又圆又大，莲花也开得好。啊，清雅的莲花！一天都保持着从睡梦中
醒来的清晨的样子，干净、端庄。

在白莲池的边缘还建有可以供人们在池中赏玩莲花的各种亭阁，
白莲池湖水中间有一座长 280 米的木桥，叫白莲桥。浓密的绿荫处，
知了的合唱更能勾起夏日的情趣。我们沿着白莲池湖水中的路漫步至
亭阁，在最近的地方赏莲。还有一个亭阁，里面展示着 10 幅有关莲
的诗画作品。一定是这里喜爱莲的人或者是全国诗人以莲为主题写下
的诗。以下是我的诗集梦中诗画中关于莲的诗：

露珠结在莲叶上，清爽端庄。凌晨礼佛，飘来的清香拂过
脸庞。
除去内心杂念，明亮心境。

　　我们一行人在一个亭阁里观赏这片广阔的莲花，闻着莲的清香。我平时在画文人画时最常念的中国宋朝周茂叔的《爱莲说》。朋友们都在听我念，我的心情变得更加轻快。以下是《爱莲说》的部分内容：

　　出淤泥而不染，濯清涟而不妖，中通外直，

　　不蔓不枝，香远益清，亭亭净植，可远观而不可亵玩焉。

　　很多诗人墨客喜欢在书画作品中引用《爱莲说》中的"香远益清"，在亚洲最大的白莲池中吟诵《爱莲说》，别有一番情趣。

　　过了池中央的木桥，我们来到了水上玻璃温室，玻璃温室建筑就像是一个莲花花蕾。在里面喝着碾茶，环视四周，赏玩这开阔的白莲

水上玻璃温室

池、对面的小山和蓬松的白云。茶山丁若镛的"消暑八事"中就有"西池赏荷，东林听蝉"。用这句话来形容我们此行正合适。

离池子不远处有一个伏龙村，村里有每年可加工100吨荷叶的白莲茶工厂。据说里面有白莲叶茶、用莲花制成的莲花茶、用藕制成的藕茶、白莲美容香皂、白莲茶茶具套件等多种生产线，但是没能进去一看。因为还要去咸平生态公园，没有多余的时间了。

听说离白莲池最近的地方有一个"莲食品专卖店"，我们特地去了，那里正好在举行"莲产业庆典暨学术会议"，据说有10多个企业出产的30种莲加工食品。白莲收益是水稻栽培所得的3倍，从医学角度来看，白莲有可降低血糖和血液中的胆固醇、改善肥胖和新陈代谢疾病、抵抗皮肤老化的效果。

我们决定去尝一尝用莲做出来的食物。莲花啤酒、莲花糯米饭团、腌藕、藕辣拌海螺、莲花五花肉、莲花油炸猪肉片、莲花泡菜以及饭后甜点莲花糕等，餐桌上的菜肴五花八门。下午2点后，我们以白莲池为背景，拍了几张照片。从饮食店的院子里出来，看见了一个小小的花盆样式的水罐，里面种着两朵青莲。青莲很珍贵罕见，只有我一个人看见真的是太可惜了，其他人都已经上车了，我又不能喊他们回来看。诗人李白就将自己的号定为青莲居士！天气太热，虽然有点可惜，但是我还是一个人看看就跟着大部队上车离开了。

我们在上个月（2008.6）参观了已开通的连接木浦和押海的押海大桥（押海大桥，3563米）以及押海岛。押海岛是一个非常美丽的岛，快速地游览了一下，教会也有好几个，也有初中和高中学校，还种植无花果、葡萄、芝麻的果园，以及农田。绿色的平原那一头还可以看见岩石岛，不知道开往何方的船悠然自得，仿佛享受着慵懒的午间小憩。

（12）咸平自然生态公园

2008年7月，最后一天下午空气里翻腾着火辣的热浪，经务安会山白莲池和押海，到达全罗南道咸平岛的咸平蝴蝶公园时已经是傍晚了。来到咸平，路灯上面用来装饰的雕塑都是蝴蝶模样，路边、山脚和山腰上巨大的双叉犀金龟模型、蝴蝶、昆虫等雕塑，引人注目。路边的草地上还有利用废铁制成的巨大的雕塑、蝴蝶、昆虫，新奇的设计让人耳目一新。

有了敬老优待，我们可以免费进去参观蝴蝶公园。进了生态界公园，左边是生态公园导游图，右边是飞流直下的凉气袭人的壁泉瀑布，像是特意给游客解暑。花岗石上刻着诗人金南祚的诗《蝴蝶之歌》，还挂着一个竖幅，告知即将举行的体验学习双叉犀金龟庆典的时间。蝴蝶赞诗《蝴蝶之歌》的部分内容如下：

缓缓地向着花的高枝飞去，多么静谧，多么美丽
蝴蝶啊蝴蝶，温柔地传达内心的喜悦

红宝石蓝宝石，就连斑斓的宝石都不能拥有如它那般美丽，
伤痛而又美丽的生命
脱去曾是幼虫时的外壳，最终换来华丽的蜕变
可以自由飞翔，多么壮烈的喜悦……

2006年7月开馆的咸平自然生态界公园是国内规模最大的探访学习和体验自然生态空间，占地165万平方米，耗时8年，耗资220亿韩元建成，由鲜花生态学习场、玫瑰园、树木园、生态绿地岛、半月

咸平蝴蝶庆典全景

黑熊观察园、蝴蝶·昆虫标本展示馆等多个体验场所组成。在这里除了蝴蝶·昆虫相关的活动外，天然染色体验角、国际花卉展示会活动也在此举行。到了 5 月，咸平川水边公园约 4950 万平方米的黄色油菜花和紫云英争先绽放，在这美丽的平野上数万只蝴蝶飞舞。自然生态公园位处得天独厚的自然环境，还有什么比这个更绿色环保的吗？

我们一行人经过稀疏立着奇岩怪石的玫瑰园，来到了蝴蝶昆虫标本展示馆。玄关处有昆虫学家李承模的半身像和刻着他功绩的石碑，李承模先生出生于平壤，1.4 后退时期越南（从朝鲜半岛北方越过三八线或军事分界线到南方）来到国立中央科学馆，专注研究 20 年，历任咸平昆虫研究所常任顾问。2002 年 4 月将自己 60 年间采集的总计 15 科 5000 种、5 万只蝴蝶·昆虫标本无条件捐赠给咸平郡。一个人的梦想和计划居然能够诞生如此伟大的成果，我不禁肃然起敬。蝴蝶标本展示馆内，将蝴蝶的起源、蝴蝶的一生、食物和昆虫以及和蝴蝶有关的全部知识和标本整齐陈列着，是一个很好的生态界知识公园。

　　庭院里还有葫芦藤蔓，上面挂着很多的葫芦瓢，让我想起了故乡的家。参观生态界庭院出来时看到了卢武铉总统（2008.7.3）种植的松树。想起了他那戴着大草帽，领着保护人员，双臂抱胸行走的俭朴模样，我不禁露出微笑。

　　除了这里，还有其他的展示馆，风兰馆、东亚兰草馆、野生兰馆、亚热带植物馆等。包括双叉犀金龟体验场在内，还有生态莲池、蝴蝶昆虫幼虫生态观。希望这里能够成为一个绿色生态体验观光中心，让人们四季都能够进行探访学习和生态体验。

　　我们沿着"白岫海峡兜风之路"出发，来到法圣浦，在法圣浦南岛饮食 1 号吃了黄花鱼配家常套餐，晚上 7 点左右回首尔。根据国土地方特色将其开发成这么美丽的地方，拥有丰富创造力和勤劳的我国人民是一个了不起的民族。车疾驰着，车窗外的夏夜越来越深。

（13）灵光佛甲寺·百济佛教的迁徙地

　　佛甲寺位于全南灵光郡母岳山（母岳山，佛甲山，516 米）山脚，是百济枕流王（枕流王，384 年）时期，印度高僧摩罗难陀尊者经南中国东晋，沿海路来到了灵光法圣浦后最早创立的佛法道场，佛甲寺一名寓意"天下第一佛寺"。地名"灵光"寓意"觉悟的光芒"，从佛教历史角度来看，"佛甲寺"是韩国寺庙中历史最悠久的百济时期最早的寺庙。佛甲山原名母岳山，佛甲寺建立后才被称为佛甲山。一柱门前的大石头上刻着"母岳山佛甲寺"几个大字。

　　佛甲寺天王门（全南物质文化遗产第 159 号）的四天王像（全南物质文化遗产第 159 号）是新罗真兴王时期烟起祖师用木头雕塑的。四天王像是高宗 7 年（1870 年）雪窦禅师重修佛甲寺时，从已荒废的全北茂长烟起寺中搬过来的。（2012. 月刊海印）佛甲寺供奉着来自于四天王像的佛腹藏典籍（佛腹藏典籍，宝物第1470号）。据说造佛像时，为了神性，将发愿文、佛经、舍利、香、宝石、镜子等冥器放入佛像内。佛腹藏典籍包括几册高丽本、朝鲜初期刊行的法华经和金刚经等大乘经典、四集科教材、跟禅宗相关的理论书等珍贵资料和31件罗汉像、发愿文、从中国传入的佛教文献等关于韩国佛教思想和文化研究的珍贵资料。（文物厅）

过了金刚门和天王门，在去到大雄殿之前，还有一个万岁楼（万岁楼，全南文化遗产资料第166号），正面5间，侧面4间，人字形屋顶，用作佛会场所和讲学场所。佛甲寺大雄殿（宝物第830号）是一个正面3间、侧面3间的双屋檐八角屋顶建筑，奇特的是它的屋顶房脊中间有一个鬼面形宝塔的装饰物。大雄殿门窗的花纹是莲花、菊花和菩提树，十分精美和细致。以释迦牟尼为本尊，大雄殿还供奉着

佛甲寺大雄殿

阿弥陀佛和药师佛的木制三尊佛坐像（宝物第 1377 号）。

　　佛甲寺内设有祈求极乐往生的冥府殿、参拜主管四方净土和极乐世界的阿弥陀佛的无量寿殿、用作禅堂的一光堂、寺院寄宿的修行馆白云堂、香炉殿、七星阁以及洗心亭、寮舍寨等，此外还修缮了许多建筑。据记载，高丽末期，觉真国师曾大举改建佛甲寺，但丁酉再乱（1597 年，又称壬辰倭乱）时全部被烧毁，此后的佛甲寺历经多次重修与改建。

佛甲寺修多罗圣宝博物馆

　　2002 年至 2009 年间，佛甲寺内的修多罗圣宝博物馆共计投入 54 亿（韩元）工程费，建成了 2 个保存佛教文物的地下收藏馆以及 2 个地上展示厅。博物馆里保存、陈列了佛腹藏典籍（宝物第 1470 号）

佛甲寺修多罗博物馆

259 件和四大天王（指东持国、南增长、西广目、北多闻天王）佛画、木鱼、疏筒、业镜台等 500 多件文物。疏筒是指举行佛教仪式的时候，信徒们放置发愿文的筒；而孽镜台（也称业镜台）是指人即将进入鬼门关时照见其一生罪孽的镜子。

圣宝博物馆内保存了巴基斯坦健驮逻地区繁荣发展的佛教造型艺术——健驮逻黄金小塔，全罗南道市道物质文化遗产、文化遗产资料等佛像、佛画和工艺典籍。灵光佛甲寺入选了韩国旅游公司推荐的 11 条文化遗址踏查路线，是韩国最具历史渊源的珈蓝（佛寺）之一。

佛甲寺里有着天然纪念物——新木姜子（天然纪念物第 112 号）生态群落和韩国最大规模的石蒜（又名相思花）生态群落。韩国三大石蒜生态群落均分布在全罗道，分别是灵光佛甲寺、咸平龙泉寺以及高敞禅云寺一带。每年 9 月中旬至 9 月末，当韩国最大规模的石蒜花在佛甲寺齐放的时候，就会举行庆典，届时很多观光客会慕名前来观赏。

我公公婆婆的故乡就在灵光郡佛甲面，他们都是虔诚的佛教信徒。我的公公（无门郑根谟）一直在教育界担任要职，每到假期，他都会自费筹备一些物品到光州圆觉寺给高中部的学生讲授佛法，为济众事业倾注毕生热情。20 世纪 70 年代末的暑假，公公婆婆带孩子们去灵光扫墓，回家的路上，就带着孩子们去了佛甲寺。我的丈夫和小叔子在学生时代曾在佛甲寺里复习准备重要的考试，所以对那里的情感更加深厚。

白岫海岸道

每年 10 月，我们都会和在全南道光州居住的小姑子夫妇以及从首尔南下的兄弟夫妇一起去灵光佛甲寺扫墓，再带着准备好的食物去享受一次简单的出游。为了避开中秋时节的交通大混乱，我们每年都会择日扫墓。随着西海岸高速道路的通行，其支线之一——灵光白岫海岸道（17千米）也于2006年被重新修整一番。白岫海岸道是具有代表性的海岸骑行道路，2005年，曾以第九名入围韩国道路交通协会举办的"韩国最美道路100条"评选活动。因为这条路是沿着很高的山丘修建的，蜿蜒曲折，可以眺望到灵光的七山前海。兄弟们扫完墓之后，便会经过白岫海岸道，去法圣浦吃干黄花鱼韩定食（韩式套餐），之后再回首尔。灵光郡是西南海岸水路的据点（高丽时期曾在这里建立了南方地区的租仓——芙蓉仓），也是建有水军基地的全罗道最大的浦口。同时，还是著名的"灵光干黄花鱼"的原产地。驾车前往法圣浦的三姐夫把"灵光干黄花鱼的来历"讲得十分有趣。说是高丽时期，戚臣李资谦把自己的三女儿和四女儿嫁给仁宗后，因越权于仁宗四年（1126年）被流配到灵光郡。他将干黄花鱼寄给了仁宗，但只是因为觉得法圣浦的干黄花鱼十分美味，并非是为了挽救自己生命而做出的卑鄙行为。因此，人们给这种干鱼取名"屈非"。

　　今年扫墓之后，我们一起参观了位于法圣浦山丘上的摩罗难陀寺。一进入法圣浦，就能看到道路中央有一座白色石雕，上面刻着几条干黄花鱼，由此能够知道这里就是干黄花鱼的产地。真是奇特的创意！

（14）法圣浦摩罗难陀寺

　　全罗南道灵光郡法圣浦是百济佛教最早的发祥地。百济枕流王元年（384年），途经丝绸之路和中国东晋来到这里的印度高僧摩罗难陀第一次在百济的土地上传播了佛教。根据灵光郡厅的记载，"法圣浦"，意为佛法传入的神奇的浦口。法，即为佛教；圣，则指摩罗难陀圣人。百济时期，法圣浦引用了"南无阿弥陀佛"中的文字，取名"阿无浦"；高丽时期，则称作象征莲花的"芙蓉浦"；高丽末期以后，一直沿用"法圣浦"的名字至今。1998 年至 2006 年，在灵光法圣浦较宽广的山丘地带，共投入国家经费、地方经费、民间资金等共计 42亿韩元，建成了健驮逻式的摩罗难陀寺。寺庙从入口建筑（正门）开始就采用了健驮逻式的建筑形态，十分独特。

健驮逻国（公元前 6 世纪—公元 11 世纪）是古代王国之一，也是大乘佛教的发源地，位于印度的西北部，今巴基斯坦北部与阿富汗东部边境地区。公元 1 世纪到公元 5 世纪，曾是佛教徒的贵霜帝国最为繁荣昌盛。这里与横贯中亚的丝绸之路接壤，佛教通过丝绸之路得以传播。

佛堂芙蓉楼与四面大佛

进入正门之后，中间稍低一点的区域就是曼陀罗广场，广场中央种着菩提树。因为释迦牟尼在菩提树下得到顿悟，所以印度教、耆那教、佛教都将菩提树视为神圣之物。佛教四大圣地是指蓝毗尼（释迦牟尼诞生地，在今尼泊尔境内）、印度菩提伽耶菩提树（圣徒）、鹿野苑（说法）以及印度拘尸那揭罗（涅槃）。

沿着曼陀罗广场中央后方的阶梯走上来，就会在佛堂芙蓉楼的两层建筑前面看到佛陀的半身像。在上行的阶梯上，还有着象征佛陀足迹的阳刻浮雕。多年以前，我去佛教之国——泰国旅游的时候，曾见过一个超大型的佛陀足迹雕像，那时候觉得十分神奇。

芙蓉楼的外墙上雕刻着佛陀的传记，里面则展示了与佛教文化相关的雕刻物、描绘摩罗难陀高僧在百济传教历程的地图，以及佛教传播至日本的经过等。芙蓉楼建筑的内墙上也刻着精巧的雕像，彩绘的

芙蓉楼四面大佛

摩罗难陀寺（芙蓉楼雕刻）

花纹很独特，色彩搭配也十分漂亮。

芙蓉楼的后面，经过七八个阶段的数级阶梯，便是双层台座上立着的雄伟的四面大佛像（23.7 米）。总而言之，这里与韩国寺庙的构造截然不同，难以轻易描述。建筑形态和内部的构造既陌生，又神奇。站在这里，可以眺望到法圣浦前海与摩罗难陀寺的建筑，一目了然。

健驮逻佛教艺术

沿着正门往西方向顺时针走上去，便是健驮逻文物展示馆和健驮逻式塔园，牌子上写着："塔园由佛塔和神龛形的佛堂组成，神龛形佛堂是供奉佛像和灵牌的小阁"。文物馆里可以见到浮雕和佛像，以及健驮逻佛教艺术的特征。

　　佛教时代初期（公元前 6 世纪—公元 1 世纪）是没有佛像的。供奉释迦牟尼舍利子的塔、释迦牟尼顿悟时坐过的金刚宝座、象征佛陀的菩提树、佛祖足迹、佛陀的话——佛塔宝轮，以及法轮等，都是人们敬拜的对象。释迦牟尼坐化（入寂）后的 500 年间是没有佛像的，因此将这一时期称为"无佛像时代"。公元 1 世纪，健驮逻地区开始制作佛像。

亚历山大大帝的侵略与希腊文化的影响

　　由于建立希腊马其顿王国的希腊帝国创始者——亚历山大（公元前 356 年—公元前 323 年）大帝的侵略，健驮逻美术和佛像受到希腊文化（希腊罗马）艺术的影响，成为较为通俗、写实、有个性的艺术。之后，又逐渐发生变化，具备了东洋式的抽象特点。释迦牟尼在菩提树下顿悟，历尽苦行，成佛之后，以其大半生的经历讲授佛法，教诲弟子。他身穿衲衣（又名"扫粪衣"）坐在树下，每到进食时间，便诵读经文，拿着托钵到家家户户乞食。释迦牟尼讲授《法华经》的场所——印度灵鹫山就是当时的投弃尸体的石头山。

　　"扫粪衣"（指释迦牟尼）穿着往生人穿过的袈裟坐在树下讲授佛法，教诲弟子。（摘自谷歌，《佛像》，李宣教（音））这样的释迦牟尼坐化之后，后世的佛教信徒便将不造佛像视为是对佛陀神性的亵渎。这么想来，"无佛像时代"反而更加深奥，更加神圣。

　　为了能在百济佛教的最初传入地——法圣浦参观、学习到佛教文化历史以及大乘佛教的发源地——健驮逻的寺院样式，而将这里圣化、建成旅游名胜地，无疑是一件丰功伟业。从理解健驮逻的美学和艺术的角度来说，即使来到佛光法圣浦的游客不是说佛教信徒，也想强烈推荐他们去参观一下摩罗难陀寺。

（15）红岛

　　2006 年 7 月初的早晨 8 点 25 分，我和丈夫，以及他的同乡知己两夫妇从首尔龙山站出发，去往全罗南道新安郡的红岛、黑山岛。新安郡由 820 多个岛组成，占全国岛屿的 25%，是我国国内最大的多岛海地区，其清洁干净的泥滩被誉为"海洋的宝库"。其中，红岛是个岩石上岛，岛上全都是红褐色的硅岩，被指定为天然纪念物。因为时值梅雨季节，在搭乘的 KTX 高速列车车厢里，只有我们一行六个人。虽然台风北上，气流很不稳定，但想着，要是幸运的话兴许可以避开雨水，况且这也是很久之前就计划好的，所以就按预定计划出发了。

　　被雨雾笼罩的七月的深绿色田野安静地躺着，系着白头巾锄地的女人旁边，朱鹤正单脚站立着，倒映在插完秧的水田里的影子正不停地摇曳。我那颗被土地滋养的心在想象的南方海洋里遨游，不知不觉，回想起了童年的田野、庆尚北道的庆州。如果说，人类得到的祝福不同于一般的动物，那么其中之一便是能够瞬间进入想象的世界。远处仿佛传来《锄草》那动听的旋律。那些与土地为伴的善良的人们，在干旱时和秧苗一样焦心，在梅雨季节台风来临时，又同秧苗一起漂泊在泥水里。这份农民的心情，今年又会是怎样的呢？祈祷到了秋天，这里会是一片金黄色的田野。

在木浦搭乘快船（时速 60~70 千米）

　　迎着凉爽的海风，我们按照预期在中午 12 点左右到达了木浦港。为了赶上下午 1 点 30 分去往红岛的快船，我们中午就在大众食堂点了海鲜锅，望着木浦港解决了午餐问题。看着木浦前海，我想起了日本帝国主义高压时期的一段黑暗历史。由于日本的强压，朝鲜于 1876 年签订《江华岛条约》之后，便开放了仁川、釜山和元山等港口。但是，日本为了取得全罗南道谷仓一带以及木浦地区的农产品代理经营权，对木浦起了贪欲。木浦港口一经开放（1897 年），日本人就占领了这个地方，将其作为自己的居住地。过去，荣山江连接着木浦和罗州，海上交通非常发达。

得天独厚的绝景——红岛

红岛在行政区域上属于新安郡黑山面。1965 年，红岛（全岛）被指定为天然纪念物（第 170 号）。我们一行搭乘时速六七十千米的快船，途经黑山岛，经过两个半小时才到达红岛的后村码头。虽然我平时不会晕车，但在迎着波涛快速行驶的船上，胃里一阵倒腾。幸好，没有谁因为晕船而感到特别痛苦。

没有梅雨，也没有台风。下午 4 点，阳光照耀下的红色岩石岛显得十分透明。波涛轻轻拍打在铺着圆溜溜的红色卵石的海岸线上。我们将行李放在卵石海岸的"大韩旅馆"里，就登上了环红岛一周（约 2 小时）的海上观光游轮。红岛周围有 20 来个无人小岛，夕阳西下时，风景更加迷人。因为是梅雨季节，所以二三十座的游轮上，只有我们六个人——没有人会在梅雨季节——有可能出现台风的时候去海边，于是，我们独占了这个西南海第一海上名胜地——红岛。红岛虽然很小，但是每年慕名而来的游客就有 20 万名之多，因此也被誉为南海的"小金刚"。

红褐色的硅岩石岛是如何记录那些历经数万年风吹浪打形成的天然洞窟和岩石岛的表情的呢？百闻不如一见！我现在才知道，原来自古至今韩国的山水画家们乐于在纸上绘画的绝妙岩石岛就是这里的风光。这里的岩石峭壁形态各异：像经过千年的风雨侵蚀，因疏松而倒地的树桩；像打糕案板一样竖立起来的屏风；像地层切面那样断开，呈45度角倾斜，仿佛马上就要落入水中的姿势；又像是祭祀典礼上彩虹打糕堆砌起来的形状；也像地下蛟龙在升天途中稍作休息时仰望天空的模样；还像象征女性神圣宫殿的洞窟；夹缝里倒立生长的树木；突起的男根石；传说中的白发神仙现身梦中施公德，最终怀上子嗣的夫妇石；龟岩等等。这些岩石都有一个共同点：纵横交错的纹路像蜘蛛网一样覆在石头表面。

因为这不是山上的岩石，而是浸泡在海水中的岩石，所以才会出现这样的景观。台风来袭的时候，暴怒的大海就会掀起浪花无情地拍打、破坏它们，而它们必须默默地承受这一切。那些被海浪冲击的痕迹！正因为经历了如此凶险的试炼，才会形成那么不可思议的模样。据说，还有游客为了在台风天看波涛吞噬岩石岛的景观，特地赶来这里。我们不需要导游。因为没有什么客人，船长就负责解说，感觉他就像是我们中的一员，很是亲切。一只海鸥坐在绝岩峭壁上眺望远处的大海，就好似一座雕像。可是它为什么脱离队伍独自来到这里呢？看起来很孤独。红岛岛上还有黑鸽子，而这被视为吉兆。

以红岛33景中最美的景色为背景的合照

游船在龟岩、独立门岩、柱子岩岩石等附近行驶着，船长将船停下，让我们以红岛最美的景致为背景拍照留念。我们一行人以独立门岩为背景拍了6人合照，20~30分钟之后，工作人员将照片装进了规格为22厘米×17厘米的相框内，照片的价格是1万韩元。我们因这期待以外的纪念照而十分开心。船长说如果游客很多的话，光是在这里拍照就要花费很长时间，但是现在却只拍了一张照片，听了这话，我不觉对船长产生了一丝抱歉之情。船长嘟囔道，昨天这里下了很大的雨，据报道说明天也会下雨，明明应该是游客最多的旅游旺季呀……

七兄妹岩（悲伤女）

在红岛上有一个岩石群落，被称为"七兄妹岩"，别名"悲伤女"。这岩石群落的背后是一个关于七兄妹的传说。从前，这七兄妹过着幸福的生活，在某个节日，父母为了准备过节用的祭祀物品，以及给孩子们买衣服去到了陆地，七兄妹因此在家等了父母很久。在父母归来的那一天，七兄妹来到海边，看到远处父母乘坐的帆船十分开心。但是，就在那时，海面突然刮起一阵猛烈的旋风，海浪来袭，父母乘坐的帆船在海浪的冲击下，变成了一片狼藉。据说亲眼见证了这

红岛（七兄妹岩）

一切的七兄妹向着父母归来的深海奔去，在那里变成了坚硬的岩石群岛。因此，这些岩石就被命名为了"七兄妹岩"或者"悲伤女"。听了这个故事，我不禁想象起七兄妹哀呼父母的场景，看着眼前这大大小小的岩石群落面向大海排列的画面，无边的悲伤中又夹杂着一份美丽。相比于绝海孤岛，这面向大海排列的岩石群岛更像是一直在互相地低声诉说……

在晚霞中入睡的红岛景致，本身便是一幅让山水画家们沉醉其中的优雅东方画作。据说在红岛的绝景中，能被称为最美第一景的当数晚霞中的红岛了，而我们一行人便是在红绸缎一般的晚霞中观赏了星星点点散落在海上的岩石群岛。

红岛鹅卵石海岸

沿着红岛岩石岛转了一圈，来到了鹅卵石海水浴场。十余艘小型渔船停泊在较大的岩石岛旁边休息。这是没有沙子的海岸，泛红的成人掌心上，脑袋瓜大小的圆形鹅卵石浸没在晚霞之中。附近帐篷下的生鱼片店鳞次栉比，我们一行人围坐在一起欣赏着红岛的夕阳。点完餐，看着起伏往来的波涛，凉爽的海风带来了青苔的味道，让我不禁想起高丽俚谣《青山别曲》。我装作未看见丈夫的眼色，哗哗地吟起了诗"居兮居兮，住兮住兮／我欲居于，茫茫深海／食盐吸草，食牡蛎，食贝壳，我欲居于，茫茫深海／亚利亚利亚拉圣，亚拉里亚拉／"（改编自青山别曲）

这是将生气勃勃的蔚蓝南海海产放上餐桌的绝佳时机。我们以当地非常便宜的价格吃到了难得的饕餮盛宴。吃着以鲍鱼、海参、海鞘、海螺为配菜的回程晚餐，鹭山李殷相所写的《天地颂》和《梦归故里》中蕴含的旋律仿佛与哗哗的波涛声实现了和声。大家都喝着米酒，十分开心。渐进古稀的年纪，还能有几次机会能和挚友们一起在这样的地方举杯共饮呢？村岛在黑色的浪潮中渐渐入睡，我们的故事说来话长。

红岛的旅馆很简朴，想要在红岛过一夜不是一件很难的事。旅馆里没有电视机，点着蚊香，我与丈夫促膝长谈。我问了丈夫一些有关西南海岸的空岛政策问题，丈夫说那是因为在外国列强的频繁侵略下，朝廷没有余力派遣军队驻扎，所以从高丽末期开始直到朝鲜初·中期一直都是一座孤岛，直至朝廷下令原住民入住本土，从 18 世纪开始才渐渐开始有人定居岛上。

我问道，日本是从何时变为强大的帝国的。丈夫回答说，最初，日本在美国的强逼之下与其缔结了不平等条约，随之便开始被迫开埠。美国的马休·佩里上校在 1853 年曾带领 4 艘军舰抵达日本横滨，要求开埠。日本幕府政权于 1854 年与美国达成了不平等的讲和条约，并且随之连续与英国、俄罗斯、荷兰、法国也签订了不平等的通商条约。但是后来，日本脱离闭关锁国的处境，大胆引进西方列强的文化与科技。

明治维新时期（1867 年~1868 年）是日本革新开化的时期。通过这一时期的改革与发展，日本在中日甲午战争（1894 年~1895 年）以及日俄战争（1904 年~1905 年）中大举取胜并且获得了丰厚的利益。回顾世界历史，不得不提的是，无论是哪一个国家，若想取得较好的发展，在面临国家生死存亡的危急关头，总会涌现一批对国家而言至关重要的、优秀的领导者。同样的，在日本改革的重要时期，日本列岛的西南部也涌现了许多领导者。

在明治维新时期，日本派遣大量使团去西方学习先进文化、艺术以及科学技术，以西方近代国家为典范积极果断地进行改革。日本以两次中英鸦片战争（1839~1842，1856~1860）为鉴，清晰地认识到若是不想沦落到清朝的凄惨下场，必须向西方列强学习科学以及教育制度。在经历了这样的改革之后，日本才日渐强大。我说希望在我们国家也能出现一位骑着白马的超人，和平解决南北统一的问题。话毕，丈夫和我不约而同地笑了。

第二天早上（2006.7.3），红岛的海面上起了大雾，只能看清距离海岸10米之内的事物。其实那海洋已然变成了什么都看不见的白雾海洋了。现在看来，昨天在红岛绕行一圈真是一个明智的选择，如果按计划在今天早上去参观的话就什么都看不见了。

风兰展馆

我们一行人找到了位于红岛的风兰展馆。其他植物都深深扎根于泥土之中，为何这些风兰却偏偏将根暴露于岩石缝或者枯木树桩之中呢？它们是从哪里吸收养分，战胜强劲的海风，保持强大的生命力呢？从前的文人画画家描绘兰花时，也曾用其裸露在泥土之外的根茎来暗喻国土沦丧的悲伤。在他们看来，原本应深埋于泥土中的根茎裸露在外，这是生命终结的象征。

红岛风兰，相比于在儒生书屋中培养出来的风兰，抛去了纤纤玉手抚触下的柔软花叶以及立功立业的勃勃野心，静默开花，低头不语，不卑不亢。岩石岛上自力更生的风兰没有公主的姿态，长出宽厚而顽强的叶子，处处显露出强大的生存意志。这风兰虽被展示在这般安静的环境中，只怕它也会想念那海风和波涛的声音吧。或许就如法国诗人让·谷克多在诗中提及的那般"我的耳朵是一只贝壳，思念着大海的波涛声"。在红岛大海旁边的岩缝里生长起来的风兰，就像那粗糙的海风和波涛一般强劲。

　　我们一行人在参观完风兰展馆后，沿着展馆后面山坡的一条窄路开始了登山路线。在红岛岩石山的山脚下盛开着黄色的金针花、种植着许多山茶树和栀子树，作为一条登山路线来供游人观赏的话，以红岛的大海和奇山怪石为背景的景色也是十分壮美的。红岛本身便是天然的纪念品。岩石山的山脚下虽不是扎根良地，但是那样成长起来的树木和野花却也是十分赏心悦目的。

　　在漫长的岁月风雨中，不断延续的植物的生命力，红岛的秘密就在于此。深谙这个秘密的古木树桩周围摆满了木椅，经过连续几天的梅雨洗礼，木椅之间挂起了蜘蛛网。森林里就像是下起了雾雨一般，渐渐潮湿，无法呼吸。真是一条人迹罕至的登山路。若是天气再好一些的话，就能沿着山路再绕个一圈了……满怀着遗憾，我们只能转身返回。乘着快轮，我们向着黑山岛出发。我深信，天然纪念物红岛是造物主赠予我们的珍贵礼物。

（16）黑山岛

　　黑山岛位于全罗南道新安郡。我们乘坐名为"南海号"的快轮于 2006 年 7 月 3 日上午 11 时从红岛出发，经过 30 分钟抵达距离红岛 22 千米的黑山岛。黑山岛因为其海水的颜色比起蓝色看起来有点泛黑而得名。它从三国时代开始便作为横跨东亚航线的中途临时着陆地，在统一新罗时代，则成了"海上王"张保皋往来于韩国、中国、日本三国海外贸易基地的中途留据点。在张保皋在莞岛清海镇设立军队大本营之后（828 年），便有居民开始在黑山岛定居。在"空岛政策"颁布的时候，黑山岛的居民乘坐船只经由木浦沿着荣山江逆流而上，定居罗州，没有倭寇来犯的时候又重新回到黑山岛。朝鲜肃宗时期（1679 年），设立了黑山镇，作为西南海岸的海上基地。

黑山岛也曾作为朝鲜时代汉城官吏的流放狱岛。以引进传播天主教为罪名的辛酉迫害时期，因黄嗣永帛书事件受到牵连，丁若镛被流放到全南康津，其兄巽庵丁若铨（1760年~1816年）被流放到新安郡黑山岛。勉庵崔益铉（1834年~1907年）在签订江华岛条约（1876年）时期，因主张"开港五不可"向上呈递了《丙子持斧伏阙疏》而被流放至黑山岛。

　　黑山岛是鳐鱼的原产地，在黑山岛沿岸的海域可以抓到很多鳐鱼。其附近水深超过80米的深海海域，有很多柔软的泥土，适合做鳐鱼的产卵场。因此为了产卵，营养价值很高的鳐鱼蜂拥而至，黑山岛鳐鱼肉质细腻美味带有嚼劲，并且越咀嚼越具有弹性，和智利或者中国产的不同，黑山岛鳐鱼的肉色里透着一丝红晕。

　　黑山岛的鳐鱼不用鱼饵，只需将7字形的鱼钩倒过来，悬挂上几个浮钓，并将其放在鳐鱼经常去的海洋路口，以相同的高度设好陷阱，让浮钓随着水流来回飘荡。这时候，鳐鱼摆动着又薄又宽的背鳍游过时，就会被抓住了。黑山岛不仅仅有著名的鳐鱼，鲍鱼养殖场也是声名在外。形似铁门状的直四角形鲍鱼养殖场广阔地铺展在海面上。

　　导游带我们去的餐馆是这个村村长的宅邸，询问阿姨今年贵庚，她回答说今年67岁了。我们很喜欢这位淳朴的同龄海边奶奶，因此立刻便与她熟络了起来。虽然时间有些早，我们还是决定以生拌鳐鱼和米酒作为午餐。所谓的"斑鳐三合"就是用陈年泡菜包着鳐鱼以及煮熟的猪肉，在此基础上再加上熟透了的米酒就可以称为是"洪浊三合"。

　　黑山岛人喜吃生鳐鱼，木浦人喜吃半发酵的鳐鱼，沿荣山江逆流而上的罗州港口人则喜吃发酵完全的鳐鱼。因此，罗州、光州等地的人们多吃发酵完全的鳐鱼，黑山岛人则不怎么吃发酵完全的鳐鱼。从前，将在黑山岛捕捉的鳐鱼经由木浦运往罗州时并没有冷藏设备，自然只有发酵了之后才能运输。在海鲜中，只有鳐鱼是发酵了之后吃对腹泻没有效果，反而有助于缓解消化不良，止咳化痰。

导游说，红岛的岩石岛娇小可爱，处处透露着女性气息，最适合乘着游船在周围游览，而透露着男性气息的黑山岛，则应该乘车绕岛行驶，在山腰以及山脊等地往下俯视那些壮丽的景色。因此，吃完午餐后，我们决定包一辆面包车绕黑山岛游览一圈，听说大概要花两个多小时。

黑山岛上罗山城·半月城

在黑山岛 28 千米的环形公路中约有一半都是没有完成铺筑的石子路。上罗山城里有着一块"黑山岛少女歌碑"，通往山城的路可谓是九曲十八弯。上罗山城是统一新罗时期的山城，越走近城上"黑山岛少女歌碑"，越能清晰地听到歌手李美子的歌曲《黑山岛少女》。"悲伤的岁月悄悄地流走，水波千万次涌来，看着那承载着无数思念的陆地，晒黑的黑山岛少女，晒黑的黑山岛少女。"这样的旋律一直回荡

黑山岛少女歌碑

在岛的山坡上。

我们一行人来到了上罗山楼阁，此处有观赏日出和日落的观景台，还有烽火台以及为了抵挡海盗而建立的半月城。过去，礼里港在可大量捕鱼的鱼汛时期会开放"海上鱼市"，现在的它看起来很平和宁静。1981年，黑山岛和红岛地区被指定为海上独立公园。养殖渔场和渔村，新罗时期张保皋出访唐朝进行贸易往来时作为灯台使用的灯台岩、美丽的白沙滩、拥有独特名字的岩石以及树林构成了一副和谐的壮景。看着这样的画面，让人不禁联想起2003年7月，在意大利卡普里岛最高点上往下俯视，看到的那不勒斯湾那闪耀着祖母绿光彩的大海。因此，黑山岛有着韩国的索伦托之称。

坐在楼阁上俯瞰湛蓝色的大海，我问丈夫，韩国三面环海，为什么我们先祖却一直只专注于这狭窄半岛的内讧呢？在那关键的时刻，为什么就没有拓宽眼界，洞察国外局势，产生以大海为对象，开疆扩土的想法呢？面对我突如其来的提问，丈夫却给了我一个长长的回复，让我很意外。他告诉了我一个奇妙的故事：出生于意大利威尼斯的马可·波罗通过东方见闻录告诉西方，东方有一个国家盛产黄金、香料、宝石和丝绸。中国航海用仪器罗盘通过阿拉伯传到欧洲，对欧洲的航海事业起到很大的帮助。在欧洲边境的葡萄牙和西班牙敢于以世界为对象进行探索，在当时可以看作是一种十分荒唐的行为，但是他们发现了新岛屿和新大陆，并在新岛屿和大陆开拓殖民地，为了掠夺土地，签订了划分海岸线的条约。

葡萄牙在15世纪进军至西非的最南端，卡布拉尔在1500年发现了巴西。西班牙人哥伦布在1492年发现了巴哈马和美洲大陆。16世纪中后期，西班牙对菲律宾进行殖民化管理，在将印加帝国纳入殖民地的过程中，残忍地破坏印加文明，屠杀当地的原住民。

　　我对丈夫说，如果读过《希腊罗马神话》的话，就会发现欧洲人认为大西洋是死亡的海洋，他们认为地球是平坦的，如果向着西方一直走的话，尽头会出现悬崖，掉落到地球外围就会死亡。麦哲伦船队结束环球航行回到西班牙，证明了"地球是圆的"这一理论。这之后，欧洲海洋国家产生了冲突，并且掀起了海洋探险的热潮。在 17 世纪，为了垄断亚洲的地下资源和香料贸易，英国、法国、葡萄牙、荷兰、丹麦、瑞典之间发生了冲突并且设立了东印度公司，积累了巨大的财富。这时，我们的导游兼司机催促我们出发，我们就像是听话的小学生从座位上起身乘上了车。

勉庵崔益铉先生谪庐遗墟

　　"勉庵崔益铉先生谪庐遗墟"位于黑山岛浅村。村里的指掌岩上还保存着崔益铉先生的题字"箕封江山，洪武日月"。据专家称，这句话包含了"强调朝鲜自古是独立国家"的爱国情怀。1924 年，崔益铉先生的门生们在指掌岩前为他立了这块遗墟碑。

　　勉庵师从程朱理学的巨子华西李恒老。高宗的父亲兴宣大院君倾全国之力重建景福宫（1868 年），使得国家财政和百姓不堪重负，崔益铉先生因多次上疏强烈指责批判，而被罢官。为了打压儒林，大院君下达书院撤废令（1871 年），这裁撤书院的政策使崔益铉先生更加强烈反对大院君的专权。后来，勉庵先生又上奏《癸酉上疏》，直谏高宗已成人，大院君的摄政毫无意义。1873 年，大院君被迫下台。大院君被弹劾后，勉庵因为上疏的言辞过于激烈，被暂时流放到济州岛，不久后又被召回朝廷继续任职。

　　1876 年，朝鲜在日本的强迫下，与其缔结《江华条约》（又称《丙子修好条约》），被迫开放港口。勉庵请奏《五不可斥和议疏》，强

勉庵崔益铉先生谪庐遗墟

烈反对开放港口。为此，以他为首的大批儒生在光华门前持斧上疏，坚决反对同日本谈判乃至缔约。但此次示威遭到镇压，勉庵被流放到黑山岛两年（1876年～1878年）。勉庵先生住在黑山岛镇里村时，创立日新堂，教书育人；在搬到浅村里后，他仍继续兴办学堂，培养学生。勉庵先生从流放地被赦免后，毅然回绝了朝廷授予的官职。

1905年，《乙巳条约》签订，勉庵先生当即上奏《请讨五贼疏》，要求朝廷处决那五个签订了不平等条约的卖国贼，呼吁朝鲜半岛人民进行抗日斗争，并带头起义，公开开展抗日运动。起义失败后，勉庵先生遭到逮捕，被押送至对马岛。被押送之时，勉庵誓死反对想让他剪日本短发的对马岛岛主，并以绝食抗争。虽然后来岛主通过道歉，制止了他的绝食，但是他最终还是因为绝食产生的后遗症而于1907

年 1 月病死狱中。1928 年勉庵先生被配享宗庙，1962 年被追赠建国勋章。古今中外，能有几位敢于直谏皇帝的臣子呢？勉庵先生的精神实在是令人钦佩。

兹山鱼谱的摇篮——沙村书堂（复性斋）

朝鲜时代，一些学者把反对程朱理学（儒教）的学术思想看作是奸邪妖佞的"斯文乱贼"。"斯文"即儒学（程朱理学）或儒家思想。英祖和正祖时代，天主教、东学、实学兴起，年轻的知识阶层和民众逐渐成为接受这些新思想的中心，而老壮派们始终拒绝这些新思想，强烈抵制。

正祖皇帝驾崩后，纯祖 1 年（1801 年），朝廷正式开始了对于南派天主教的镇压。朝廷中再掌权的老论派以吸纳西学（天主教）思想为由，将免于死刑的茶山丁若镛流放到全罗南道康津，其兄巽庵丁若铨被流放到黑山岛。离别之时，丁若镛兄弟二人在罗州栗亭的一个客栈里共度一晚，便奔赴各自的流放之地。谁知此一别竟成了兄弟二人的永别。临别之时，丁若镛赋诗一首，名为《栗亭别》：

> 茅店晓灯青欲减，
> 起视明星惨将别。
> 脉脉嘿嘿两无言，
> 强欲转喉成呜咽。
> （省略）

兄弟二人分别后，都在流放之地留下了不少不朽的名作。丁若镛留有《牧民心书》《钦钦新书》《经世遗表》等作品。丁若铨则著有

沙村书堂匾额

《兹山鱼谱》——记载了百种海洋生物的名著。丁若铨被流放到黑山岛后，在沙里村山坡上建立"沙邨书堂复性斋"，收纳子弟，教书育人。丁若铨仔细观察黑山岛周边的海洋环境，著成《兹山鱼谱》，这本书被誉为韩国最早的海洋鱼类生物博物志。丁若铨无法回到故乡，他伴着碧波，最终在流放生活了15年的黑山岛上抱恨离世。弟弟丁若镛在兄长丁若铨去世两年后被解除流放，回到故乡。这使我认识到，无论是在多么困苦不幸的环境中，高尚的人总能留下伟大的足迹让历史铭记。

离开黑山岛时，我本想各买一箱这里廉价的鲍鱼活鲜回去，但是他的朋友硬是要掏钱请客，付了我买海鲜的钱。黑山岛有斑鲦、鲍鱼、扇贝、海带、昆布等特产。下午4点30分，我登上快轮离开了黑山岛。在木浦吃过提前预订好的便当。晚上7点10分，从木浦站踏上了开往首尔的KTX列车。夜雨在飞驰的车窗上点缀出几何形的花纹。闭上眼我仿佛看到，红岛的鹅卵石岸边上，我们侃侃而谈的话语携着海带的清香，扑面而来。夏日的夜，渐深了。

（17）珍岛

2009 年 7 月 2 日早上 7 点 20 分，我们和与丈夫同乡的两对夫妇一起，踏上了从首尔龙山站出发开往罗州的 KTX 列车。我们一行计划先游览珍岛、莞岛、青山岛，回来时再去坐一坐罗州荣山江的黄布帆船。这个季节的大海令人怀念。因此，我们的这次旅行主要是游览以大海和岛屿为主要景点的多岛海海上国立公园。

上午 10 点多到达罗州站的时候，山野间凝起了一层薄雾，可真美啊。珍岛位于全罗南道西南部，在海南郡和有狭窄水路（郁陶项）的鸣梁海峡之间，就是当年李舜臣将军平定壬辰倭乱，取得"鸣梁大捷"的地方。珍岛是连接朝鲜半岛南海和西海的主要海上交通路口。

位于珍岛和南海郡之间的第一珍岛大桥在 1984 年竣工，第二珍岛大桥也于 2005 年 12 月落成。珍岛郡由 45 个有人岛和 256 个无人岛组成，里亚式海岸的景色非常宜人。珍岛以神秘海路（名胜地第 9 号名胜）而闻名遐迩。岛上有南道板索里、珍岛阿里郎，有传统南画派的巨子小痴许维的云林山房（名胜地第 80 号），还有小篆孙在馨和长田河南镐的美术馆。珍岛是一个既产珍岛犬（天然纪念物第 53 号），又有特产红酒、珍岛郁金、正宗鲍鱼、石苔野生海带等特产的宝岛。

过去，这座宝岛频繁受到倭寇的侵扰。高丽忠定王 2 年（1350 年），岛上施行"空岛政策"，因而 80 年间朝廷都没有在这里设立行政区域。珍岛上还遗留着高丽时代被当作抗蒙斗争根据地的龙藏山城址（史迹第 126 号）和南桃镇城（史迹第 127 号）。很不幸的是，

2014 年 4 月 16 日，位于珍岛西南端的彭木港发生了令人悲痛的"岁月号"沉船事件。

珍岛的木槿花行道树

在罗州站，当地导游热情地接待了我们六人。这位导游是个年过中年，但是体格健硕的男子，长头发一丝不苟地梳在后面，穿着打扮像极了艺术家。导游先是带我们去了珍岛的"郁陶项"忠武公李舜臣将军的鸣梁海峡遗址。一上珍岛，街道两旁的木槿花行道树就绽开灿烂的笑脸，欢迎我们的到来。原来他们都是珍岛上的爱国者啊！我们一面感叹，一面对着国花行礼。导游一边开着车，一边为我们介绍珍岛。

珍岛犬（天然纪念物第 53 号）、枸杞子、野生海带是珍岛人引以为豪的三样宝贝。讲到珍岛上的三大乐趣，就不得不提列入联合国教科文组织人类文化遗产的《珍岛阿里郎》《强羌水越来》以及《南道田野之歌》（重要物质文化遗产第 51 号）。民俗游戏强羌水越来虽然常在海南、务安、珍岛、莞岛等地传唱，但其实它的含义是"强大外敌越过水来"的意思。壬辰倭乱时期，李舜臣将军在海南右水营抵御倭寇之时，让妇女们女扮男装，爬上玉埋山（海拔 173 米）转着圈子，载歌载舞。倭寇看到后，以为有数以万计的水兵坐镇，吓得纷纷撤退。

珍岛阁服务区

上午 11 点 30 多分，我们一行抵达珍岛阁服务区。这里的郁陶项曾是"鸣梁大捷"的战场。新落成的两座珍岛大桥周道如砥。因郁陶项中的水流湍急，无法在水中建设桥墩，所以在两侧海岸设立桥墩后，再用钢丝绳索悬挂并锚固于两岸以固定桥体。珍岛是一个独立岛屿，珍岛大桥的建设使它与南海郡相连。服务区广场的一侧建立了珍岛大桥纪念碑，另一旁的山岗上有鹿津展望台，大桥对面则有李忠武公纪念馆。我们几个在这儿吃了午饭。这家饭店对珍岛红酒的宣传非常引人注目。珍岛红酒又名芝草酒，从高丽时代起就开始酿制，是将芝草的药草根茎添入到用大米、大麦酿制的纯良蒸馏酒中，经过熟成酿制后形成的芳香四溢的药酒。据说为了突显合欢酒的特色，这酒是在即将到来的七月七夕的活动中，准备给恋人们饮用的。

郁陶项和珍岛大桥下的海流发电站

位于全南海南郡和珍岛郡之间的郁陶项水流湍急，海水涨落时发出响亮的呜呜声，因而得名"鸣梁"。2005 年，珍岛大桥下就建设了第一阶段试验性海流发电站，通过在水流急湍的水域设立水车进行发电，如果试验成功，将在试用两年后正式建立。海洋能源有 3 种形式，分别是利用快速流动的潮水的海流发电，利用潮水落差的潮汐发电以及将波浪能转化为电能的波浪发电。我真心地希望这样的绿色清洁能源能够被广泛应用。

望金山（海拔 115 米）八角亭

我们从珍岛阁服务区出发，向着珍岛郡的望金山顶峰的八角亭前行。导游一边开车绕过矮矮的山丘，一边跟我们说只有唱了《珍岛阿里郎》，我们才能顺利越过山岭。于是我们就像听话的小学生一样合唱了起来。"阿里阿里郎，思里思里郎，阿里郎来了—阿里郎，嗯嗯嗯，阿里郎来了"一直反复唱着副歌部分，实际上没有人准确的记得歌词，我们只是一直唱着"阿里阿里郎，思里思里郎，阿里郎来了—阿里郎，嗯嗯嗯，阿里郎来了"，导游开车走过蜿蜒的山路，听着我们的歌声，笑了好一阵。

"鹿津展望台"虽然不高，但是四周一望无际，非常开阔，让我们对珍岛大桥周围的风景一目了然，平整宽阔的道路让我们能够在这短暂的行程中得以尽情参观游览。鹿津展望台一带是对倭寇实行伪装战术强羌水原来的遗址，也是将鸣梁大捷战场、李忠武公铜像、两座珍岛大桥以及桥下的郁陶项尽收眼底的好地方。

云林山房

从珍岛阁出发，行车 30 分钟，就到了位于珍岛郡尖察山（海拔485 米）山麓的云林山房。"云林山房"既是朝鲜后期书画家小痴许维先生度过晚年的地方，也是他的画室。小痴的书画虽然师从秋史金正喜先生，但他的文章、绘画和书法更胜一筹，被称为三绝。

据说云林山房一带早晚常有云雾缭绕，因而得名。1982 年，这里由小痴先生的孙子南农许楗先生重建，且于 1992 年被加以修葺，才得以保存至今。韩国的南画风就是在这里形成的。许多朝鲜的大画家们如小痴、米山、南农、任全、许文也都是在这儿达到了很高的艺术造诣。湖南（在韩国，特指全罗南北道）书画界的巨子毅斋许百炼也是在这里向米山先生学习了四君子画和水墨画的。

中国书画理论中分有南宗画和北宗画。南宗画以水墨淡彩为基调，山水画用色淡雅。中国唐朝的王维（699 年~ 759 年）被视为南宗之祖。北宗画则注重写实，绘画中运用许多技巧和色彩，画风非常华丽，一般被称为彩色画。

文人画中，梅兰竹菊"四君子"的画法是一笔一气呵成的。比起以现实的笔法描绘事物，文人画更能道释作者的思想，抒发他们的情感。我早年 30 年如一日地学习文人画，刚开始学画"四君子"时，

云林山房庭院里盛开的紫薇花

临摹小痴先生的墨梅，也做了很多练习。小痴先生用刚劲有力的笔锋，恰到好处的浓淡和飞白，生动形象地描绘了那一棵梅花古树，实在令人佩服。些许湿润的毛笔如飞一般快速掠过，只留下气韵生动有力的飞白。南农画松一般把松叶画成轮状或扇状，并用硬笔横向（东西方向）轻描画后，添上淡淡的青色。因此，能让观赏者身临其境地感受到松叶之间拂过的清凉的微风。有时，我也会临摹学习南农的苍松图。

紫薇（百日红）花开花谢

云林山房的风水位置是门外汉看了都知道的风水宝地。后面有青山丘陵遮挡似屏风遮挡，前方有平坦开阔的原野，宽敞的庭院四处摆放了奇异的水石用作观赏，院前池塘中间的小岛上，小痴先生亲手栽种的紫薇（百日红）开着火红的花。原产于温暖南方的紫薇在 7 月至 9 月的百日间便花开花谢。荷叶下的金鱼们成群结队，玩着捉迷藏的游戏。云林山房是呈"ㄷ"字形的韩式瓦房，右侧 3 间为画室，剩余为住房。我们参观了庭院和房屋后，又观览了墨香浓郁的纪念馆。馆内有一些画作复制品、手册、罐、碗等展品。我家里也有几幅南农先生的苍松图。看到这熟悉的书画作品，令我十分欣喜。这些大画家们虽然早已驾鹤西去，但是他们的墨宝却留传了 150 多年，不，必将永远流传，永远……

神秘的海路

位于珍岛古郡面回洞里村和义新面茅岛里村之间（约 2.8 千米），每年的阴历二月十五左右，潮水涨落，水位下降，就会露出 40 多米宽的海路，海路出现的持续时间有 1 小时左右。夕阳西下，我们也正向着这条海路出发。今天虽不是海路出现的日子，但是想到曾经电视里出现的数万人拿着锄头，在潮滩上捡青蛤、蚶子、章鱼、海螺的人山人海的场景，心里有种特别的感觉。这让我不禁想起了电影里的"摩西奇迹"。

1975 年，驻韩法国大使（皮埃尔·朗迪）到此一游，目睹了这海底走廊的奇景，叹为观止。回国后将此向法国媒体介绍，使这里的景观闻名海内外。可能是因为暑假还剩下 2～3 周时间，所以游客并不多。海岸边的一个高高的矩形底座上面有两个白色的雕像，一只大老虎的旁边站着一位老婆婆，两座雕像都面朝着海路的方向，眺望着远方。

道路边有两三个帐篷搭起的大排档小吃店。我们在一个皮肤黝黑、笑容满面的中年大婶的排档里坐了下来，煮青花鱼配喝啤酒，一

珍岛神秘海路

杯接着一杯。大婶质朴亲切，如那海上的水色一般清新。我们沐浴在从翻涌的波浪上吹来的海风中，竖起耳朵听着导游讲的传说，那是有关"桑婆与虎"石像（建于 2000 年）的故事。

　　从前，这一带常有老虎出没，回洞里村的人们都逃到了茅岛上避难。桑婆婆没来得及逃跑，只身留在了村里。桑婆婆思念家人，于是日夜向龙王祈祷。一天晚上，龙王给婆婆托梦说"明天海上会有一座虹桥海路，你走过桥，去和家人团聚吧"。第二天，海路真的出现了，村民们一起敲着锣，跑过海路寻找桑婆婆。但是桑婆婆只留下一句"是我的祷告让这条海路出现，现在我终于见到了我的家人，也算是无复冀望了"的话后，咽下了最后一口气。于是自那时起，每当到了海路出现时节，人们就会举行庆典，以此来纪念桑婆婆。并且这个村子的名字也从虎洞（老虎村）改成了回洞村。

丁酉再乱

1593 年 3 月，中国明朝和日本正式进入议和阶段。但是议和协议上的条件令中国明朝和朝鲜无法接受。日本的丰臣秀吉提出了七个议和条件：一、迎娶明帝公主为日本天皇后；二、重新开展明·日两国贸易；三、明·日两国永誓盟好；四、朝鲜八道中的四道（京畿道、庆尚道、忠清道和全罗道）割让于日本；五、朝鲜送一王子至日作为人质；六、交还所俘虏的朝鲜国二王子（临海君、顺和君）及朝鲜官吏；七、朝鲜大臣永誓不叛日本。中国明朝和日本之间的议和最后以失败告终，丰臣秀吉下令占领朝鲜半岛的下三道（指庆尚道、忠清道和全罗道），14 万倭军再次侵略南海，这就是历史上的"丁酉再乱"（1597 年 1 月 ~ 2 月）。

当时，因为倭军的虚假情报和部分西人的诬陷，李舜臣被套上拒不服从朝廷的出军命令的罪名，被罢免官职，施以酷刑。这时，以清正廉明闻名的判中枢府事郑琢为了拯救李舜臣，写下了长篇的伸救札，冒着性命危险上疏朝廷。

在伸救札中，郑琢澄明事实，为无罪之人申辩，请求留其一命。因而李舜臣得以免除死刑，白衣从军，投入权栗麾下，而元均将军被任命为三道水军统制史。这时丰臣秀吉下令割下朝鲜人的耳鼻，作为对战争胜利的庆祝。前大国家党代表郑梦准的文章《日本是友邻吗？》（《东亚日报》2015.4.27）中写道："一提到日本，我们韩国人首先联想到的词汇就是壬辰倭乱里数十万朝鲜人的鼻冢、耳冢、明成皇后的尸骸、安重根义士、慰安妇、征用、征兵等。"事实的确如此。

　　下令再次侵略朝鲜（丁酉再乱）的丰臣秀吉以全罗道为重心对下三道展开了攻击。在巨济岛周围展开的漆川梁海战（1597.8）中，大部分朝鲜水军被击败，水军统制史元均在撤退至巨济岛的途中被倭军射杀。白衣从军途中的李舜臣接到宣祖谕旨，重新担任水军统制史，并以全罗道为据点重建了朝鲜水军。

　　下文内容是记载于全罗南道观光宣传手册上的内容。李舜臣在全罗南道各地搜罗官衙仓库的武器，确保军粮供应，并指示庆尚右水使裴楔收购船只，收集兵船。在湖南百姓诚挚的护国之心下，兵士、武器、军粮得以确保，朝鲜水军得以重建。这时的湖南百姓对李舜臣将军有着一种绝对的信任。李舜臣认为湖南是国家的栅栏，称"湖南国家之保障，若无湖南，是无国家"。

珍岛"郁陶项"鸣梁大捷（1597.10.25）

　　在漆川梁海战中，朝鲜军队失去了制海权，只余下12艘战船。李舜臣与湖南百姓一起重建水军时，宣祖下谕旨"朝鲜水军羸弱，故战败，当与陆军合力展开陆战"。李舜臣递上了饱含热泪的奏折："现今臣仍拥有12艘战船。若全力抗战，尤可对阵。战船虽少，然只要臣未战死，敌亦不敢蔑视之。"

　　8月末，李舜臣将阵营挪至碧波津，9月15日，又挪军至海南右水营，并激励士兵"必生即死，死必即生""一夫当迳足惧千夫"。鸣梁海峡水道狭窄，海流湍急。趁着海潮转为逆流时，朝鲜水军13艘战船击退了倭军敌船133艘，击沉31艘，获得了奇迹般的鸣梁大捷。

露梁海战（1598.11.19）

　　日军第二次侵入朝鲜时，兵力达到 14 万余名。而中国明朝派出了 10 万援兵。1598 年 9 月，丰臣秀吉病死，1598 年 11 月 18 日，为了撤军，倭军的水军及兵舰进入露梁。第二天黎明，埋伏在暗处的李舜臣和朝鲜水军对正在撤离的日本水军发起了攻击。这时在中国明朝提督陈璘指挥下，中国明朝士兵也展开了联合追击。400 余艘倭船被击损或击毁。此时李舜臣左侧胸部中弹，留下遗言"战事紧急，勿言我死"。这是壬辰倭乱最后的决战——露梁海战。中国明朝副总兵邓子龙将军也在此战役中牺牲。

　　说到壬辰倭乱，就有必要提到柳成龙的《惩毖录》、明朝将守的《禁讨牌文》和李舜臣将军的人物评。我曾经在雉岳山脚下两次拜访朴景利女士，感触颇深。暗暗在心底发誓如有机会，一定要关注探讨一下历史的问题。下面的内容是笔者对百科辞典、史书及网络上的内容的整理。

　　壬辰倭乱时期任都体察史的柳成龙写下了《惩毖录》(国宝第 132 号)，意在为后世留下壬辰倭乱时期的后悔和教训。《惩毖录》是记录朝鲜宣祖 25-31 年（1592 年 -1598 年）7 年战争的手记。"惩毖"一词出自诗经，意为"实施严厉惩罚，以杜绝后患"。以下是《惩毖录》里的一段话：

　　……此时只有判中枢府事郑琢出面，言明李舜臣将军是名将，不可处死，军事上的利弊无从衡量，他不出战自是有其原因。故请宽恕之，让其日后立功。朝廷对李舜臣施以一番拷问，免除死刑，罢去官职，将其编入军队。李舜臣年老的母亲在牙山闻其入狱，受到冲击，惊惧之下离世。李舜臣白衣从军。

明朝将守的《禁讨牌文》

《禁讨牌文》（1594.3.6）是中国明朝将守谭宗仁向李舜臣将军下发的命令，意为让朝鲜水军不要出兵。原文为"日本诸将，莫不倾心归化。俱欲卷甲息兵，尽归本国。尔各兵船速回本处地方，毋得近驻日本营寨，以起衅端云"。对明朝将守的命令，李舜臣回复如下：

> 朝鲜陪臣三道水军统制使李某，谨答呈于皇朝宣谕都司大人前。……但牌文曰，日本诸将，莫不倾心归化。俱欲卷甲息兵，尽归本国。尔各兵船速回本处地方，毋得进驻日本营寨，以起衅端云。倭人屯据巨济、熊川、金海、东莱等地，皆是我土。而谓我近日本之营寨云者，何也。谓我速回本处地方云，本处地方，亦未知在何所耶。惹起衅端者，非我也，倭也。日本之人，变诈万端，自古未闻守信之义也。凶狡之徒，尚不敛恶。退据沿海，经年不退。豕突诸处，劫掠人物。有倍前日，卷甲渡海之意，果安在哉。今之讲和者，实涉诈伪。然大人之教，不敢违越，姑观程限，驰达国王。伏惟大人遍晓此意，俾知逆顺之道，千万幸甚。谨昧死以复。

中国明朝援兵在壬辰倭乱和丁酉再乱时期力挽狂澜，帮助朝鲜夺回了平壤和首尔。壬辰倭乱的起因是日本意图进攻中国明朝，打算借道朝鲜，即"征明假道"。中国明朝深谙"唇亡齿寒"的道理，向朝鲜派去大量援军。中国明朝与日本站在本国的立场进行了议和磋商，而朝鲜则无法行使自主权。战时作战指挥权也掌握在中国明军手中。

李舜臣将军人物评价

壬辰倭乱历经 7 年，在最后一战露梁海战中与李舜臣共同抗敌的中国明朝将军陈璘听到李舜臣战死的消息后悲痛不已，热泪盈眶地惋惜道："纵观古今中外，再无第二个李舜臣将军（未找到原文）"。世界各国海军培养海军士官时，都会提到希腊特米斯托克利（Themistocles）司令指挥的萨拉米斯海战（Salamis,BC480），英国霍华德（Howard）司令的卡利斯海战（Calais,1588），李舜臣将军带领龟甲船率先上战的闲山大捷（1592 年），英国的纳尔逊（H.Nelson）司令的特拉法海战（Trapalgar,1805 年）这四大海战。

壬辰倭乱后，日本对李舜臣的战略和战术进行了正式的研究和分析。敌国日本在比较英国的纳尔逊司令和李舜臣将军时认为，在性格和人品上，李舜臣将军都更胜一筹。

在日俄战争的对马海峡海战 (1905.5.27~1905.5.28) 中率领日本海军击败俄国波罗的海军舰队的东乡平八郎在庆功宴上说："我的功劳与纳尔逊相比绰绰有余，但是与李舜臣将军比却还远远不够。"（选取自《世界各国人士对李舜臣的评价》谷歌）

1920 年，日本的海军战略研究家川田功曾说："韩国人只不过将李舜臣尊崇为圣雄，但要真正说有多了解他的伟大，也许还不如日本人懂得多"，"如果李舜臣像纳尔逊一样得到全国支持和充足的武器、舰船的话，可能日本只用一个早上就会被占领。"（《中央日报》）

在 21 世纪，一些企业的 CEO 也经常看研究李舜臣的领导能力的书。因为企业要在竞争中生存，商场也是战场。李舜臣将军的领导有如下特征：对待部下的率先垂范，对未来的远见卓识以及对惯性的突破性改革意志。珍岛是一个能让人回望韩国的历史，重新激发保国、爱国精神的教育场所。

（18）莞岛

莞岛郡由莞岛和南海上的 265 个小岛组成，位于全罗南道的最南端，隶属多岛海海上国立公园。莞岛是沿岸往来航船的寄泊港，坐落在连接济州岛与内陆的最近之处。随着连接国道的新莞岛大桥的开通，从莞岛到海南只需 30 分钟。

2009 年 7 月初，参观完珍岛后我便前往莞岛。刚到达莞岛，便能看到高耸在远处清海镇田野上的海上贸易之王——张保皋的铜像，他右手执刀直指大海、左手捧着卷轴在发号施令，何其高大雄伟。張保皋铜像高 15.5 米，加上按照统一新罗时代贸易船形态做成的钢筋底座，整个建筑足有 31.7 米高。

张保皋是青海镇大使，也曾是率领一万余名士兵歼灭海盗的名将，其出生年度和故乡不详。据《三国史记》介绍，他的本名为弓福，又叫弓八，年少时便精通马术和枪术。张保皋到中国唐朝的徐州当兵时，其才能被得到认可，曾担任武宁军中小将，后来于 828 年统一新罗时代回到了新罗。张保皋将新罗人民遭海盗绑架、奴役、贩卖的情况上谒给兴德王（新罗第 42 代国王，826~836 在位），并提出在莞岛组建军队的申请。同年，兴德王任命他为青海镇大使。莞岛海产丰富，是海盗经常出没之地。这是我在初中、高中历史课上学到的知识。张保皋在移居到中国山东省新罗人建立佛教禅院——法华院时，曾给予了大量的资金支持，同时为了团结当时的在中国的新罗人，他建造了新罗坊和新罗院，更进一步团结了同胞；此外，他还赎回和解救曾沦为奴隶的新罗人。至今，中国山东省法华院内还有他的遗址。

在莞岛东部的长佐里前方的大海中坐落着曾经清海镇的根据地——将岛，与莞岛相距 180 米，退潮时可以走着过去。20 世纪 90 年代，这里曾出土过有统一新罗时代纹样的瓦片和中国的陶瓷等文物，这说明当时的新罗曾与中国、日本等国家在此进行国际贸易，这里也成为当时阿拉伯半岛、波斯、东南亚等地的贸易品途径中国进入新罗的东西贸易之地。

不幸的是，张保皋因卷入新罗王室王位拥立的事件中，约于 814 年被刺客暗杀，清海镇也于 851 年被废镇。张保皋的生卒时间并不详。2008 年莞岛邑清海镇路上建立了张保皋纪念馆。

莞岛塔观景台

我们一行人到达位于多岛海海上国立公园的中心位置的莞岛塔时已是下午 4 点。莞岛塔竣工于 2008 年 9 月，坐落在高 76 米的高地上，气派十足，能让人想起首尔的南山塔。登塔的散步路和广场也格外壮美。莞岛塔由地上的两层楼和观景台构成。1 楼有特产展览厅、小卖店和餐厅，2 楼与阳台相连的位置上摆放着莞岛的代表性人物——张保皋大使和高尔夫球选手崔京州的真人等高人像，形成照相区，同时这里还配置有视频播放器和双筒望远镜，以供人使用。在这座圆形的建筑里，透过玻璃可以 360 度地环视四周的设计让人倍感新奇有趣。观景台高 50 米，可将莞岛市内和周围岛屿的美景尽收眼底。

在观景台上可以俯瞰茂盛的常青树与周围的小岛相交映所形成的梦幻和壮美。朝鲜时代的歌辞文学大师松江郑澈和时调文学大师孤山尹善道（1587 年 ~1671 年）是朝鲜诗歌史上的双璧。尹善道在世时，能让他所痴迷的自然风光不就是莞岛郡和普吉岛吗？尹善道是朝

莞岛塔观景台

鲜中期的文臣，也是诗人，他痴迷于莞岛、普吉岛的秀丽风光，安贫乐道，留下的诗文作品有著名的《五有歌》《渔夫四时词》等。在党派之争的风暴中，他因上书直言而遭到了流放，流放获释后他下乡到了海南。朝鲜朝廷后来将他重新召回朝廷，但他婉言拒绝，结束了自己的仕途并回到了甫吉岛来过隐居生活。这是他隐居时作的诗《我性本惰》：

我性本惰上天知

人间万事，任凭托付

指点晚唐，无须相争的江山，

莞岛有原始森林和野生花园，是有着优良渔场南海的宝库。莞岛的海苔、海带和鲍鱼等海产物以品质优良而闻名，海水纯净的莞岛是鲍鱼的故乡。莞岛的农畜产品都被开发成共同的商标——"莞岛原生态食品"。

我们一行人住在莞岛天空酒店，酒店房间干净整洁，床也整齐如新，空调、电视、冷热饮水机、浴室，一应俱全。我认为现在韩国酒店的基础设施普遍都不错，所以没有必要花太多的钱去国外旅行，与志趣相投的朋友一起到国内的名胜遗址游玩，去品味闲暇的时光和生活的滋味也不失为一个好的选择。酒店的旁边有很多海鲜餐馆，我们一边聊天，一边品尝鲍鱼、海参和海鞘等莞岛新鲜的海产品，接受大海的馈赠。看过了莞岛港的夜海、渔船和海边美丽的夜景后，我们于晚上 10 点左右回到了酒店，以便早起坐第二天凌晨开往青山岛的船。

（19）青山岛 · 慢城市

我们早上 7 点左右吃了早餐——莞岛的特色鲍鱼粥后，乘船前往青山岛。青山岛的行政区域是全罗南道的青山面。青山岛因是林权泽导演的电影《西便制》（1993 年）和 KBS 电视剧《春日华尔兹》的拍摄地而广为人知。

2009 年 7 月初，在这个令人向往大海的季节里，海天湛蓝，山野翠绿。船载着游客和无数的车辆，拖着洁白的波浪泡沫在大海上快速地航行，我迫不及待的心像插上白色的翅膀一般已经向青山岛海岸飞去。从莞岛出发到青山岛需要 50 分钟。我们在青山岛的关门，即面所在地——道清港下了船并坐上了车。导游开着车，突然说："在这里啊，任何打电话的内容都能被偷听到。"我们一听，齐刷刷地变得紧张起来，马上说："您说什么！""啊哈！为什么呢？"导游笑出了声地回答说："因为这里叫'道清'就是'盗听'啊。"

我们绕着铺有石墙路，建有石墙屋的村子参观。导游介绍说这里曾是水泥路，但却不受游客们待见，所以水泥路又重新被还原成了黄土路。青山道是公认的"慢生活美学"之地和"慢城"。"慢城市运动"提倡人们保全因工业化和城市化而失去的原本的生活方式和村庄样貌，这种意识由来于1999年意大利亚的小市长们的会议。

青山岛可以说是一个低速开发、低碳、绿色生产的示范、试验学习基地，是从盲目追求"快"、追求速度、追赶时间的高效的生活方式回到以人为中心的生活方式的一个环节。人类好像一直是环境的破坏者。无论怎么看，这都可以说明以背对现代文明的概念来守护以前的古风旧貌的感情正在加强，人们对自身的反省也正在产生。

为了能维持原有的自然景观，让人们体验传统的生活方式和传统美食，政府已将潭阳郡昌平面、莞岛郡青山面、长兴郡有治面、新安郡曾岛面等地都被指定为慢城市的建设对象。为了实现这一目标，政府迫切地需要当地居民的理解和支持。当地居民们把青山岛的水泥路复原成石子路或黄土路，拆掉房屋的水泥墙，又用石子重新建造。虽然大部分的城市人认为新式家具、新式的文明更能节约时间，创造出更有效率的生活，但是这里却是希望最少地接受现代文明的恩泽，最晚地接受现代文明的影响的地方。

青山岛、甫吉岛、楸子岛、芦花岛等岛屿在壬辰倭乱之前便经常遭到倭寇和海盗的侵犯，海盗们抢走渔船和粮食，杀害百姓，给当地居民带来了痛苦和磨难，无奈之下，政府下令迁移，这些岛屿成了无人岛，壬辰倭乱后才再次允许居民回来居住。因为这些岛屿地处偏壤，政府管辖不到，朝鲜后期时这里的两班官员和衙吏抢夺百姓的情况严重。再加上济州岛附近的大型渔船捕走了大部分的鱼，渔获减少，小渔船的生存日渐艰难。虽然青山岛的油菜花和青麦开花时无比美丽，但岛上居民的生活并不像春天的美景一样美丽。

我们在道清里的村路旁看到了 3 座石墓（全罗南道文化遗产 116 号）。旁边树木随处乱长，像篱笆一样低矮围着，3 座石墓和模糊的菩萨状的石头坐落其中，石头上面写着"下马碑（全罗南道文化遗产 108 号）"。

青山岛草坟和炕板石农田

导游指着小山坡下田野旁的几个草坟简单地向我们介绍。草坟是海边或岛上的人去世时，他们无法见到参军或出远海的子女的最后一面，村民们为死者举行了葬礼后，别有深意地将死者的尸体埋在山脚或者田边，做一个临时的坟墓，以让死者半个月或者几个月后才回来的子女能看到父母的尸身。他们把尸身卧放在棺材内，并盖上塑料来挡雨，再裹上草席并用草绳捆绑好，然后在上面盖上松枝和芒草，再用秸秆编制的草苫子扎裹，最后绑上石头以防止尸体被风吹走，并于大概 3 年后把尸骨拣出来埋葬。因为草坟可能会被强风吹翻，或者被吃草的牛弄坏，因此需要费心管理。青山岛上没有农田。山坡上一层层阶梯状的炕面石农田虽然叫梯田，那是在把山坡上的堆轴弄平整后，铺上像炕面石一样薄度和宽度的石头，再用软泥把出现窟窿填上，再耙地浇水才形成的农田。这里栽种菩提和大蒜，青山岛人也引以为豪。石墙路和弯弯曲曲的黄土路周围的炕面石农田层层展开。因为我从小在乡村中长大，弯曲的农田和横埂路让我仿佛回到了过去拿着长竹竿去捋水田里的鸟群时的时光。

满满承载着村子传说的守护之树、破旧的亭子、黄土路、草房和泥土院子、篱笆和柴门、水井和粪堆、挂在谷仓的农具、小溪等让人觉得亲近不已。以前村民祈求渔捞丰收，会在正月十五举行祭祀。

KBS 电视剧《春日华尔兹》以及电影《西便制》拍摄地

青山岛是电影《西便制》和电视剧《春日华尔兹》的拍摄地。捧着一束油菜花奔跑在绿油油的麦田小道上追逐心爱少女的少年，一望无际的海边上的岛屿，童话般的村庄，这些曾经在《春日华尔兹》的场景今天依然被保留着。游客能够在入口的庭院处看到 4 位主演的真人等高照片。剧中西洋风格的两层住宅坐落在低矮的山坡上，春天到来时，油菜花田和麦田，以及远处的码头、大海的风景美轮美奂。

西欧式房屋玻璃门的门帘为深玉色，与墙壁的颜色和谐地搭配在一起。导游轻摇着玄关门，说有时里面会有人，人们可以进去喝茶，但是门已上锁。电视剧外景地就如同童话世界里的房屋一样美丽，据说在拍摄电视剧时，曾因蜂拥而来的当地居民、粉丝以及远道而来的游客导致拍摄中断。如今这里已成为一处优秀的观光点。

我们去了林权泽导演的电影《西便制》曾经取景的草屋，草屋原封不动地保留了当时的风格。草屋是中间为房间、两边为厨房和仓库的构造。狭长的木地板上摆放着与演员等高的人像——东户抱着鼓，松华头上顶着稻草垫圈，坐在东户的对面，而俞本则坐在木地板旁的泥地上，重现了电影中的一个场面，我也想起了出现在电影《西便制》俞本、松华和东户在青山道堂里村一边唱珍岛阿里郎一边跳舞时走过石墙路和黄土路。

东户过着极度贫穷艰难的生活，他必须勒紧腰带忍受饥饿，接受继父那残酷的鼓手训练。"敲出声音就有饭吃吗？"东户说完这句话离开继父时的背影在我脑海里挥之不去。东户出走后，松华似乎也打算放弃"得音"的境界，带着"松华也要离开我吗？"的恐惧，继父弄瞎了她的双眼。当时，他把含有草乌的剧毒的药拿到正值花样年龄的松华面前，告诉她这是补药，骗她喝下去，把松华变成了盲人。电影中继父的无情至今让我记忆犹新。

我想起了曾经读过的一个中国经典故事。以前，宫廷要寻找唱歌的幼童，如果物色到音色不错的孩童就会将其带回宫中，好好喂养。几天后，在孩童睡着时，人们用火盆将烙铁烧红，烙在沉睡的孩童的眼睛上，使其晕厥，导致其双眼失明。苏醒后的孩童就会成为怀着悲伤与怨恨的歌者。

我们穿过堆着农家肥的巷子，翻越了山岗。炎热的夏日里，肥料腐烂的味道特别强烈，泥土吸收这些肥料，并把奇迹的果实回馈给人类。在肥料逐渐腐烂的季节里，泥土与自然不断地培育植物生长。肥料与泥土无限地创造、生产，培养可以开花结果的净化的大地。从腐朽走向创造，我认为这是一个奇迹的自然循环，这也是把 88 岁高寿被称为米寿的原因。对于农夫而言，只要怀着感恩之心，肥料的味道就不刺鼻。

青山岛的海松林与潺潺波涛

青山道的池里海水浴场由树龄悠久的茂盛海松林和白沙滩组成，沙滩广阔而干净。在还未开放的白沙滩边能听到风吹波涛的声音。我们一行人背对着阳光，给孙儿们捡漂亮的贝壳。据说每年 4 ~ 5 月，麦田和油菜花田将山野都染遍之时，青山岛的景色最为壮美，但我觉得在看海的 7 月初，无论从哪个方向看过去，大海一片湛蓝，海松林翠绿可人，炕面农田泛起绿油油的波浪的夏天的风景也甚是美丽。

在登上返回莞岛船之前，导游称有一处绝佳的休息点并带了我们过去，是海松林，那里有着用合抱粗的海松原木制成的桌子和椅子。同行中的一对夫妻将在莞岛散步时买来的西瓜放在了散发着青山岛松

青山道土路

香的原木桌子上。同行中的两个男人好不容易切开了色泽鲜艳诱人的西瓜，成熟鲜红果肉上嵌着一颗颗黑亮的籽，看起来让人食欲大振。饱满的汁水一滴滴地流下来，这甜美的西瓜光是看着就足以让人心情舒爽。我们邀请散步乘凉的老人和环卫工人跟我们一起分享了美味的西瓜。在青山岛海岸边这个海松林随风摇荡，涟漪潺潺的美丽之地，观赏着这样的美景，我觉得事先做好准备让我得以有机会来享受这些美好的朋友的心意就像西瓜蜜液一样甜。所有人都幸福地享受着这一切。青山岛的海风真是清爽啊！

　　无论看向哪个方向，我们的感官都会被吸引住。这里真是个美丽的地方。不过，为了赶上下午1点的返回莞岛的船，我们一行不得不离开这里。船上有大型卡车、大型观光巴士、小型车，还搭载着游客，整点出发，开往莞岛。船尾处，玉色的波浪徐徐地蔓延开来。想到回到首尔后我也会想起这玉色般的波浪，我觉得这波涛越发美丽。

（20）罗州荣山江黄袍帆船

我们一行于 2009 年 7 月 3 日下午 2 时从青山岛回到了莞岛。中午吃了海鲜料理后，我们便前往荣山江搭乘黄袍帆船。路线是从荣山乘船处出发再回到荣山码头，途经 40 分钟，行程 6 公里。荣山江发源于全罗南道谭阳的龙秋峰，途径罗州，形成了肥沃的罗州平原，经由木浦前海汇入黄海。自史前时代起，就有人类定居于荣山江流域。自古以来，全罗南道的罗州就是湖南粮仓的象征，是交通和行政的中心，罗州牧使曾管辖着湖南，时间持续约 1000 年。罗州是一个有着千年历史的地方。

高丽太祖王建建国时曾以罗州为据点，王建的第二位妻子庄和王后也是罗州当地的豪门世族之女。罗州还是传说"浣纱泉"中高丽王建及其妻子莊和王后相见的地方。

罗州虽地处内陆，但通过荣山江与全南新安郡一带相连，是一个海上城市。从前有大量满载盐、陶器、鱼虾酱、鳐鱼等的航船在涨潮时频繁地进入荣山江渡口，一度达到了鼎盛。在开放时期，荣山江与木浦、罗州是夜晚也灯火通明的繁华的港口都市。

年轻的船夫惋惜地告诉我，即便是 20 世纪 70 年代，从木浦港经罗州荣山浦到黑山岛装载着鳐鱼和鱼虾等鱼产品的渔船和黄袍帆船还往来不断，但由于江底沙洲逐渐堆积、江面变窄，今天荣山浦的只剩下名字而已。荣山江虽然在 1981 年 12 月建筑了河口堤，解决了洪水和干旱等灾害问题，但 25 年后又出现了水质恶化和农业用水不足等问题，同时随着陆路交通的发展，港口的作用也因此被削弱。

荣山江乘船处

我们登上了黄袍帆船（长 12.5 米，宽 2.5 米，桅杆高 7 米）。江风拨弄着芦苇丛，插在芦苇丛中的旗子也调皮地摇动着。我一登上摇晃的船就抓住了船杆以保持重心，向四周看去。听说一艘船每次只能搭载 12 名乘客，我们一行 7 人在快速行驶的船上四散开来，以保持船的平衡。

沐浴着清新的空气，我们身心轻盈，好像成了神仙一样。船工所说，芦苇和松树与江水交融，空气会变得越来越清新。我们深呼吸，尽情地呼吸着这不携带任何病菌的清新空气。桅杆上立着的两张长长的帆被风吹得翻折起来，风不仅仅是使帆伸展开来，还使船产生了移动起来的动力。因为河口堵住，水无法流动。乘客少于 3 名时，帆船无法运营。

在江边的左面上，也就是罗州市公山面江边的那座高高的山丘上可以看到 MBC 历史剧《朱蒙》的拍摄地——三韩志主题公园全景，山丘后面的八角亭巍然屹立。拍摄地占地约 15 万平方米。《朱蒙》是以高句丽建国神话（公元前 108 年 - 公元前 37 年）为基础的第一部古代历史电视剧。导游告诉我们，到了 5、6 月，电视剧外景地会装饰上观赏用的罂粟花，等到花儿竞相开放时风景会非常壮美。到了春天，本是梨的故乡的罗州便会梨花遍野，荣山江边的油菜花和罂粟花也灿然盛开。这样的场景，光是想象就能让人觉得罗州是一座色彩娇艳的都市。

荣山江年轻船夫的诉说

为了得到农业用水和工业用水，荣山江河口被堵住。20 多年后的水质检查结果显示，荣山江河口的河床土上出现了生物无法生存的无氧层。时至今日，荣山江流域的居民都希望回到以前。船工年 40 岁左右，是风度翩翩的美男子。他称他们家自父辈起就已在荣山江做船工，开辟荣山江河口岸。开挖像过去那样能够使船只从木浦到罗州荣山浦往来的水道仍是荣山江流域居民的愿望。他还补充说他积极响应李明博政府所推进的四大江项目。没有流动的江河即意味着死亡，静止的水意味着腐朽，年轻的船工强调道。

在从荣山码头返回的路上，船工熄灭了发动机，扬起了曾经折叠好的帆布。帆船不能前行，没有了方向。我们暂时体验了帆船的气氛，重新扬帆，返回了乘船处。

李明博政府（2008年-2013年）在2009年6月制定了疏浚四大江（汉江、洛东江、锦江、荣山江），建设堤坝提高河川蓄水量，恢复河川生态圈的总体计划，以减少洪水和干旱灾害，改善水质，建造水边复合空间。因此，自2009年7月始，荣山江流域正式开工。

上一次搭乘荣山江黄袍帆船已是7年前的事情。2016年出书的时候我又补充了几行。重整四大江项目虽然引起了政治争议，但却在预防水灾和水资源保障方面取得了成功。罗州荣山江的竹山浦（通船门）与荣山主题公园相距10分钟的车程，运营着从竹山浦到务安方向的黄袍帆船。建设在江边的自行车道应该已经成了周边居民惬意的文化休息处。

下午6时许我们到达罗州市，晚饭吃的是韩食。这家美食店内部到处都装饰着像壁画一样的大型莲花画，营造了一种感伤的气氛。房间的名字也是具有我们国家固有的芳香之美，散发着南岛艺乡的特有韵味。罗州盛产梨，我们在聊关于梨树的话题时我不禁吟起了金东焕诗人的《在山那边的南村》诗：

谁住在山那边的南村，春风每年从南边吹来。

山那边的南村长着梨树，谁站在那梨花下，

思绪爬上了怀念的山坡，却被云彩遮蔽，

隐约可闻那歌声，乘着风归来。（第三首）

　　我们一行人在离开罗州时抽空去了荣山江边一带采撷了灿然盛开的罂粟花籽（不是毒品种类），包成一袋作为礼物赠送给了与我们一同前来的导游，并告诉导游回到首尔后将其晒干，来年可作为花种使用。导游是一个著名合唱团中的成员，饶有艺术家的气质与韵味。

　　我们像千里马般奔跑在荣山江边的芦苇丛中，清新的江风迎面吹来，溢满在我们的心田。我们乘坐 19 时 26 分的高速列车离开了荣山站，晚上 22 时 26 分到达了具有超过一千万人流的不夜城——古都首尔的龙山站。如果有人问起我全罗南道的旅行如何，我会告诉他如果想过神仙般的生活，那就抽出哪怕两天的时间，去珍岛、莞岛、青山岛畅游一圈吧。

第六章

三多岛·世界自然遗产

（01）古耽罗王国

济州岛位于朝鲜半岛西南端以南约 90 千米的大陆架上，是一座由汉拿山的一个山体形成的岛屿。济州岛旧称"耽罗"，"耽罗"是"岛国"的意思。济州岛统管大韩民国最南端的马罗岛，8 个有人居住的岛屿及 55 个无人岛。从新石器时代开始，这里便有人居住。耽罗的建国神话有高乙那、梁乙那、夫乙那在三姓穴狩猎生活的三姓神话。

济州岛保留了高丽时代建筑在涯月的缸坡头里城，以及抵抗高丽蒙古联合军时的三别抄遗址，还保留有太平洋战争时日本的自爆特攻队——神风特攻队的启航基地。神风特攻队是指第二次世界大战后期（太平洋战争时期）由十几岁的日本少年，每人驾驶一架装载炮弹的飞机组成的特攻队，他们企图通过自杀式的爆破与美国敌舰同归于尽。比起天然洞窟，济州岛全区内散布着 120 多个日本军的地道基地。

济州岛曾是全罗南道的下属城市，后于 1946 年升级为济州道。1958 年，济州岛设立济州机场，1968 年，升级为国际机场。

2002 年，这里诞生了韩国国内最早供国人使用的免税店。2006年 7 月 1 日，济州道升级为同时拥有济州市和西归浦市 2 个行政市的济州特别自治道。济州岛是一个东西全长为 73 千米，南北宽为 41千米的椭圆形，总面积为 1833 平方千米，其环岛公路全长为 181 千米。济州岛有 360 多个寄生火山，除了部分地区是黏土质土壤外，全区 90% 以上都是堆积岩和玄武岩等黑褐色火山灰土壤。随着济州岛汉拿山及成山日出峰和拒文岳熔岩洞窟系的学术、文化、观光、生态等方面的重要性被逐渐认可，2007 年 6 月，济州岛被列入了世界自然遗产名录。济州岛被世界联合教科文组织评为生物圈保全区域（2002年）、世界自然遗产（2007 年）和世界地质公园（2010 年）。2011 年11 月，瑞士的国际私人团体——新世界七大奇迹财团将济州岛评选为"世界七大自然景观"。

世界文化遗产·瀛州十景

瀛洲美丽的十景是成山日出峰的日出景观，马在汉拿山山麓的草原上悠闲吃草的古薮牧马景观，秋天时节玄武岩围砌的田地里熟透的金黄色柑橘所呈现的橘林秋色景观，靠近济州机场的纱罗峰（148 米）的晚霞——纱峰落照景观，济州市防仙门溪谷的春花——邱春花景观，西归浦市夏天的正房夏瀑景观，汉拿山白鹿潭的雪景——鹿潭满雪景观，汉拿山西南方向的奇岩怪石溪谷——灵室奇岩景观，位于山房山腰部的山房窟室景观，以及济州山涧浦口的钓鱼点——山浦钓鱼景观，它们的壮美在很久以前就被先祖们盛赞。

先祖们还在耸立于岛中央的汉拿山（1950 米）上进行山祭，祈愿国泰民安。汉拿山是韩国最高的山峰，名字本身有着"用手抓住银河"的神秘之意。因此，《朝鲜八景歌》中最先称赞它道："哎——，金刚山一万两千峰，峰峰都是奇岩，汉拿山高高屹立，直穿九霄云外。"

济州岛的别称是"三多岛"或"三多三无岛"。"三多"是指石头多、风多和女人多，"三无"是指无小偷、无乞丐和无大门。济州岛还有一个别称叫"三丽"，即美丽的自然风光、特种作物和浓厚的人情味。一提到济州岛，马上浮现在韩国人脑海里的代表性物品是什么呢？除了瀛洲十景外，还有笑容可掬地迎客的石头爷爷、春天时有如同画家失手泼洒的黄色颜料一样美丽的油菜花、新闻时间段装点电视屏幕的济州山踯躅花、让人向往大海的夏季里，西归浦柱状节理带深蓝色的波浪呈现出的如成群白马奔跑般的秘境，以及秋日里玄武岩山坡上紫芒部落的银色群舞！济州岛的神秘风景随季节变化，一年四季都在向陆地招手。

开门迎接世界游客的济州岛是各种博物馆的天堂。济州岛拥有小人国主题公园、济州民俗村博物馆、海女博物馆、民俗自然史博物馆、石头爷爷博物馆、汽车博物馆、电影博物馆、巧克力博物馆、健康与性博物馆、泰迪熊博物馆、楮皮纸娃娃博物馆、幻觉艺术博物馆、雪绿绿茶博物馆、盆栽公园博物馆、树林公园博物馆，以及西归浦柑橘博物馆等，是一个景点众多的国际自由城市。凡是韩国人都热爱济州岛，但应该说我尤为喜欢济州岛。这次国内游记的尾页还附录了刊登在济州文化院承办的《文学里的济州》随笔选篇上的《西归浦的船上钓鱼》一文。

我们一家去济州岛旅游时，一般都会入住西归浦的 KAL 酒店。黎明时分，家人仍在熟睡，我透过客厅窗帘的缝隙，看太阳从海平面上升起，恍惚之下写了一首收录于《在诗画中畅想》的拙诗——《西归浦日出》：

仿佛珠宝箱子从天空而降 / 水光闪耀，荡漾出一曲华尔兹的舞曲之时 / 如果向着耀眼的光芒大道奔去 / 好像就能将它拥入怀中 /

我突然想变成飞蛾飞扑而去。

（2）遮归岛船钓

1986 年 7 月的暑假，我们一家很幸运地到济州岛进行了 3 天 2 夜的旅行。去年冬天圣诞节，在 Y 大学任职教授的同门送年会上，我幸运地抽中了两张往返济州岛的双人机票。因为大女儿当时正在英国参加大学生暑期培训项目，所以我只带了正在上初中和高中的两个儿子一起去。我们在济州机场租了一辆车，先生开车载我们去西归浦 KAL 酒店办理入住手续后，下午我们便一起前往济州市翰京面的遮归岛船钓。

遮归岛是位于翰京面高山里的一座无人岛，被选为大韩民国的天然保护区域。天气风和日丽，海面风平浪静。船前进的途中，我们还一起合唱了《向大海出发》和《桑塔·露齐亚》。唱歌时，我明显地感受到了两代人之间的代沟。我属于 70 年代的老派。我年轻时比较流行的歌曲是《西归浦七十里》。

"海水哗哗泛起波浪的西归浦，采撷珍珠的姑娘去了哪里？想念吹口哨，也想念双桅帆船。西归浦七十里处，水鸟在哭泣。"如果是我父母那个年代的人，他们肯定会唱《西归浦七十里》，而不是《桑塔·露齐亚》。

我们乘坐小船进行了 2 个小时左右的垂钓。因为周围只有我们一家，所以更加自由、安谧，让人有一种独占了大海的感觉。船上已备有钓鱼竿和鱼饵（日本沙蚕或磷虾），我们什么都不需要准备。据说，6 月到 12 月是钓鱼的最佳时间。船长是一位皮肤被海浪吹成红铜色的中年大叔，看起来十分和蔼可亲和热情。他还说天气好，鱼容易咬钩，所以垂钓会非常有意思。

先生从小抓鱼，经验很丰富，在美国留学时，他还曾一边构思论文，一边带年幼的女儿去学校后面的湖边钓鱼。比起日本沙蚕，儿子们更喜欢用磷虾做诱饵。先生十分细心地给儿子们讲解了如何穿诱饵，然后船长也简单地说明了钓鱼竿的使用方法。孩子们很快便做得有模有样。

鱼上钩时孩子们都非常欢喜。有时候，一根钓鱼竿上还同时挂着两条鱼。虽然从旁看，鱼有点小，但孩子们看到鱼竿被压弯，银色鱼鳞翻腾着被拖出水面的画面时都欣喜若狂。他们一脸开心，惊奇地大声叫喊，还时不时地数钓到了几条鱼。虽然我完全不了解鱼的种类，鱼也不大，但却有银色、黑色、红色等多种颜色。这是适合这个年龄层的孩子的大海游戏。

钓鱼结束，从船上下来时，船长告诉我们，可将收获的鱼拿到餐饮店加工，厨师会根据客人的要求烹饪鲜辣鱼汤或是油炸料理。因此，我们的晚餐除了已定的菜外，还有我们收获到的鱼。返回酒店途中，我们还买了孩子们喜欢的饼干和饮料，打算在晚上聊天的时候吃。

（3）秋史流配址

秋史谪居址（第486号遗址）是朝鲜宪宗6年（1840年），秋史金正喜先生55岁时受尹尚度的狱事事件牵连，被围篱安置在南济州大静邑长达8年（直至1848年）的居所。1986年7月，济州岛西归浦夏天的早晨十分清爽，海水深蓝，泛着蓝莹莹的光芒。昨天下午的西归浦船钓让人非常愉快。今天早上在酒店吃完早餐后，先生开车，儿子们打开遗址地图，寻找秋史谪居址。道路并不复杂，我们很快就抵达了目的地。

秋史谪居址的展示馆是一个破旧的平房，里面陈列了数十本秋史的字迹和书画影印本，以及他的生活文物。与故人的高深艺术造诣相比，当时的纪念馆真的十分简陋。秋史与一般的艺术家不同，他每完成一部作品，都会署雅名。他拥有很多别名：秋史、阮堂、礼堂、诗庵、老果，其中最广为人知的是阮堂和秋史。秋史流配址已在 1948 年的济州四三事件中被焚毁。

济州四三事件是 8.15 光复后，为反对 5 月 10 号韩国举行的成立独立政府的大选，主张美国撤军的济州岛韩国劳动党党员 350 余人于 1948 年 4 月 3 日发起的武装抗争。武装游击队以汉拿山为根据地。据"济州四三特别法"的调查结果显示，此事件造成的死亡人数为 14000 多名。为纪念牺牲者，济州岛建造了"济州四三和平公园"，2014 年，

秋史先生谪庐遗墟碑

韩国还将"四三牺牲者纪念日"确定为国家纪念日。

秋史谪居址被焚毁后并没有立刻重建，现在所见的四座茅屋（第58 号地方纪念物）是 1984 年根据考证所重建，十分寂静和简陋。按照济州岛的风俗，房子一般包括主人房、客房、别馆和卫生间，以及大门，大门由 3 根安装在不到一米的两侧支柱上的原木构成。秋史先生在客房里教导弟子，生活在较小的别馆里。然而，这里却诞生了秋史体和岁寒图。这里游客稀少，庞大的泥土院子里只有满满的炎热夏日阳光。

秋史体和岁寒图

据史料记载，秋史 24 岁（1809 年）时曾以军官子弟的身份，跟随当时任职冬至副使的父亲金鲁敬出访清朝燕京。他遇见了当时清朝最好的金石学者、实学者、书法家、经学者——阮元（1764 年 –1894 年）和翁方纲（1733 年 –1818 年）。经过几天的书信往来，阮元和翁方纲都称赞金正喜"学问和文章海东第一"。从 16 岁起，秋史便成为实学者、外交官及翻译官朴齐家的门生，并将朴齐家经常提及中国清朝的大家们当作自己的老师。这个时期是影响秋史先生的生活和文学艺术造诣的重要转折点。归国后，秋史比较和研究朝鲜和中国的碑文。公元 1819 年，秋史先生丙科及第成为孝明世子的老师；公元 1836 年，秋史先生任职成均馆大司成、兵曹参判和吏曹参判。

金正喜先生通过研究学习中国古碑文和朝鲜碑文，创造了新的隶书和行书，创造了毛笔字秋史体。他还留下了以《岁寒图》（第 180 号国宝）为代表的众多文人画，教导济州儒生书法和学问。

秋史的书法苍劲有力，运笔生动，具有打破惯例和格式的破格美。秋史体的特征是拥有自由奔放的造型美，无论从哪个角度看，字体的笔画粗细大小不一，有些笔画比较飘逸纤瘦，即便是同一个字，有些笔画却粗如木棍由横竖勾画歪斜；有的组合字就如同长在眼睛上面的瘤子一样突兀，有些笔画因为写得用力过度且速度飞快而产生飞白，使字体看起来十分毛糙和怪异。字体间隔分明且齐整，劲挺有力又棱角分明，有些字体甚至歪斜得几乎横躺。但无法否认的是，秋史体虽然自由奔放，但却有规有则，有一种和谐的美感，没有偏离作品整体的重心。即便是挑剔的书法家，也会为秋史体的变化无常、自由奔放的造型美以及其生动的气韵而惊叹。

在作画上，秋史十分重视文气，比起写实地还原事物本身，他更重视作者内心世界的表达。他十分重视因大量阅读而累积在内心世界深处的文字香和书卷气。因此，比起那些用细毛笔和浓重色彩绘制的精美画作，他更喜欢在简单的构图上配以淡色，表现高雅书生的品格。

画作《岁寒图》是秋史流配生活期间（1840年-1848年）所作。期间，其弟子李尚迪不断往返驿馆和中国，将费尽心思搜罗的珍稀书籍送给流配在遥远大海外面的金正喜老师。一群追求权势和利益的人簇拥在高官府邸的前院，仿佛要将前院上的石路踏平；可是当高官一旦失势，其庭院便野草疯长，门可罗雀，这就是世态炎凉。然而，秋史与其弟子间的关系，却始终如一。

公元1844年，秋史将自己孤独窘困的处境画在了《岁寒图》上，并引用了中国战国孔子称赞松柏与其他普通树木不同的诗文。作为弟子珍贵书籍的答谢礼，他用水墨简单地描绘了框架，在房子的两个角落各画了两棵北美单针松和松树，并配跋文以示感激，《岁寒图》因此诞生。

在万里之外的中国清朝搜索书籍，并非一朝一夕之事，需要花费好几年的时间。在这个滔滔的尘世中，人们都追求权势和利益，而他的弟子却用心和努力，不求权不为利，追随流配至大海之外的憔悴之人。孔子曾说，岁寒，然后知松柏之后凋也。松柏作为四季常青的植物，天气变冷前、变冷后都是始终如一，没有凋零。不过，圣人特称之于岁寒以后。

李尚迪将《岁寒图》一同带去了北京，在受邀场合上将其展示给中国清朝的文臣们看。当时激动不已的文臣们在这幅画上提了跋文。几番迂回曲折之后，日本殖民统治时期，这幅作品流入了日本，1944年，在书法大家素筌孙在馨先生的努力下，《岁寒图》作品重回韩国的怀抱。当时大韩民国的历史家、独立运动家、政治人物都在《岁寒图》写上了感想。虽然《岁寒图》原本只是一幅很小的画作（宽23厘米、长109厘米），由于跋文的添加，现已变成巨大的卷轴画。

我们盘腿坐在地板上，环顾四周。每个角落都散发着贫穷的气息。秋史先生在流配生活中，与文房四宝为友，借以慰藉其流配生活的孤独。我突然想到了"笔作生涯"一词，即以笔墨耕种生涯，用书画做农事。在这样的情况下，秋史先生仍然能够完成创造秋史体这一大业，靠的就是他内心永不衰退的艺术激情。

流配地上遭遇夫人去世噩耗

秋史先生15岁结婚，但却在20岁时失去了夫人。23岁时，他再娶礼山李氏为妻，但他的第二任妻子也在他流配济州岛期间离世。秋史应该是在这贫寒的住所里，听着强劲海风和凄凉的波浪声，思念着千里之外的妻子和儿女。相濡以沫的妻子离开的最后一刻，他无法给她端一碗水，握一握她的手。流配期间，秋史十分担心妻子的病势，常常写信问候，但等他收到夫人离世噩耗时，夫人却已离世一个多月。

秋史把这份悲伤寄托在了简短的几行诗上，在流配地吟诵了悼亡诗《配所挽妻丧》以哀悼妻子，这也是秋史夫人灵堂前所挂的挽诗——"那将月老讼冥司／来世夫妻易地为／我死君生千里外／使君知我此心悲"。这里的月下老人是指传说中给夫妻牵姻缘的人。

新建的秋史纪念馆

秋史谪居址复原的过程中还有一些小插曲。1982 年 5 月，济州举办了 70-80 人参加的艺总全国支会长会议，会后，参会一行人决定访问秋史金正喜先生的流配地。但当时，秋史遗址并不存在，只有一个石碑。秋史先生流配 9 年间所居住的姜道淳的房子，已在 1948 年的"4·3 起义（4·3 济州事件）"中被烧毁。从那时起，艺术家们便开始计划邀请岛内外作家，开展秋史谪居址复原资金募集活动。1983 年 12 月 29 日，他们举行了秋史谪居址复原开工典礼。为了让政府增加文化艺术振兴院的预算，他们还给青瓦台写了建议书。

秋史纪念馆照片

2010 年 5 月，坐落在大静邑安城里，耗资 75 亿韩元的新建的秋史纪念馆（第 487 号遗址）举行了开馆仪式，纪念馆分为地下 2 层，地上一层，总面积为 1192 平方米。建筑形式参照了秋史流配期间所创作的《岁寒图》(第 180 号国宝）中的场景，力图重现历史原貌。因此，新建的秋史纪念馆周围栽种了几棵松树。2007 年，"秋史谪居址"正式更名为"秋史流配址"，并升格为第 487 号国家指定遗址。秋史纪念馆有 3 个展示厅、教育厅、收藏库等设施。

秋史先生在漫长的流配生活中，将内心的孤独和伤痛升华为读书、茶、作画和书法。他和茶僧草衣禅师作为同龄人，彼此结下了深厚的友谊。据说，草衣禅师每年都将自己在江津亲手种植的早春新茶送给秋史，秋史则写了一幅《一炉香》的书法作品，寓意茶香弥漫的房间（书房），送给草衣禅师作房间堂名。秋史先生的高尚品格和艺术造诣让我们后世子孙受益匪浅。

（4）济州岛万丈窟

在酒店吃完早餐后，先生和孩子们再次查看了今天的行程。今天，我们将前往位于济州市旧左邑的万丈窟，以及位于济州岛最东边的城山邑的日出峰、城邑民俗村。1986 年 7 月，济州岛的阳光十分刺眼。

万丈窟是 30 万年前形成的熔岩洞窟，总长度为 7.4 千米，是世界级的大规模的熔岩洞窟。该洞窟由位于济州市朝天邑善屹里的拒文岳（海拔 456 米，第 444 号天然纪念物）喷出的熔岩流流至海岸而形成。万丈窟中，洞窟顶部坍塌形成了 3 个天窗，使洞窟的中间部分形成了开放式的空间。洞窟形成过程的痕迹清晰可见，而此洞窟也以其极高地质、学术和自然遗产价值而被列入世界自然遗产名录。其正式的名称为"济州火山岛和熔岩洞窟"。

洞窟主路宽 18 米，高 23 米左右。洞窟地面上原封不动地保留着熔岩流动的样子——既有将熔岩硬化的地板表面抬升隆高的地形，也有乌龟模样的石头。考虑到从顶部掉落的冒顶，粗糙的地面等因素，游览时最好穿运动鞋。洞窟墙壁上布满了熔岩滑落的横条纹，也就是数之不尽的熔岩流线，绳索构造等，非常多样，人们透过这些清晰地看到洞窟形成的痕迹。万丈窟开通区间的最末端附近有一个巨大的熔岩石柱（高 7.6 米）。洞窟中既有熔岩从洞窟顶部掉落到地面堆积形成的石柱形态，也有向洞窟顶部凹陷的冲天炉式的形态。洞窟外面设有万丈窟宣传馆，可从中了解到更多的知识和信息。

"山君不离"喷火口

山君不离是位于济州市朝天邑桥来里的喷火口。山"君不离"是济州岛称呼火山体喷火口时的方言。山君不离是位于海拔 400 米平地上产生的火山口，外部周长为 2067 米，内部周长为 756 米，深 132 米，宽约 30 万平方米，地面宽度达 8000 坪，火山口南面是一个海拔约 430 米的小山坡。这个喷火口比汉拿山山顶的白鹿潭还要大。从山君不离的碑石上所刻内容可知，喷火口内保存了原始状态的植被群落，山君不离具有很高的学术价值。

济州岛分布有 360 多个寄生火山，大部分的寄生火山没有喷火口，即使有其形态也是像被大碗掩盖一样；而且韩国也有且仅有一处蹄形喷火口，在全世界范围上也十分珍稀罕见。位于济州市朝天邑桥来里的山君不离喷火口，属于喷发时不产生熔岩或火山灰，只留下火口的低平火山口。因火口壁由具有气孔结构的玄武岩和沙砾层组成，所以不会积水，水都流向大海。这样的喷火口被称为低平火山口。

生长在山君不离中的植物（450余种）和汉拿山的植物一样，都是隔离生长的状态生存，所以为植物分布研究提供了珍贵的资料，珍稀形态的喷火口也为地质研究提供了宝贵的资料，这里也因此被指定为天然纪念物被保护起来。山君不离里面还是獐和袍子等哺乳类和鸟类、爬虫类等野生动物的栖息地。（山君不离碑石）

秋天，山君不离一带的紫芒部落蔚为壮观。近来，这里还开设了连接第1横贯公路和表善面城邑里的公路，使得探访之旅更为便捷。

（5）成山日出峰

成山日出峰（海拔180米）位于济州岛的最东面，是西归浦市城山邑城山里的水性火山（第420号天然纪念物）。据说它是由5000年前从水位较低的海底喷发而出的火山灰和残余的碎屑物堆积而成。其正式名称为成山日出峰凝灰口。凝灰口是指火山灰堆积形成的土坑或孔。凝灰口的孔径为600米，底部为海拔90米的巨大碗状地带，没有湖水，被草地覆盖着，如同圆形的草地竞技场。喷火口的边沿围着90多个奇岩。据说，以前这里的树木都被用作柴火，而且这里曾被当作放牧区。济州一带约有360个寄生火山或侧火山，但均是由地下深处的岩浆熔岩冲破地表喷发形成的喷火口，与成山日出峰截然不同。

成山日出峰原本是一座独立的火山，因其周围吹来沙子和砾石在此形成沙洲，西北部与主岛也渐渐连成一体。在成山日出峰外壁的海

成山日出峰顶峰

蚀崖上，可以观察到喷火口形成过程中产生的砾石构造，可以从此观察到地质构造形成的过程，因而具非常重要的学术价值。日出峰虽不高，但有很多阶梯，而且到达山顶之前阶梯非常陡峭。2007 年，世界联合国教科文组织将其列入自然遗产名录；2010 年，成山日出峰被选为世界地质公园的代表景点。从远处看到的成山日出峰如同一座蓝色的神秘城堡。成山日出峰真是人类珍稀的自然遗产。

（6）表善面城邑民俗村

西归浦市表善面城邑民俗村（第 188 号民俗资料）在公元 1423 年朝鲜太宗实行 3 邑制（济州牧，旌义县，大静县）到 1941 年的 510 多年间，其城邑都是旌义县厅。因此，朝鲜时代的官衙建筑——日观轩、旌义乡校、旌义县城（南门、西门、东门）等石城两侧草地上，都各设有两个守护城门的石头爷爷。地方不同，守护城门的石头爷爷的大小和脸部表情也会有所差异，高度也是各不相同。石头爷爷雕像一般是左手向上，右手向下，负责守护村民，标识与其他区域分开的警戒线，主要起到抵挡厄运和疾病的作用，有守护神、咒术和宗教的功能，与陆地上的长丞的作用类似。

城邑民俗村很好地保存了传统民居，且有居民在此居住。城邑民俗村里有千年的榉树和约 600 年的朴树，均被指定为第 161 号天然纪念物。在村子里，茂密的绿色藤蔓覆盖在玄武岩围成的石墙的风景到处可见，别具特色。

为了吸引游客们，这里还养有马和黑猪。近年，表善面加时里还出现了矮种马体验公园。据说在村庄居民的帮助下，这里建成了占地约 2 万坪公共牧场的矮种马博物馆和骑马场，以及野营地等综合文化空间。而且，村子还有用牛马拉碾子碾粮食的农具。

为防止被海风吹走，济州岛全区房子的茅草屋顶都用粗绳横着竖着地绑得密密麻麻，这也是济州岛的一大特色。私人住宅一般用青州石和木棍做大门。在青州石上钻三个洞，立在两旁，纤细的原木横挂在其中，以暗示主人是否在家。当横挂一根木棍时，表示主人很快就回来；横挂着两根木棍时，则表示今天会回来；如果是三根木棍，则表示家里长期没人在家。这也让我再次认证了济州岛是无大门、无小偷和无乞丐的"三无岛"。

济州岛的厕所和屎猪（黑猪）

以前，卫生间被称为茅厕、茅房、解忧所、便所（济州岛）、便所间等。以前韩国农村的厕所一般都设在大院子墙面离房子稍远的僻静之处。因此，寒冬夜里人们需要使用尿壶。韩国还有亲家和厕所越远越好老说法。很早以前，韩国就已经把人粪当作农家肥，用于庄稼种植。在没有化学肥料的时代，人们把稻秆、谷壳和草等堆在一起，撒上屎尿使其发酵后，当农家肥使用。济州岛的厕所是发泡式厕所。那时候没有厕纸，一般用稻秆、树叶、玉米须或叶、木片和草绳等代替，使用报纸和杂志等。

济州岛以前还曾用人粪来养屎猪。在济州岛民俗村里，还可以参观到传说中用来养屎猪的厕所。济州岛的厕所，一般靠着厨房对面的外石墙，用石头搭建而成，屋顶（养猪的房子）用稻草铺盖着。济州岛的厕所由养猪房和供人使用的厕所两部分组成。上厕所时，必须携带一根赶猪的棍子。

厕所的地面一般铺着大麦秸秆或稻秆之类的东西，上面有猪的粪尿，是优良的农家肥。因为厕所的地面比平地更低，所以排泄物不易流出外面。食物的残渣也可以放在槽里给猪当食物。济州岛的土猪一般是黑色毛猪，其肉质和味道远近闻名。现在，济州岛民俗村也已经没有屎猪，只留下了与屎猪相关的传说。

（7）西归浦市

西归浦市有很多名胜古迹，游客可根据孩子们的年龄和家人的喜好，制定游览计划。西归浦的地名由来于一个传说——秦始皇（中国）曾派遣徐市、徐福带军前往拥有东方三神山的济州岛汉拿山一带采摘长生不老草。据说他们到达了西北西归浦正房瀑布后，又从西方返回，在那留下了"西市过此之浦"的字迹。这便是西归浦地名的由来。

正房瀑布是东方唯一的海岸瀑布，高23米，宽8米，两股水流直接流向海岸。若是有太阳光反射，出现彩虹时，这里更是人间仙境。其周围有柱状节理带。自古以来，这里便是瀛洲十景之一，备受好评。

正房瀑布附近有西归浦"独立岩（第79号名胜）"石柱。独立岩高 20 多米，宽 7-10 米，是火山爆发产生的熔岩地带上，由海浪的侵蚀而成的石柱，其形成年代大约为 12 万年前。这些石头不是有气孔的玄武岩，而是小孔密集的粗面安山岩。独立岩的历史故事人尽皆知——高丽后期，崔莹将军击退牧胡势力（中国元朝）时，为讨伐向虎岛逃窜的残余势力，将独立岩石头变装为将军的样子，最后击退了敌人，因此独立岩也被称为"将军岩"。

而且，附近还有被评为世界地质公园保全地域的天地渊瀑布。天地渊瀑布高 22 米，瀑布下的池水深约为 20 米。瀑布的绝壁是火山活动形成的安山岩，绝壁的背景仿佛由砖头堆砌而成。瀑布附近是花鳗鲡（第 27 号纪念物）的栖息地，溪谷一带还生长着胆八树（第 163 号天然纪念物）。

这里的近处还有一个柑橘博物馆。歌曲《知道西归浦吗？》中也炫耀道："想要回到散发着柑橘香气的故乡……汉拿山的马驹悠闲地啃着嫩草，每一缕瀑布都带着彩虹，美丽无比，我思念的故乡西归浦……"旅游名胜景点游览日程里也有参观柑橘农场这一项。驾车游览济州岛，常常会看到一望无尽的橘园。在橘树被挂满了金灿灿柑橘压弯的橘园，不管在哪里停车拍照，都能拍出美丽的济州岛纪念照。

西归浦中文洞的柱状节理带

中文海水浴场，传说中侍奉玉皇大帝的七仙女下凡沐浴过的天地渊瀑布，如美地植物园、泰迪熊博物馆等都位于中文洞。而且，沿着海岸展开的约 3.5 公里的柱状节理带（第 443 号天然纪念物）也在这里。柱状节理是熔岩冷却体积收缩后，在海浪的侵蚀作用下形成的 4~6 角形的垂直石柱。据推测，柱状节理带形成于 25 万年前到 14 万年前，最高的石柱可达 20~25 米。

济州岛柱状节理带

松江郑澈在江原道通川东海岸的<u>丛石亭</u>看到柱状节理时感叹道："这是工垂（中国古代名匠）的手艺吗？这是用鬼斧（鬼神的斧头）雕刻的吗？为何要六面石柱？你想要塑造什么呢？"不管是谁，只要站在柱状节理海岸面前，都因自然的造型艺术而惊讶得合不上嘴。尤其是海浪大的时候，在这里还能欣赏到浪花飞溅在海岸石柱屏风上被击破的场景。站在这里，我联想起了六堂崔南善先生的新体诗——《海上致少年》。这首诗在日本帝国主义殖民统治时期刊登在致力于民众启蒙的综合杂志《少年》上。"哗哗，哗哗，雨水弥漫，敲打。破碎。塌陷。"（省略）诗中，作者是用海浪的拟声词暗喻日本统治下的耻辱世界吗，这让我的脑海里浮现起曾经痛快地背诵这首诗的记忆。

（8）山房山龙头海岸

位于西归浦市安德面沙溪里的山房山（海拔 345 米，第 77 号名

山房窟寺

胜），山体本身就是粗面岩质熔岩块形成的钟形模样，山房山半山腰西南侧悬崖峭壁上有一个长 10 米，宽和高约 5 米的海蚀洞窟。"山房"是指山的洞窟的意思，山房窟寺和普文寺就位于这里。据说，山房山形成年代测定结果为 70 万 ~80 万年前。山房窟寺前有一棵约 400 年的枯松，现已成为青铜像。据西归浦诗记载，后人按照枯谢的古松的样子，打造了青铜像，并将青铜像安置在古松原来生长的位置上。据说耗资 1 亿预算（2014 年 4 月 12 月公布的数据）。可以想象，这将成为珍贵的自然观光资源。

汉拿山白鹿潭和山房山还流传着十分有趣的传说。据说，天上的玉皇大帝一怒之下，将汉拿山顶峰的石头山拔下来扔了，那被扔弃的岩峰就是山房山，而汉拿山顶上被拔石头空出来的地方就产生了白鹿潭。据说，白鹿潭喷火口的周长和山房山的周长是一样的。而且更神奇的是，山房山的岩质和白鹿潭外壁的岩质都是粗面岩质（来自维基百科）。

山房山的洞窟有 100 多坪左右，里面供奉有佛像。山房窟寺的洞顶一年四季都有水珠滴下，那些水珠被称为药水。从山房窟寺向大海眺望，风景十分美丽。自古以来，这里作为瀛洲十景之一，备受称赞。

山房山前海上有一块长得像龙头的石头。不知是谁，为它取了一个非常贴切的名字。龙头海岸入口处有 Hamel 商船和 Hamel 纪念碑。

龙头山房山全景

据记载，公元 1653 年，包括亨德里克·哈梅尔在内的 60 多名荷兰人，搭乘商船从台湾出发前往日本长崎，途中遭遇巨大风浪，仅有 38 人活着登上了济州岛。他们被济州岛官员关押，滞留朝鲜长达 13 年，期间有 8 人逃出，经由日本回到荷兰。通过哈梅尔漂流记，西方国家开始知道了朝鲜。荷兰出身的胡斯·希丁克足球队教练，在 2002 年 FIFA 世界杯中，带领韩国足球队创造了挤进世界四强的神话。

（9）济州市

济州市既是济州特别自治道北部的行政市，也是道厅所在地，这里还有年接送旅客 1200 万余人次（2014 年 12 月基准）的济州国际机场。济州市有三姓穴、观德亭（第 322 号宝物）、济州国立博物馆、民俗自然史博物馆等景点，还有龙头岩、海水浴场、北村石头爷爷公园、山君不离、万丈窟等观光。观德亭位于济州市中央，是朝鲜时代楼阁。

很早以前，大儿子一家就计划2009年7月去济州岛旅游，并多次邀请我们一同前往。7月初，全国梅雨季节仍在持续。首尔今天也是从黎明就突然开始下雨。本来还在担心飞机不能起飞，但最后我们还是按照既定行程，搭乘了10点5分从金浦机场出发的韩亚航空，于11点10分抵达了济州岛。济州气温32度，很适合去海边玩水。今天，气象局发布了全国暴雨警报，唯独济州岛没有下雨。我们说着"看来，暴雨也怕我们呢"，也笑了起来。

　　我们在济州机场租了一辆车，10分后便抵达了济州KAL酒店。酒店的庭院朝着大海敞开，视野极好，而且还能看到汉拿山，出门散步也非常方便。

　　济州KAL酒店庭院里摆放着一个后背背着济州水罐的雕塑。仿佛是带着济州岛的海潮音，倾泻于此，让人心情无比愉悦。济州岛是火山喷发形成的岛屿，所以90%以上的地质都是多孔质玄武岩。即使雨水很多，也能很快吸收并排向大海，地面不会残留有水。因此，饮用水的汲取并不容易，需要去很远的泉水池里才能汲取饮用水。这种事情一般都是女人们的工作。

　　水罐是用济州岛特有的强性黏土烧制的陶瓷器。水罐的重量一般为2~3千克，为防止背着走路时水溢出来或泼洒出来，陶瓷器的开口一般都做得比较小。家事一般是女人负责，所以去海岸边泉水上涌的地方取水的女人们，像背着孩子一样，每天早晚都会背着水罐去取水。我讲述给小学一年级和四年级的孙女：水罐是济州岛非常重要的一个生活用具。此外，海女们还会穿着类似于防水服的特殊服装，潜入10~20米的水下采集海鲜。背水罐的女人的铜像下面，有2个石头爷爷也十分吸引眼球，仿佛在迎接远处找来的孙女一样，一脸奇妙的笑容。这是济州岛最具代表性的雕像，用作酒店庭院的装饰品也非常合适。远近闻名的成山日出峰就坐落于济州岛东侧边缘。济州岛中部还有小人国迷你世界、山君不离以及表面城邑民俗村。

我们在济州 KAL 酒店吃了海鲜汤午餐后，决定去参观附近的北村石头爷爷公园，剩余时间就在咸德沙滩上度过。租借的车辆装有导航系统，因此很容易便找到了路。

（10）北村石头爷爷公园

济州岛的别称是三多岛。即，石头、风和女人很多的意思。玄武岩是指，从火山中喷发的岩浆冷却、气体溢出后，在其表面留下气孔的岩石。北村石头爷爷公园位于济州市朝天邑北村西 1 路。北村石头爷爷公园是 10 多年前，专业画家金南鸿院长打造的。2013 年 2 月，在文化体育观光部的支持下，韩国生态观光协会 (Eco-tourism Korea) 现场审议会上，济州被评为了通过健康的自然、文化、艺术传达和平的乡土文化遗产，这也是济州岛首次被认可为自然观光魅力城市。

雕塑家同时也是画家，他们用现代美学创造了形态各异的石头爷爷。公园内有 300 多件雕塑和野外的树木搭配一起，供人观赏。有抱着花的石头爷爷、挂满爬山虎的石头爷爷、在莲花池边休息的石头爷爷、好像正在讲述韩民族悠久历史的石头爷爷，甚至还有大小不一的石头爷爷群像罗列的场景。与石头爷爷原本的目的不同，孙女们觉得石头爷爷雕像就像是自己的朋友一样。行走在自然亲和的公园内，树林和石头爷爷、玄武岩石墙等非常和谐地融合在一起，让人仿佛置身于另外一个世界。

石头爷爷的别称

关于济州岛石头爷爷的起源，众说纷纭。有人说是与高利时代的

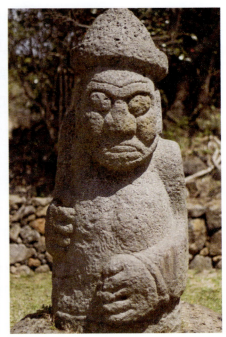

济州岛的石头爷爷

石将军柱有关，也有人说是济州岛自生的，还有人说是从蒙古起源的，甚至还有人认为是起源于太平洋复活节岛的"摩艾石像"。

以前，济州岛石头爷爷是放置在城门入口，以阻挡外部敌人和守护居民，具有守护者、咒术、宗教层面的意义，而且还起到禁止外部人员随意进城的标识作用。

虽然用火山岩为素材雕刻的石头爷爷，具有炯炯有神的大眼珠子、又大又扁的鼻子、蘑菇头或瓦楞帽、双臂位于肚子之上、带着奇异笑容等众多共同点，但每个石头爷爷传达的信息和氛围却各不相同。嘴角两边向上扬，代表着悠闲自在微笑的脸；横着张开一字嘴，则代表严肃的表情；嘴角向下弯，则代表生气。有人说，石头爷爷的帽子是仿照男性生殖器雕刻的。石头爷爷的别称有石爷爷、武石木、偶石木等。据《耽罗志》记载，朝鲜时代，石头爷爷还曾被称为翁仲石和禹形石。石头爷爷的叫法各不相同，直至 1971 年，被指定为第 2 号地方民俗资料后，才最终确定正式名称。我突然想起了青鹿派诗人赵芝薰所说的《石头的美学》："名匠们从无趣中品味最上层的美，甚至在寂然不动中，听到电闪雷鸣。"石匠通过与石头对话，一同分享喜怒哀乐。与石头相伴，没有背叛和变化，永远一起前行。

按照石头的大小和形态，既有站着的、躺着的、蹲坐着的、恭敬地趴在地上的雕像，也有陷入冥想安静的、忍受疾苦修行的严肃雕像。既有好奇地想要一探究竟的表情、微笑的表情、委屈伤心的表情、由于愤怒和委屈而震怒叫喊的表情、悠闲仁慈地拥抱孙子孙女的表情、伟大的导师般威严尊贵的表情，也有像傻瓜一样呆愣的表情、像是要给某人送花的神秘表情……尤其是傻愣带着浅笑站着的是石头爷爷，看的角度不同，感觉也不一样，有时很像是一位既严格，却又忍不住要大笑的慈祥老爷爷。

还有比具有气孔结构的玄武岩更适合雕刻石头爷爷的材料吗？还有比石头爷爷更好传达济州岛大海声音的创作品吗？如果有人问济州岛的代表性标志是什么，我一定会选石头爷爷。如果能将首尔汝矣岛的一座公寓搬到这里的庭院，每天都能听到济州岛的海浪和海风声音，那该多美妙啊。尤其是想念大海的季节里……

在日本沈寿官烧窑址邂逅石头爷爷

如果在国外遇到石头爷爷，心情会怎样呢？在国外与石头爷爷相遇时，我深刻体会到了：济州岛的象征代表了大韩民国。在日本列岛旅游途中遇见石头爷爷时，我激动得大声尖叫。我是在日本列岛最南端的沈寿官烧窑址看见石头爷爷的。2006 年 2 月，我们和先生的同事 Y 大一对老教授夫妻一起，前往日本列岛的最南端——鹿儿岛旅行。

当时，我们探访了位于美山的沈寿官烧窑址。丁酉再乱时期，按照日本将军的指示，以生活在南原的沈当吉（初代）先生为首的陶工，以及八九十名韩国国民被迫移居至日本九州南端的鹿儿岛县。当时，日本还一并掠走了一些黏土和釉料。该内容出自本人的拙作《神秘有趣的亚洲游记》（萨米出版社，2010 年）中。

　　……烧窑址入口处，韩国太极旗和日本太阳旗迎风飘扬，旁边站着一个含着奇妙的笑容的济州岛石头爷爷。用具有气孔结构的玄武岩雕刻的石头爷爷，不正是济州岛的象征吗？居然可以在这里遇到，真的太开心了。……为了抚平悲伤、忘记对祖国的思念，先祖们在锅灶里生火，在这片陌生的土地上，用恨的泪水点燃了陶艺之花。……也许，思念祖国时，他们也曾向石头爷爷哭诉吧。边哭边喊着：“我怀念的祖国的波涛声啊！”不管何时何地，石头爷爷都带给我一种愉悦和亲切感。

（11）咸德犀牛峰海水浴场

　　咸德沙滩位于距离济州市东北部约 14 公里的地方，因为岩石岛隆起，所以沙滩呈心形图样。1984 年，这里被指定为国民观光地，据说，40 万平方千米的游园，一天就接待 5 万左右的避暑游客。美丽的白沙滩右侧有一座低矮的犀牛峰（106 米），是高丽时代三别抄的最后抗争地，也是和蒙古兵进行最后抗争的地方。在这里，既可以进行船钓，也可以在安装有街灯的美丽海边散步。周围的游玩设施、民宿设施、免费的野营村，以及各种饮食店比比皆是。金素月诗人曾在童诗中写道："妈妈啊，姐姐啊，我们去江边居住吧／院子里泛着金沙的光芒／后门外面传来芦苇叶的歌声……"我每次来济州岛，都会产生定居海边的想法。咸德沙滩的海岸线并不长，但由于白沙滩的幅面很宽，水很清，水位不深，很适合一家人到此避暑。年幼孩子们在这里进行海水浴是再理想不过了。由于现在小学、初中、高中还未开始放暑假，所以沙滩十分安静和干净。我花了 2 万韩元租了一个沙滩遮阳伞和四五把椅子。

　　海水清澈见底。小鱼群和绿色海带漂浮着，沙子也十分美丽。男女老少都像水中鱼群一样，悠然自得，十分开心。孙女们套着游泳圈随着海浪飘动，玩得不亦乐乎。即便是离海边较远的地方，那里的水深也只到大人的膝盖。孩子们可以放心地玩耍。孙女们被海浪吹翻了一个跟头，不停地扑腾着，但不一会儿便自己嘟囔着站了起来，还高兴得哈哈大笑。然后睁着明亮的眼睛翻沙子捡贝壳，还将漂浮在海上的海草当宝物一样，高兴尖叫着向我们炫耀。偶尔感觉大腿像是被什么东西蜇了一下，有些刺痛。

全球变暖和海蜇

　　下午 5 点左右，大海开始退潮了。海水退去刚露出沙地，就看见了满地的海蜇，这让我很吃惊。海蜇伞直径约 30 厘米，呈半透明浅黄色，伞边带点褐色。某位爸爸和儿子围坐在海蜇旁边，并提醒儿子不要触碰，但又一脸的好奇，甚至还在海蜇上面堆沙子。孩子们没有被海蜇蜇到，真是万幸。随着全球变暖和水温上升，7 月份开始，原本栖息于东南亚等地的海蜇也跑到了我国海岸，到了 8 月份，更是出现在我国各海域。

　　被海蜇蜇到的时候，伤口主要会出现刺痛、痛症和瘙痒症状，皮肤像是被鞭打过一样，有些红肿。用流动的水洗掉吸附在身体上的海蜇触手后，可用食醋清洗以中和毒素，如果出现严重斑疹或血压降低和呼吸困难等症状，则需服用解毒剂、镇痛剂、抗组胺剂，所以需要立即送往医院急救。据民间偏方介绍，用发酵粉冲水涂抹伤口，可中和海蜇毒素，有止痒和消肿功效。

我们在咸德沙滩对面的烤鱼店中点了烤银鳕鱼作为晚餐，饭后稍晚便起身返回了酒店。因为中部地区雷电交加的暴雨，今天 17 架飞往首尔的飞机停航，晚间新闻还报道了首尔市道路被泥水席卷的场面。我这才明白，孩子们白天从首尔给我们来电话的原因。即便是梅雨季节，我们也最大限度地充分利用了在济州岛旅游的时间。孙女们也玩得很开心。

（12）遮归岛船钓

第二天一早，大儿子便开车带着两个小孙女出去了。他们打算早上 11 点左右去遮归岛进行船钓。大儿子从高中开始便和家人一起去那里船钓，因此在那里留下了美好的回忆。无情的岁月昼夜不停地流逝，转眼几乎过了半个世纪，但年轻时的记忆还停留在那个位置，那个地方吗？今天，陪大儿子的女儿们一起，一路絮叨着以前的故事，一路朝着相同的场所驶去。

全国正值梅雨季节。因为据天气预报报道，明天济州有雨，所以我们并没有很多取舍选择。我们按照导航的指示，向着西海岸路前进。我们在遮归岛船钓浦口租借了配备有钓鱼工具的小型渔船，因为船钓场地那边的钓鱼船租赁费用为 5 个人一个小时 75,000 千韩币。我们打算下午两点上船。济州市的天空很晴朗，但我们前往的济州岛西海岸却乌云密布。虽然预感不是很好，但说不定会像热带地区的阵雨

（暴风雨）一样，暂时下雨，不一会儿就可以放晴了。

海岸兜风路的风景真的很美。蓝色海浪用力地拍打在黑色岩石上，飞溅的浪花看起来十分漂亮，一路上还有不少好看的旅馆。卵石海岸和灯塔，拍打在尖锐弯曲的海岸岩石上的波浪，海岸边庭院里摆放的大小不一的石头雕塑，以及放置路边花坛和田之间的青州石和木杆，无不体现了济州固有的文化。海岸岩石上面安置的风车，如同灯塔一样，勾起人无尽的思念。是因为依靠风的吹动慢慢转动的银色风叶，总是被汹涌直上的强劲海风吹打着，所以看起来很孤独吗？虽然为获得绿色能源需要投入高成本，但这也是为减少地球公害的现代科学的象征。

下午一点半左右，我们抵达了经营达莱饭店兼遮归岛船钓的地方。那里还是和以前一样。为了赶在 2 点搭船出航，我们在饭店用海鲜汤简单地应付了午饭。饱餐过后，刚想登船出海，雨突然开始越下越大。它不是慢慢地下着，而是突然乌云密布，大雨一下子倾泻而下。我们等了大约半个小时。期盼着说不定一会儿老天放晴……但很遗憾，雨没有停，我们只好原路返回了。凄凉飘落的梅雨，小小的渔船也都躲进了浦口，一望无际的大海闭上了眼睛，孩子们也为难似的，偷偷观察着大人的表情。拿回船钓的定金，2 小时后，我们开车回到了济州 KAL 酒店。

我们带着孩子们去了酒店室内游泳池。根据我经常去国内外旅行的经验，酒店一般都会给顾客免费提供室内外游泳场，或是收取低廉的租金，但济州 KAL 酒店的游泳场却要收费，成人每人 11000 韩元，小孩每人 8000 韩元，而且不是交一次钱就可以全天使用，而是每用一次就付一次钱。真是令人意外。心情有些不快，船钓无法进行，大量时间都浪费在等雨中，但还是要为孩子们做点什么，所以我们支付了高价的游泳场使用费。巨大的酒店室内游泳场里，只有我们一家人。我们和孩子们在泳池中愉快地玩了两个小时左右。

这三天里，自由的孙女们尽情享受地观看着自己想看的电视节目，大人们则边喝着白天在超市购买的啤酒，边聊天。大儿子现在正在他父亲工作的大学工作。长女和二儿子也是教授。先生和孩子们每次聚在一起，都会有很多共同话题，每次都会聊很久。布满雨水的酒店窗户外，济州市的霓虹灯光时隐时现。虽然没能去遮归岛船钓，但我们一家也留下了其他美好的回忆。

（13）西归浦市（西广观光乘马场）

今天下午，我们就要返回首尔了，但雨还是断断续续地下着。2009 年 7 月 11 日，我们在酒店吃过早餐后，开车前往了位于西归浦市安德面西广里的西广观光乘马场。我们还打算顺便参观乘马场对面的小人国主题公园。

汉拿山山脚下，成群马儿悠闲地吃草的场景真的十分美丽平和。济州岛的瀛洲十景里不也称赞了古薮牧马吗？去往乘马场的途中，我给孙女们简单地讲解了关于以前蒙古的统治和济州岛牧胡乱的故事。根据化石考证，济州从青铜时代开始养马。济州岛正式开始养马，是在高丽三别抄军败给蒙古军后，蒙古在济州岛设立了耽罗总管府，统治了济州岛 100 多年。据说，当时蒙古带来了军事用的马和养殖管理马的牧胡，并在现在西归浦市城山邑一带和翰京面高山放牧。

济州土种马和蒙古马交配产生了"五明马"，从这时起，马变大了。因为中国明朝要求高丽进贡马匹，所以高丽朝堂便让济州上供2000 匹马，但被济州牧胡拒绝了，从而引发了牧胡乱。高丽 3 个道的道统祠崔莹将军平定了牧胡乱，济州岛也脱离了蒙古的统治。朝鲜时

西广乘马

代也曾有将济州马匹作为地方特产进贡给中央的制度，所以济州岛就上供了特产马匹和柑橘。

近年来，济州岛马术和赛马中使用的"汉拿马"，其实是济州马和庆州马的杂交马匹，从1990年后半期开始产生。现在，观光乘马已成为济州岛的新观光景点之一。

天然纪念物（第347号）济州矮种马

我给孙女们讲了关于济州矮种马（土种马）的故事。结果孩子们都希望自己可以骑矮种马，还兴奋地大声说，如果马不听话，就用力打它的屁股。只是说矮种马比较娇小可爱，但孩子们似乎却误把它想成是一般的大狗。我只能在心中偷笑："矮种马再小，也不可能只有大狗一般大小啊。"

矮种马因为个子小，可以在果树底下穿行，所以它又被称为"果下马"或"土马""三尺马"。身高 113 厘米，体长 122 厘米左右，拥有茶褐色、赤褐色的毛发。在古代，它在农业、运输、国防方面发挥巨大的作用。矮种马体格虽小，但身体强健，性格温顺，聪明敏捷，十分容易驾驭。1986 年，韩国政府将矮种马指定为天然纪念物，为保存和防止保护区域内的纯种矮种马灭种，由济州岛促产振兴院负责管理，目前有 2000 多匹矮种马。

热情的西广观光乘马场办公室职员

西广观光乘马场的办公室对面矗立着一栋很大的马厩大楼，乘马场路线对面的茂密树林后面是一片开阔的田野。基本的路线需要 15 分钟左右，可以骑马照相，然后在指定的线路上溜达。孙女们平时十分喜欢狗狗。两个人都属于身手敏捷，喜欢各种运动的类型，学跆拳道等体育项目都比较擅长。

这次济州岛旅程中，因为天气原因，所以没怎么有机会带孙女们去体验那些为儿童设计的野外游戏和名胜。一想到姐妹俩以汉拿山大草原和台阶为背景，换上骑马服，熟练地骑马的样子，我也不由得兴奋起来。我想也只有在济州岛，才能留下这么稳重的纪念照片。

乘马场办公室的女职员对我们十分热情，还亲切地给孩子们挑选了适合她们的安全鞋、牛仔安全帽，安全背心等。孙女现在是小学四年级学生，但穿戴上宽边的牛仔帽、安全背心和长靴后，还是有模有样的。女职员亲切地给我们介绍了骑马相关注意事项：既不能松开手，也不能将脚脱离圆环，而且每个孩子都会有饲马员同行，所以不会有任何安全问题。基于安全考虑，孩子和大人不能同乘一匹马。我们在女职员的引导下，向马厩出发了。没多久，马夫大叔就牵着两匹套好马鞍的漂亮马匹走了过来。但马看起很大，还很漂亮。比我想象的要大很多。我心里有些担心，如果孙女害怕了，该怎么办呢？或者正相反？我以为孩子们会欢喜地鼓掌叫好，没想到她们却害怕得一直后退，怎么也不肯上马。

即便马夫（济州方言里对牧胡的称呼）大叔和爸爸说一起陪她们走，她们也摆手拒绝了。这时，天空又恰巧开始下雨了，马夫大叔说太阳伞和雨伞会让马变兴奋，不让我们在马旁边使用。雨越下越大，孙女们害怕得快要哭了。局面有些尴尬，我们只能放弃返回了办公室。

毕竟这里是营业的，但当我们提出要支付基本费用时，他们却极力拒绝了，还说："偶尔也有一些和大人们所想不一样，十分害怕的孩子，等孩子们再大一点，到时候再带孩子们过来玩吧。"他们真是热心善良的人。多次表达感谢后，我们去了位于马路对面的小人国主题公园。西广乘马场现已迁移，新地址为西归浦市安德面绿茶盆栽路148号。虽然没能骑马，但西广观光乘马场办公室职员的贴心关怀和理解会一直留在我们一家的记忆里。

（14）小人国主题公园

小人国主题公园位于西归浦市安德面西广里，是一个占地2万多坪，将30多个国家的100多个世界文化遗产或著名的遗址和观光地的建筑物，按特定比例精确缩小再现的公园。当我们看到挂着小人国主题公园名牌的入口建筑时，不禁让人联想起美国佛罗里达州的迪士尼的魔法城堡和神奇王国。让人对神奇童话世界带给我们的惊喜充满了想象和期待。

2009年7月11日，天空下着毛毛细雨，周围的树林越显翠绿。刚进入主题公园，就看见乔纳森·斯威夫特的小说——《格利佛游记》中的主人公巨人高力保被小人国的小人捆住躺在右边庭院地面上，众多小人们四处分散着，似乎在忙碌地谋划什么。这让人不禁感叹道："啊！那个高力保被抓了！"从这里开始，孩子们将开始进入梦境和幻想的世界。

但为使场景更为逼真，以大海或大江为背景的建筑都设置在莲池中，以便最大限度的利用空间。例如纽约港的自由女神像、英国伦敦泰晤士河上的伦敦塔桥、澳洲悉尼港的歌剧院、以及闲山岛的龟船等建筑就放置在水中。从中可看出，艺术家们对雕塑摆放和造景所倾注的心血。这里还重现了法国巴黎的埃菲尔铁塔、凯旋门和圣心教堂。意大利罗马的特莱维喷泉更是花费了 30 多年才完成。在这里，你可以跟随电影《罗马假日》一起，回顾那时记忆深处的"西班牙广场""真理之口"和"特莱维喷泉"等旅行记忆。"真理之口"是一男子人形面孔，张着约 20 厘米的大口，相传，如果说谎的人将手伸入它的嘴里，手就会被割掉。据说罗马时代时，要证明自己的清白，就要把手放进这里。2003 年我去意大利罗马旅行时曾看见过一次，现在能在这里看见这些雕塑更是高兴。特莱维餐厅可同时容纳 1000 多人，内部墙上还挂着闻名海内外的作品和 3D 效果的作品。

看到美国的白宫、国会议事堂、林肯纪念馆，以及刻有美国史上最伟大的四位总统（乔治·华盛顿、托马斯·杰弗逊、亚伯拉罕·林肯和狄奥多·罗斯福）的南达科他州拉什莫尔山国家纪念碑后，相当于简略地看了一篇世界史。

而且，既可以一眼尽览希腊雅典娜的巴台农神殿、中国的紫禁城、万里长城和青瓦台，还可以欣赏埃及的金字塔和狮身人面像以及阿布·辛拜勒的拉美西斯二世雕像等世界历史最悠久的埃及尼罗河边的文化艺术。如果想让孩子粗略地了解世界历史和地理，这无疑是最好学习场所。一两个小时内就可以环游世界一周。

如果瑞士的教育家和思想家佩斯塔洛齐和韩国最早原创儿童杂志《儿童》的创办者小波方定焕老师带孙子孙女来这里，会怎么介绍呢？佩斯塔洛齐说，他教育孩子们时，不使用教科书。方定焕老师则说，尽量让孩子们在故事世界、歌曲世界和图画世界强化创意力，美化一切。那么可以想象，孩子们在这样的空间里究竟可以打开怎样广阔的想象世界。

小学一年级的孙女一看到恐龙公园，就跑了过去。因为科学漫画书中的各种恐龙都在这里重现了。她对恐龙很了解。孙女们都看过电影《侏罗纪公园》。她们还给我介绍了恐龙中的王者、最具威胁性的肉食恐龙——暴龙雷克斯。她们的爸爸也是从小就很喜欢恐龙，上幼儿园时开始，一有时间就画恐龙。转眼间，现在孙女们已经穿梭在恐龙雕塑之间了。

6500万年前，这一巨大动物（爬虫类）早已从地球上消失了，现存的动物中与之关系最密切的就是鸡和鸵鸟，这就是科学世界的神秘所在。联想到空中飞行的恐龙、恐龙的蛋，以及电影《侏罗纪公园》的场景，真是令她欢喜。而正在小学四年级的大孙女则喜欢牵着双马车的《灰姑娘》套装、《白雪公主和七个小矮人》等。几年前，曾席卷从幼儿到儿童电视系列的四个天线宝宝，以风车转动的花园为背景，带来爽朗欢快的笑声。这里还可以遇到众多的小英雄角色。

我国的名胜也被完美地呈现了出来。南大门、庆州佛国寺、巨大的佛像、济州岛国际机场等都被重现。如果想丰富孩子们的想象世界，同时还学习世界历史地理知识，那我强力推荐小人国主题公园。

小人国迷你世界

济州岛的西部地区西归浦市安德面西广里有小人国主题公园，济州市东部地区的朝天邑榧子林路也有类似的济州迷你世界。2006年，小人国迷你世界被选为国内最早的小模型博物馆。博物馆占地16,000多坪，将世界50多个国家的文化遗产展示馆、世界伟人展示馆、天上和童话展示馆、恐龙展示馆、体验展示馆等7大主题都整合于室内外，是专门为孩子们打造的优秀观光地。如果孩子们一定要游览济州岛的一个景点，那么我会毫不犹豫地推荐济州迷你世界或小人国主题公园。济州小人国主题公园或济州迷你世界，其景点的形态、氛围和建筑都十分相似。计划集中游览济州岛的西部或东部时，可就近参观，以便节约更多时间。我之前分别和大儿子一家游览了小人国主题公园，和女儿一家参观了小人国迷你世界。畅游在童话中的梦境和想象的世界中的乐趣与效果是一样的。这里拥有丰富多彩的体验空间和拍照区等游玩设施，很受家庭旅行团的喜爱。

小人国主题公园的俄罗斯莫斯科东正教大教堂

济州的形象

雨下下停停的，即便有雨伞，拍照时，孩子们的衣服还是被淋湿了，下雨的天空看起来十分沉重。下午时分，济州的大风也开始肆虐起来。因为可能会引起夏季感冒，所以十分担心。飞机起飞时间是下午 5 点，所以得加快脚步。我们还顺便去了小人国主题公园的纪念品商店。

大孙女在小学四年级英语听力大赛中获得了第一名，爷爷就给她买了儿童手提包；小学一年级的孙女则想要一个刚看到的暴龙雷克斯恐龙玩具，我们给她们买了他们想要的礼物，以及一些可以听见济州海浪声的小纪念品。以前是带儿女们一起来济州岛，现在是带孙子孙女们来。所以在济州岛的旅行感想文中，我还加入了我们一家及下一代世代的故事。虽然来过几次，但每次换季让人都想故地重游，这就是济州岛的魅力。济州岛的风声和石头爷爷的奇妙笑容，金黄色柑橘园和蔚蓝的海浪，油菜花田和紫芒群落，汉拿山山麓的矮种马和不计其数的寄生火山，爱抚和净化着我国国民的情绪。

在哪里可以听到最真切的济州声音呢？返回首尔的飞机上，我独自陷入了沉思。答案是文中大炮海岸的柱状节理带！白马群奔驰而来，白色的海浪唰的一声拍打在六角形石柱岩石群落上。伴随着那声音，叙述着济州传说的石头爷爷正悠闲地勾画着。

（15）西归浦的船上鱼钓

时隔 60 年的五合大吉日

为不吵醒还在熟睡的先生，早上刚睁开眼，我就踮着脚尖走近窗户向外望去。西归浦 KAL 酒店窗外，浓雾笼罩着远处大海，几艘渔船已经划着白色的浪花向岩壁驶去。晨曦唤醒了沉睡的水浪，只有拍打在岩壁上产生的洋流漩涡在飘动。天空没有一丝云彩，气候温暖如春。

1991 年 10 月 26 日至 27 日，我们一行人都留宿在西归浦的 KAL 酒店。我突然想起了昨天在济州机场载我们的出租车司机给我们介绍（西归浦 KAL 酒店）时，颇为激动的话语："今天恰逢是时隔 60 年的五合大吉日（农历 9 月 20 日），迎来了济州岛史上最大规模——900 对新婚夫妇的好日子，济州岛酒店房间预定的所有负责人都躲了起来，不在岗位上。"据说在同价红裳的大吉日里，婚礼礼堂、机场、酒店和新婚度假地到处是人山人海。

先生在 Y 大行政研究院高层政策课程担任教授，我和他都受到了合宿培训（夫妻同行）的邀请。因为很早之前预约的航班日期恰巧与大吉日一致，所以大家都满意。我们一行人共有 80 多人，我们决定按照约定的时间和场所碰面，然后按照各自的喜爱，分为观光、爬山、高尔夫、钓鱼等 4 个小队。先生很喜欢玩水和钓鱼，所以我们选择了船上钓鱼小分队。我们队出发前进行了精心的准备：在腹部中间贴软膏，服用晕车药，嚼水参和携带可能会用到的塑料袋。男人们开着因为腹部贴的软膏会给人带来凉爽的感觉，让人以为裤链没拉上的玩笑，仿佛重新回到了童心的世界。

跟在立志要钓大鱼的先生们后面的妻子也整理衣领，戴着宽檐帽、棉手套，提着装着生鱼片蘸酱和各种蔬菜的小包裹，像少女一样十分激动。我们开着面包车向着渡口出发了。沿着海岸，每次转弯都能看见美丽的枫树、带着白色笑容穿梭在玄武岩石头之间的水花、随风舞动的芦苇丛、挂满枝头的金黄色柑橘和没有一丝云彩的西归浦的天空。我们陶醉在自然风景时，不知不觉中就抵达了渡口。钓鱼队共有 20 多人，我们分乘了 3 艘钓鱼船。

一根钓鱼线上绑着 3 个钓钩，鱼饵是用和短蛸模样、大小一样的合成橡胶。钓鱼船前进时，我们随心所欲地松开了钓鱼线。广阔的空间里，只听到马达驱动的声音和尾随船后的水泡声。船刚远离海岸，西归浦的全景就尽收眼中。

最先看到的是东方独一无二的瀑布——正房瀑布，两行支流沿着悬崖绝壁倾泻而下。我瞬间想到了中国诗人李白《望庐山瀑布》中的诗句：

具有济州岛特色的木筏

"日照香炉生紫烟，遥看瀑布挂前川。飞流直下三千尺，疑是银河落九天。"站在奇岩绝壁上拍照的新婚夫妇们的姿势很唯美。新娘的裙子随着西风舞动。年轻人们的直接、大胆的爱情戏，比电影的场面更火辣。

船经过大小不一的岩石岛时，那里到处都挤满了钓鱼的人。远处的柑橘园和山脊那边安稳地坐着的汉拿山，宛如一幅美丽的画。闭上眼睛想象一下：一行人沿着被染红的枫叶道路，朝着白鹿潭前进。还有山脚下撒欢儿玩耍的矮种马的平和场景。眼前呈现的自然景观真的像梦境一样。

大都市的中心地带，只有耸立的高楼和工程噪音，让人都要患上了都市病。丧失了季节感的贫瘠感性，夏天期间该有多么想念大海的浪花声音啊？狭窄的生活半径中，人们该有多想摆脱单一反复的圈子？今年夏天，我格外的想去海边。但今天的快乐和幸福感是无法用话语表达的。

我坐在先生旁边，抓着同一根钓鱼线。船开了一个多小时，但除了船速带来的水的抵抗外，并没有其他任何的动静。"钓大鱼的人的运气是与别人不同的。"先生说着，将鱼竿给了同事。搭乘另一艘船的朋友从我们旁边经过，还向我们炫耀抓到的大鱼。又有另一艘船过来，便挥动着两个手指，边喊抓到了两条大鱼。只有我们的船没有任何动静。

原本喊着钓大鱼的男人们，此时一言不发地交换香烟，咬在嘴里。看到男人们拉起空鱼竿，又放下的尴尬表情，妻子们也安静了下来。为了调动气氛，年轻的船长自信满满地大声说会多开几个小时的船，直到钓到大鱼为止，而且一定会让大家钓到大鱼。先生应和道："我们当初就是觉得船长长得一脸福气，一定会给我们带来好运，所以才选择了这艘船。"虽然大家都不动声色，但估计很多人心中会后悔当初没有选择去观光或登山队。突然，我想起来海明威《老人与海》的故事。长达 84 天时间里，老人运气很糟糕，一条鱼都没有抓到，然后第二天，他抓到了一条大鱼，但最后却只带了鱼骨回去。

就在这时，我们船上有两根钓鱼线同时扯动，鱼群从水里被拉了出来。钓鱼竿线缠绕在一起，一时还无法知晓捕获了几条鱼。船长将船停下，快速地向钓鱼台这边跑来。我们一行人也都朝着同一个地方聚了过去。5 条肥大的金枪鱼同时被两根钓鱼线勾住了，一次性被拉了上来。金枪鱼长度约 50 厘米，肉乎乎的，看上去十分肥美。拍照留念后，我们将它们取下，放在了船板上。它们在船板上扑腾地挣扎跳动着。

女人们看见活蹦乱跳的鱼后，大声尖叫地向后退了几步，直至鱼安静下来后，才一脸好奇地靠上前来。看到我们一脸高兴的表情，船长更是激动地涨红了脸道："第一次钓上鱼之后，往后就容易了。"说完，又转动了方向盘。听到男人们开心的笑声和女人们拍手欢呼声后，其他两艘船也闻声聚了过来。

三艘船在大海中央停了下来。所有人都聚在了同一艘船上。大家围坐一圈，将生菜、青辣椒、生蒜、辣椒酱等都摆了出来，船长们现场将8条金枪鱼切成生鱼片招待我们。我们一行人就着8条大鱼饱餐一顿后，将带来的便当全都给了船长们。

男人们无比欢乐地喝着烧酒和啤酒，边碰杯边说真是赛神仙啊。时隔60年的吉日，西归浦水天一色，风平浪静，虽然没有管弦乐团，但现场就着生鱼片喝酒的热闹氛围越来越浓烈了。麦克风中依次传出的音律乘着水浪一起激荡着。等轮我时，我接连吟诵了鹭山李殷相的诗——《天地颂》三首、《五六岛》三首和《我想去》十首。虽然还不是晚上，但此时此景还让我联想到了中国诗人苏东坡的《赤壁赋》。

这时，有人给不能和我们一同前来的同事们发了信息："不懂享受这样的风流，啧啧（咋舌），现在正在汉拿山半山腰擦汗的朋友们，正在观光路线中徘徊的伙伴们，以及最不幸的高尔夫队的队友们！懒觉都不能睡，同样是草地，既然来到海边了，为何还非得去草地呢？"手里拿着用生菜包的生鱼片，沉浸在西归浦的抒情中。

寻找济州之美

寻找济州岛的风情和美，让世界游客们怀揣着激动的心情，前来探寻世界自然遗产——济州特别自治道。济州的风情是指，符合济州道的干练气质；美是指，济州岛自然景观的神秘感。很久以前开始，瀛洲十景就被称赞是神仙生活的仙境之地，是充满风情和美丽的胜境。从飞机上往下看，济州的全景呈现出一个美丽的椭圆，伫立于正中央的汉拿山的残雪，白鹿潭拥有的景观，都十分吸人眼球。正如汉拿山的名字一样，它具有"抓住天空中的银河"的神秘品格和风情。

很早以前就被称为三神山的汉拿山和368个寄生火山，沿着西归浦海岸绝壁排列的柱状节理带，以及被玉皇大帝拔掉形成的传说的山房山和龙头海岸，深受世界新婚夫妇喜爱的天地渊瀑布和正房瀑布、类似于魔法之城的成山日出峰，汉拿山山脚下悠闲地吃草的济州马，各个角度都吸引新人眼球的玄武岩石墙，石墙内的一大片金黄色柑橘园，济州任何一个村都没有墙和大门的独一无二的特色，每个名胜地或遗址里以悠闲微笑或严肃神情迎接你的石头爷爷，更是代表了济州真正的风情和美丽。济州石头爷爷今天仍在守护着从世界各地赶来的游客，你可以安心尽情地游玩，济州的海岸绝壁的海浪也在吟诵着关于瀛洲十景的诗篇。济州的温暖的海风，可以让世界游客们的心得到净化。

济州岛是唯一一个被联合国教科文组织选为世界自然遗产、自然科学领域三冠王的地区。2002年，被列为生物圈保存地区；2007年，被选为世界自然遗产；2010年，被列入世界地质公园名录；2011年11月，济州岛被瑞士的新世界七大奇迹财团选为"新世界七大自然景观"。济州的风情和美丽早已被联合国教科文组织认可。济州岛是我国国民的自尊心，也是我们的骄傲。

─────── · 后 记

第一章　拥抱太白山脉的江原道

照片来源

　　＊雪岳山秋日枫林和青铜统一祈愿大佛坐像、雪岳山神兴寺浮屠地、雪岳山神兴寺普济楼的照片由束草市政府文化观光科提供。＊观音圣地洛山寺的义湘台、红莲庵、海水观音像照片由洛山寺提供。＊江陵镜浦台和乌竹轩的申师任堂铜像照片由江陵市政府文化艺术科提供。＊春川玉山家的玉洞体验场照片由春川玉山家提供。＊祝灵山山麓的"晨静树木园"里的晨静历史观和神秘的下景庭院全景由"晨静树木园"提供。　＊春川来往于南怡岛的渡轮、水杉树荫路、"冬日恋歌"恋歌像等美丽的照片由南怡岛企划总务科提供。在此向以上这些为本人提供帮助的单位及个人表示诚挚的感谢。

第二章　朝鲜半岛的中心地：首尔·京畿道

照片来源

　　＊坡州嗨里阿哥拉政治博物馆、邮票博物馆照片和阿哥拉政治博物馆室内全景照片由阿哥拉政治博物馆提供。＊嗨里"世界民俗乐器博物馆"和民俗乐器展厅全景照片由"世界民俗乐器博物馆"提供。在此向以上为本人提供帮助的单位及个人表示真心的感谢。

第三章　千年新罗遗址和闲丽海上国立公园

照片来源

　　＊庆尚北道庆州吐含山佛国寺全景、石窟庵本尊佛、鲍石亭、芬皇寺模砖石塔照片由庆州市政府文化艺术科提供。＊韩国精神文化首都安东的泉水喷涌的月映桥全景、河回村全景、屏山书院入教堂照片由安东市政府文化艺术科提供。＊青松郡周王山注山池的梦幻秘境照片由青松郡政府文化观光科提供。＊蔚珍越松亭、蔚珍圣留窟、蔚珍佛影溪谷照片由蔚珍郡政府文化观光科提供。＊荣州浮石寺无量寿殿照片由荣州浮石寺提供。＊庆尚南道晋州南江矗石楼、论介义岩、梦幻的流灯节全景照片由晋州市政府文化观光科提供。＊统营的李舜臣铜像、龟船和板屋船全景照片由统营市政府公报监查科提供。＊伽倻山陕川海印寺全景及陕川海印寺天王门照片由海印寺《月刊海印》编辑室提供。在此向为本人提供珍贵美丽照片的各位表示真心的感谢，谨以此拙著献给各位。

第四章　忠清道百济历史和文化的香气

照片提供

　　忠南公州石墙里先史遗址、公山城锦西楼、扶余泗泌城泗泌楼、白马江黄袍帆船的照片由李润根会长提供；忠北丹阳的岛潭三峰岩石和龟潭峰照片由丹阳郡厅文化观光科提供；泰安半岛万里浦正西津歌碑和万里浦海岸的志愿服务队员全景照片由泰安郡厅公报处提供；泰安千里浦树木园夏天全景照片由千里浦树木园提供。忠北玉山的郑芝溶故居的诗碑——《乡愁》和俗离山报恩法住寺大雄宝殿照片由金演夏诗人提供；忠北报恩吴章焕文学馆照片由吴章焕文学馆提供。在此，十分感谢各位提供如此美丽的照片。

第五章　全罗道多岛海海上国立公园

照片提供

全南光明光州无等山瑞石台照片由光州广域市厅文化观光政策室提供；全北群山的群山仙游岛和新万金防潮堤照片由群山市厅文化观光科提供；庆南智异山青鹤仙苑的三圣宫和青鹤仙苑的神秘石塔照片有青鹤仙苑提供；顺天远古丛林曹溪山仙岩寺的升仙桥和曹溪山仙岩寺的大雄殿照片由仙岩寺我们佛教报社提供；顺天僧宝宗刹曹溪丛林松广寺的选址、配置图和国师殿照片由《松广寺月刊》编辑室提供。

务安回山白莲池和水上玻璃温室全景照片由务安郡厅文化观光科提供；咸平自然生态公园的咸平蝴蝶庆典照片由咸平郡厅文化观光振兴部门提供。全南灵光佛甲寺大雄殿和佛甲寺修多罗博物馆，以及充满异国风情的法圣浦摩罗难陀寺的芙蓉楼4面大佛全景和摩罗难陀寺的芙蓉楼雕塑照片及珍贵资料，均由佛甲寺提供。全南红岛的红岛7兄妹岩石（伤心，女）照片和黑山岛的黑山姑娘歌碑、勉庵崔益铉先生的遗墟碑和沙村书堂牌匾照片由新安郡厅文化观光科提供。珍岛云林山房的百日红花园、珍岛神秘的海路秘境照片由珍岛郡厅观光企划部提供；莞岛塔楼瞭望台照片和青山岛慢城的青山岛泥路风景照片由莞岛郡厅文化观光科提供。十分感谢各位提供的美丽照片。

第六章　三多岛·世界自然遗产

照片提供

南济州郡秋史流配地的秋史金先生的谪庐遗墟碑和新建秋史纪念馆照片由秋史纪念馆提供；西归浦的山房山山房窟寺和龙头海岸的山房山全景照片由山房窟寺景点提供；北村石头爷爷公园的多张雕塑照片由北村石头爷爷景点提供；西广观光乘马场的济州马郡落照片由西广乘马场提供；小人国主题公园的俄罗斯莫斯科东正大教堂照片有小人国主题公园提供；此外，西归浦的船钓风景由西归浦观光振兴科提供。在这里，再次感谢各位提供了美丽的照片。